Noções de SUSTENTABILIDADE

NA MEDIDA CERTA PARA CONCURSOS

FREDERICO AMADO

Noções de SUSTENTABILIDADE

NA MEDIDA CERTA PARA CONCURSOS

2025

EDITORA JusPODIVM
www.editorajuspodivm.com.br

EDITORA *Jus*PODIVM
www.editorajuspodivm.com.br

Rua Canuto Saraiva, 131 – Mooca – CEP: 03113-010 – São Paulo – São Paulo
Tel: (11) 3582.5757
• Contato: https://www.editorajuspodivm.com.br/central-de-relacionamento

Diagramação: Ana Paula Lopes Corrêa *(aninha_lopescorrea@hotmail.com_*

Capa: Ana Caquetti

A481n Amado, Frederico
Noções de Sustentabilidade na Medida Certa para Concursos / Frederico Amado – São Paulo: Editora JusPodivm, 2025.
256 p.

ISBN: 978-85-442-6104-0.

1. Direito Ambiental. 2. Sustentabilidade. I. Amado, Frederico. II. Título.

CDD 341.347

BIBLIOTECÁRIA RESPONSÁVEL

Ana Carolina Ribeiro Mois – CRB7 – RJ 007348/0

APRESENTAÇÃO

Esta obra visa a uma preparação rápida e eficaz para os concursos públicos que cobram a disciplina "*Noções de Sustentabilidade*", em especial para o concurso do MPU e de Tribunais em que há alguns anos a disciplina tem sido cobrada.

Dessa forma, a obra foi estruturada para acobertar os temas de sustentabilidade habitualmente cobrados nesses certames.

Veja-se, como exemplo, a incidência da disciplina em dois concursos recentes:

TRF DA 1ª REGIÃO 2024 - NOÇÕES DE SUSTENTABILIDADE: Do Meio Ambiente (Constituição Federal, art. 225). Conceito de Desenvolvimento Sustentável (Relatório Brundtland). Agenda Ambiental da Administração Pública (A3P), do Ministério do Meio Ambiente e Mudança do Clima (antigo Ministério do Meio Ambiente). Competências das unidades socioambientais no Poder Judiciário e Plano de Logística Sustentável (Resolução CNJ nº 400/2021). Política Nacional sobre Mudanças do Clima (Lei nº 12.187/2009). Política Nacional de Resíduos Sólidos (Lei nº 12.30 10.936/2022).

MPU 2025 - NOÇÕES DE SUSTENTABILIDADE (PARA TODOS OS CARGOS): Do Meio Ambiente (Constituição Federal de 1988, art. 225). Conceito de Desenvolvimento Sustentável (Relatório Brundtland). Agenda Ambiental da Administração Pública (A3P), do Ministério do Meio Ambiente e Mudança do Clima (antigo Ministério do Meio Ambiente). Política Nacional sobre Mudanças do Clima (Lei nº 12.187/2009). Política Nacional de Resíduos Sólidos (Lei nº 12.305/2010 e suas alterações e Decreto nº 10.936/2022). Lei de Crimes Ambientais (Lei nº 9.605/1998 e suas alterações). Sistema Nacional de Unidades de Conservação da Natureza (Lei nº 9.985/2000 e suas alterações). Lei da cooperação federativa em matéria ambiental (Lei Complementar nº 140/2011).

TRT 1ª REGIÃO 2025: Noções de Sustentabilidade: Resolução CNJ nº 550/2024 (Dispõe sobre a política de sustentabilidade no âmbito do Poder Judiciário).

A obra já ingressa em 2025 desde a 1ª edição na COLEÇÃO NA MEDIDA CERTA da Editora Juspodivm, pois atende ao perfil de ser uma obra objetiva para a preparação para concursos públicos.

Bons estudos a todos!

Frederico Amado

www.fredericoamado.com.br

SOBRE AUTOR

FREDERICO AMADO

Procurador Federal/Procuradoria-Geral do INSS em Brasília-DF com atuação perante o STF, STJ e TNU. - Professor de Direito Previdenciário e Ambiental do Especcial Jus (www.especcialjus.com.br). - Coordenador da Pós-graduação EAD em Prática Previdenciária da Faculdade Verbo em parceria com o Especcial Jus. - Coordenador da Pós-graduação AO VIVO pelo MEET em Prática Previdenciária da FBB em parceria com o Especcial Jus. - Coordenador da Pós-graduação em Direito Ambiental EAD da Faculdade Verbo em parceria com o Especcial Jus. - Instrutor da Escola da AGU. - Mestre em Planejamento Ambiental pela UCSAL. - Especialista em Direito do Estado pela Unyahna. Palestrante. Página de contato: www.especcialjus.com.br E-mail: professorfredericoamado@gmail.com Twitter: @FredericoAmado Facebook: Frederico Amado Instagram: @fredericoamado

SUMÁRIO

CAPÍTULO 1

TEMAS GERAIS DE SUSTENTABILIDADE

1.1. A QUESTÃO AMBIENTAL

Não é possível mais esconder. Não dá mais para protelar um equacionamento do grave problema. O Planeta Terra é uma verdadeira "bomba-relógio", pois a extração de recursos naturais pelo homem em muito supera a capacidade natural de recomposição.

A poluição das águas, do solo e do ar. O desmatamento de grande parte das florestas nativas. A extinção de milhares de espécies de animais. A emissão cada vez maior de gases de carbono que estão elevando de modo significativo a temperatura no Planeta. O número cada vez crescente de habitantes na Terra consumindo os recursos naturais (cerca de 6 bilhões), com crescimento médio de 100 milhões por ano.

Na medida em que cresce a degradação irracional ao meio ambiente, em especial o natural, afetando negativamente a qualidade de vida das pessoas e colocando em risco as futuras gerações, torna-se curial a maior e eficaz tutela dos recursos ambientais pelo Poder Público e por toda a coletividade.

Mundialmente, o marco foi a **Conferência de Estocolmo** (Suécia), ocorrida em 1972, promovida pela ONU, com a participação de 113 países, onde se deu um alerta mundial sobre os riscos à existência humana trazidos pela degradação excessiva, em que pese à postura retrógrada do Brasil à época, que buscava o desenvolvimento econômico de todo modo, pois de maneira irresponsável se pregava a preferência por um desenvolvimento econômico a qualquer custo ambiental ("riqueza suja") do que uma "pobreza limpa".

Em 1992, realizou-se no **Rio de Janeiro a Conferência das Nações Unidas sobre Meio Ambiente e Desenvolvimento – CNUMAD**, conhecida como **ECO-92** ou **RIO-92**, oportunidade em que se aprovou a Declaração do Rio, documento contendo 27 princípios ambientais, bem como a Agenda 21, instrumento não vinculante com metas mundiais para a redução da poluição e alcance de um desenvolvimento sustentável. Note-se que tais documentos não têm a natureza jurídica de tratados internacionais, pois não integram formalmente o ordenamento jurídico brasileiro, mas gozam de forte autoridade ética local e mundial.

Entrementes, apesar do crescente esforço de alguns visionários, apenas existem vestígios de uma nova visão ético-ambiental, que precisa ser implantada progressivamente.

Com efeito, embora queira, felizmente, o homem não tem o poder de ditar as regras da natureza, contudo tem o dever de respeitá-las, sob pena de o meio ambiente ser compelido a promover a extinção da raça humana como instrumento de legítima defesa natural, pois é inegável que o bicho-homem é parte do todo natural, mas o egoísmo humano (visão antropocêntrica pura) cria propositadamente uma miopia transindividual, em que poucos possuem lentes para superá-la.

É preciso compreender que o crescimento econômico não poderá ser ilimitado, pois depende diretamente da disponibilidade dos recursos ambientais naturais, que são limitados, já podendo, inclusive, ter ultrapassado os lindes da sustentabilidade.

Com efeito, o Fundo Mundial para a Natureza divulgou o *Relatório Planeta Vivo 2002,* no qual concluiu que o homem já está consumindo 20% além da capacidade de reposição e suporte do meio ambiente terrestre. Ou seja, nestes termos, a humanidade transformou o Planeta Terra em uma verdadeira bomba-relógio, estando as presentes gerações consumindo as reservas das futuras.

Decerto, o modo de produção capitalista e a implantação de uma sociedade de consumo de massa são fatores decisivos para a elevação da poluição neste planeta, em que muitos milhões de pessoas possuem bem mais do que necessitam para ter uma existência digna, enquanto outros tantos milhões continuam a passar as necessidades mais básicas.

Será preciso que o Poder Público intensifique as suas políticas públicas ambientais, que normalmente são de três naturezas: *as regulatórias*, consistentes na elaboração de normas jurídicas que regulam a utilização dos recursos naturais, bem como as instituições responsáveis pela fiel execução das leis ambientais; *as estruturadoras*, realizadas mediante a intervenção estatal direta na proteção ambiental, como a criação de espaços territoriais especialmente protegidos pelos entes políticos; *as indutoras*, em que o Poder Público adota medidas para fomentar condutas em prol do equilíbrio ambiental, com a utilização de instrumentos econômicos como a tributação ambiental, que visa estimular condutas com um tratamento privilegiado em favor daqueles que reduzem a sua poluição, por meio da extrafiscalidade.

É crescente em todo o Planeta Terra o número de pessoas que são forçadas a emigrar das zonas que habitam em razão de alterações do ambiente, dentro do seu país ou mesmo para outro, sendo chamados de refugiados ambientais ou climáticos.

As secas, a escassez de alimentos, a desertificação, a elevação do nível de mares e rios, a alteração de ventos climáticos e o desmatamento são apenas alguns fatores ambientais que vêm gerando a migração territorial de povos em todo o mundo em busca de melhores condições de vida ou mesmo para sobreviver.

Diante desse arriscado quadro mundial, é necessário que as nações e os seus povos se conscientizem em adotar um novo modelo econômico que prestigie a proteção ambiental, através de um **desenvolvimento econômico sustentável**, resguardando o Planeta para as futuras gerações, adotando cada vez mais práticas de sustentabilidade no seu dia a dia.

1.2. DEFINIÇÃO E ESPÉCIES DE MEIO AMBIENTE

Um meio ambiente ecologicamente equilibrado é condição inafastável para a realização da dignidade humana, pois inexiste vida sadia sem uma água limpa para beber, um ar puro para respirar e alimentos sem agrotóxicos para consumir.

O meio ambiente, ou simplesmente ambiente, é tudo que cerca ou envolve o homem por todos os lados, formado por elementos naturais com vida ou sem, por bens materiais ou mesmo imateriais fruto da intervenção humana sobre os elementos naturais.

No Brasil, coube à Lei 6.938/81, que aprovou a Política Nacional do Meio Ambiente, positivar o **conceito de meio ambiente**, assim considerado **"o conjunto de condições, leis, influências e interações**

de ordem física, química e biológica, que permite, abriga e rege a vida em todas as suas formas" (artigo 3º, inciso I), sendo considerados recursos ambientais "a atmosfera, as águas interiores, superficiais e subterrâneas, os estuários, o mar territorial, o solo, o subsolo, os elementos da biosfera, a fauna e a flora" (artigo 3º, inciso V).

Conquanto não seja pacífica a classificação das espécies de meio ambiente, prevalece doutrinariamente a seguinte repartição:

a) NATURAL – Formado pelos elementos com vida (bióticos) ou sem vida (abióticos) da natureza, que existem independentemente da intervenção humana, a exemplo da fauna, da flora, das águas, do solo, do ar e dos recursos minerais;

b) CULTURAL – Composto por bens materiais ou imateriais criados pelo homem, desde que integrem o patrimônio cultural, por serem portadores de referência à identidade, à ação, à memória dos diferentes grupos formadores da sociedade brasileira (com valor histórico, paisagístico, artístico, arqueológico, paleontológico, ecológico ou científico), a exemplo de uma casa tombada, do acarajé e da capoeira;

c) ARTIFICIAL – Formado por bens tangíveis ou intangíveis de criação humana, mas que não compõem o patrimônio cultural, a exemplo de uma casa recém-construída ou de um novo automóvel;

d) LABORAL OU DO TRABALHO – Previsto no artigo 200, inciso VIII, da Constituição Federal, é composto por todos os bens que são utilizados para o exercício digno e seguro de atividade laboral remunerada pelo trabalhador, como os equipamentos de proteção individual e coletiva disponibilizados pela empresa, sendo respeitado quando são cumpridas as normas de segurança e medicina do trabalho.

Vale frisar que a classificação posta é meramente acadêmica, pois, a rigor, o meio ambiente é uno e indivisível, em razão da interação dos recursos ambientais. Tome-se como exemplo uma casa recém-construída. Conquanto se possa enquadrá-la no meio ambiente artificial, é certo que o cimento, os blocos e as portas são feitos com base em recursos naturais. Se essa casa for o local do labor remunerado de um empregado, do seu ponto de vista, fará parte do meio ambiente do trabalho. Ademais, é possível que um dia essa casa passe a integrar o patrimônio cultural, caso, por exemplo, se mantiver de pé durante décadas ou séculos.

1.3. A CONSTITUCIONALIZAÇÃO DO DIREITO AMBIENTAL NO BRASIL EM 1988

O objetivo deste tópico é analisar detidamente as normas constitucionais ambientais, que formam o **Direito Constitucional Ambiental**, tendo em vista a sua maior importância por estarem de ápice do ordenamento jurídico, sendo fundamento de validade e lastro de interpretação para toda a legislação ambiental infraconstitucional.

1.3.1. Competências constitucionais e a lei complementar 140/2011

Competência é poder político. Na federação brasileira, a única tricotômica do mundo, pois os municípios são pessoas políticas e não meramente administrativas, é imprescindível analisar a repartição de competências ambientais entre a União, os estados, o Distrito Federal e os municípios.

Deveras, as competências são repartidas em materiais (ou administrativas) e legislativas (ou legiferantes). As primeiras concedem legitimidade para a prática de atos administrativos em determinada seara, ao passo que as segundas permitem que as pessoas políticas editem atos jurídicos primários (leis complementares, leis ordinárias, leis delegadas ou medidas provisórias) sobre determinadas matéria.

O principal fundamento utilizado pelo poder constituinte originário para repartir ou compartilhar competências é o Princípio da Preponderância do Interesse. O que é de interesse de todos, divide-se. O que é de interesse predominante de determinado ente político, reserva-se.

As competências materiais dividem-se em exclusivas e comuns. Já as competências legislativas em privativas e concorrentes. Como na esfera ambiental interessa igualmente a União, aos estados, ao Distrito Federal e aos municípios a proteção do meio ambiente, a regra será o compartilhamento de competências ambientais materiais e legiferantes, salvo nos casos expressamente reservados na Constituição Federal.

De acordo com o artigo 23, incisos III, IV, VI, VII e XI, da Constituição Federal, é **competência comum** da União, dos estados, do Distrito Federal e dos municípios:

- Proteger os documentos, as obras e outros bens de valor histórico, artístico e cultural, os monumentos, as paisagens naturais notáveis e os sítios arqueológicos;
- Impedir a evasão, a destruição e a descaracterização de obras de arte e de outros bens de valor histórico, artístico ou cultural;
- Proteger o meio ambiente e combater a poluição em qualquer de suas formas;
- Preservar as florestas, a fauna e a flora;
- Registrar, acompanhar e fiscalizar as concessões de direitos de pesquisa e exploração de recursos hídricos e minerais em seus territórios.

Logo, como regra geral, a proteção do ambiente é dever imposto pelo legislador constitucional a todos os entes políticos, em decorrência do interesse comum, figurando como o mais importante exemplo de federalismo de cooperação brasileiro, que pressupõe uma atuação harmônica ambiental nas três esferas de governo.

Entretanto, ainda não havia sido promulgada uma **lei complementar** para regular a atuação conjunta ambiental, conforme determina o parágrafo único, do artigo 23, da Constituição Federal, mora do Congresso Nacional que muito vinha prejudicando o exercício de atos materiais ambientais, pois não é claro o âmbito de atuação de cada ente da federação.

Todavia, foi finalmente promulgada a **Lei Complementar 140, de 08 de dezembro de 2011,** que fixa normas, nos termos dos incisos III, VI e *VII do caput* e do parágrafo único do artigo 23 da Constituição Federal, para a cooperação entre a União, os estados, o Distrito Federal e os municípios nas ações administrativas decorrentes do exercício da competência comum relativas à proteção das paisagens naturais notáveis, à proteção do meio ambiente, ao combate à poluição em qualquer de suas formas e à preservação das florestas, da fauna e da flora.

Deveras, no exercício das suas competências administrativas comuns na esfera ambiental, entidades políticas deverão observar os seguintes objetivos fundamentais:

> I – proteger, defender e conservar o meio ambiente ecologicamente equilibrado, promovendo **gestão descentralizada, democrática e eficiente**;

II – **garantir o equilíbrio do desenvolvimento socioeconômico com a proteção do meio ambiente**, observando a dignidade da pessoa humana, a erradicação da pobreza e a redução das desigualdades sociais e regionais;

III – harmonizar as políticas e ações administrativas para evitar a sobreposição de atuação entre os entes federativos, de forma a **evitar conflitos de atribuições** e garantir uma atuação administrativa eficiente;

IV – garantir a **uniformidade da política ambiental para todo o País**, respeitadas as peculiaridades regionais e locais.

Qual o entendimento do STF sobre o assunto?

A repartição de competências comuns, instituída pela LC 140/2011, mediante atribuição prévia e estática das competências administrativas de fiscalização ambiental aos entes federados, atende às exigências do princípio da subsidiariedade e do perfil cooperativo do modelo de Federação, cuja finalidade é conferir efetividade nos encargos constitucionais de proteção dos valores e direitos fundamentais. ADI 4757/DF, relatora Ministra Rosa Weber, julgamento virtual finalizado em 12.12.2022 (segunda-feira), às 23:59

A gestão ambiental deverá envolver todas as esferas de governo e toda a sociedade brasileira, devendo ainda ser eficiente (extrair o mais com o menos). Nesse sentido, há várias formas das pessoas físicas e jurídicas privadas atuarem na seara ambiental, a exemplo da existência de assentos para membros da sociedade civil organizada no Conselho Nacional do Meio Ambiente e da ação popular ambiental que poderá ser proposta por qualquer cidadão.

Demais disso, o desenvolvimento da economia deverá observar a proteção ambiental, a fim de promover um desenvolvimento sustentável que também objetive reduzir a pobreza e as desigualdades regionais, realizando a dignidade ambiental da pessoa humana.

O que mais se espera com a promulgação da Lei Complementar 140/2011 é que finalmente se concretize uma atuação harmônica e de cooperação das três esferas de governo na proteção do meio ambiente, com a redução dos conflitos negativos e positivos de competências ambientais, especialmente no que concerne ao licenciamento ambiental, garantindo-se uma política ambiental uniforme (Política Nacional do Meio Ambiente;

Políticas Estaduais do Meio Ambiente; Política do Meio Ambiente do Distrito Federal e Políticas Municipais de Meio Ambiente).

As entidades políticas poderão se valer dos instrumentos de cooperação administrativa previstos na LC 140/2011 para atuar conjuntamente na proteção ambiental, como os **consórcios públicos**, os **convênios** e os **acordos de cooperação técnica**, que podem ser firmados por **prazo indeterminado**, dentre outros previstos na legislação ambiental.

Os *consórcios públicos* são contratos administrativos que podem ser celebrados pelas entidades políticas, a fim de realizar os seus objetivos de interesse comum, como a preservação do meio ambiente e o desenvolvimento sustentável, sendo constituída uma associação pública ou pessoa jurídica de direito privado para geri-lo, nos termos da regulação dada pela Lei 11.107/2005.

Já os *convênios* são ajustes celebrados entre pessoas jurídicas de direito público ou entre estas e particulares, visando realizar o interesse público, por meio de interesses convergentes dos convenentes, não criando novas pessoas jurídicas, sendo bastante similares aos *acordos de cooperação técnica*.

Os **fundos públicos e privados** também figuram como importantes instrumentos de cooperação ambiental entre as três esferas de governo, podendo ser citado o Fundo Nacional do Meio Ambiente, criado pela Lei 7.797/1989, objetivando desenvolver os projetos que visem ao uso racional e sustentável de recursos naturais, incluindo a manutenção, melhoria ou recuperação da qualidade ambiental no sentido de elevar a qualidade de vida da população brasileira.

De seu turno, como regra geral, as pessoas políticas poderão ainda **delegar as suas atribuições ambientais a outras, ou a mera execução de ações administrativas**, o que normalmente se opera pela celebração de convênios.

Importante!

Nesse sentido, de acordo com o artigo 5.º, da LC 140/2011, o ente federativo poderá delegar, mediante convênio, a execução de ações administrativas a ele atribuídas, desde que o ente destinatário da delegação disponha de órgão ambiental capacitado a executar as ações administrativas a serem delegadas e de conselho de meio ambiente, assim considerado aquele que possui técnicos próprios ou em consórcio, devidamente habilitados e em número compatível com a demanda das ações administrativas a serem delegadas.

Vale registrar que a celebração desses convênios se situa dentro da autonomia do Poder Executivo, afrontando o Princípio da Separação de Poderes a submissão dessa competência executiva à autorização legal.

Essa "pérola" existiu no Estado de Roraima, em que lei complementar daquele ente condicionou à aprovação prévia pela Assembleia Legislativa os termos de cooperação e similares firmados naquele estado entre os componentes do Sistema Nacional do Meio Ambiente. Obviamente, o dispositivo foi declarado inconstitucional pelo STF.

Qual o entendimento do STF sobre o assunto?

Informativo 919 STF - Proteção do meio ambiente: instrumentos de cooperação e competência do Poder Executivo.

O Plenário julgou procedente pedido formulado em ação direta para declarar a inconstitucionalidade dos arts. 26 e 28, caput e parágrafo único, da Lei Complementar estadual 149 do estado de Roraima. Esses dispositivos condicionam à aprovação prévia pela Assembleia Legislativa os termos de cooperação e similares firmados naquele estado entre os componentes do Sistema Nacional do Meio Ambiente (SISNAMA).

O Tribunal entendeu ser inconstitucional, por violar o princípio da separação dos poderes, a aprovação prévia pelo Poder Legislativo estadual dos instrumentos de cooperação firmados pelos órgãos componentes do Sisnama.

A proteção ambiental é matéria de índole administrativa por envolver a execução de política pública, cuja competência é privativa do Poder Executivo, no nosso federalismo cooperativo, em que há o entrelaçamento entre as ações dos órgãos federais, estaduais e municipais para a proteção do meio ambiente.

Do mesmo modo, a transferência de responsabilidades ou atribuições de órgãos componentes do Sisnama é, igualmente, competência privativa do Executivo. Dessa forma, não pode ficar condicionada à aprovação prévia da casa legislativa local.

Por fim, o Colegiado asseverou que o Legislativo estadual poderá exercer a fiscalização dos atos praticados pelo Executivo, inclusive com o auxílio do Tribunal de Contas local, a posteriori, se houver alguma irregularidade. **ADI 4348/RR, rel. Min. Ricardo Lewandowski, julgamento em 10.10.2018. (ADI-4348).**

Vale salientar a previsão de **Comissões** que possuem poderes para deliberar sobre a competência para a promoção do licenciamento ambiental, em hipóteses previstas na LC 140/2011, também arroladas como instrumentos de cooperação institucional.

Foram previstas as seguintes Comissões:

COMISSÃO TRIPARTITE NACIONAL	Será formada, paritariamente, por representantes dos Poderes Executivos da União, dos Estados, do Distrito Federal e dos Municípios, com o objetivo de fomentar a gestão ambiental compartilhada e descentralizada entre os entes federativos.
COMISSÕES TRIPARTITES ESTADUAIS	Serão formadas, paritariamente, por representantes dos Poderes Executivos da União, dos Estados e dos Municípios, com o objetivo de fomentar a gestão ambiental compartilhada e descentralizada entre os entes federativos.
COMISSÃO BIPARTITE DO DISTRITO FEDERAL	Será formada, paritariamente, por representantes dos Poderes Executivos da União e do Distrito Federal, com o objetivo de fomentar a gestão ambiental compartilhada e descentralizada entre esses entes federativos.

Contudo, o detalhamento da composição das Comissões será definido em ato regulamentar, cabendo a esses órgãos definir o seu funcionamento e organização por meio da aprovação dos respectivos regimentos internos.

A adoção das referidas Comissões já existia mesmo antes da LC 140/2011. A I Conferência Nacional do Meio Ambiente, realizada em novembro de 2003, deliberou como uma estratégia de fortalecimento do Sistema Nacional de Meio Ambiente – SISNAMA a criação das Comissões Técnicas Tripartites Estaduais e da Comissão Técnica Bipartite do Distrito Federal, as quais foram instituídas pela Portaria MMA n.º 473, de 09 de dezembro de 2003.

Já a Comissão Tripartite Nacional já havia sido instituída pela Portaria MMA 189, de 25 de maio de 2001. O objetivo das Comissões é constituir um espaço institucional de diálogo entre os entes federados com vistas a uma gestão compartilhada e descentralizada entre União, Estados e Municípios, bem como o fortalecimento e a estruturação do Sistema Nacional de Meio Ambiente – SISNAMA.

Contam com a seguinte composição:

COMISSÃO TRIPARTITE NACIONAL	I – três representantes do Ministério do Meio Ambiente; II – três representantes da Associação Brasileira de Entidades de Meio Ambiente; III – três representantes da Associação Nacional de Municípios e Meio Ambiente.
COMISSÕES TRIPARTITES ESTADUAIS	I – dois representantes do Ministério do Meio Ambiente; II – dois representantes do(s) órgão(s) estadual(is) de meio ambiente; e III – dois representantes dos órgãos municipais de meio ambiente, sendo pelo menos um indicado pela Associação Nacional de Municípios e Meio Ambiente.
COMISSÃO BIPARTITE DO DISTRITO FEDERAL	No caso do Distrito Federal, a Comissão será composta por representantes do Governo Federal e do Governo do Distrito Federal.

A Lei Complementar 140/2011 listou as competências ambientais da União no seu artigo 7.º; as dos Estados no artigo 8.º e as dos Municípios no artigo 9.º, cabendo ao Distrito Federal exercer cumulativamente as competências estaduais e municipais, pois neste ente político inexistem municípios.

De acordo com o artigo 7º, da Lei Complementar 140/2011, são competências ambientais materiais de a **União**:

- formular, executar e fazer cumprir, em âmbito nacional, a Política Nacional do Meio Ambiente;
- exercer a gestão dos recursos ambientais no âmbito de suas atribuições;
- promover ações relacionadas à Política Nacional do Meio Ambiente nos âmbitos nacional e internacional;
- promover a integração de programas e ações de órgãos e entidades da administração pública da União, dos Estados, do Distrito Federal e dos Municípios, relacionados à proteção e à gestão ambiental;
- articular a cooperação técnica, científica e financeira, em apoio à Política Nacional do Meio Ambiente;

- promover o desenvolvimento de estudos e pesquisas direcionados à proteção e à gestão ambiental, divulgando os resultados obtidos;
- promover a articulação da Política Nacional do Meio Ambiente com as de Recursos Hídricos, Desenvolvimento Regional, Ordenamento Territorial e outras;
- organizar e manter, com a colaboração dos órgãos e entidades da administração pública dos Estados, do Distrito Federal e dos Municípios, o Sistema Nacional de Informação sobre Meio Ambiente (Sinima);
- elaborar o zoneamento ambiental de âmbito nacional e regional;
- definir espaços territoriais e seus componentes a serem especialmente protegidos;
- promover e orientar a educação ambiental em todos os níveis de ensino e a conscientização pública para a proteção do meio ambiente;
- controlar a produção, a comercialização e o emprego de técnicas, métodos e substâncias que comportem risco para a vida, a qualidade de vida e o meio ambiente, na forma da lei;
- exercer o controle e fiscalizar as atividades e empreendimentos cuja atribuição para licenciar ou autorizar, ambientalmente, for cometida à União;
- elaborar a relação de espécies da fauna e da flora ameaçadas de extinção e de espécies sobre-explotadas no território nacional, mediante laudos e estudos técnico-científicos, fomentando as atividades que conservem essas espécies *in situ*;
- controlar a introdução no País de espécies exóticas potencialmente invasoras que possam ameaçar os ecossistemas, *habitats* e espécies nativas;
- aprovar a liberação de exemplares de espécie exótica da fauna e da flora em ecossistemas naturais frágeis ou protegidos;
- controlar a exportação de componentes da biodiversidade brasileira na forma de espécimes silvestres da flora, micro-organismos e da fauna, partes ou produtos deles derivados;

- controlar a apanha de espécimes da fauna silvestre, ovos e larvas;
- proteger a fauna migratória e as espécies inseridas na relação prevista no inciso XVI;
- exercer o controle ambiental da pesca em âmbito nacional ou regional;
- gerir o patrimônio genético e o acesso ao conhecimento tradicional associado, respeitadas as atribuições setoriais;
- exercer o controle ambiental sobre o transporte marítimo de produtos perigosos; e
- exercer o controle ambiental sobre o transporte interestadual, fluvial ou terrestre, de produtos perigosos.

Já aos **estados** competirá:

- executar e fazer cumprir, em âmbito estadual, a Política Nacional do Meio Ambiente e demais políticas nacionais relacionadas à proteção ambiental;
- exercer a gestão dos recursos ambientais no âmbito de suas atribuições;
- formular, executar e fazer cumprir, em âmbito estadual, a Política Estadual de Meio Ambiente;
- promover, no âmbito estadual, a integração de programas e ações de órgãos e entidades da administração pública da União, dos Estados, do Distrito Federal e dos Municípios, relacionados à proteção e à gestão ambiental;
- articular a cooperação técnica, científica e financeira, em apoio às Políticas Nacional e Estadual de Meio Ambiente;
- promover o desenvolvimento de estudos e pesquisas direcionados à proteção e à gestão ambiental, divulgando os resultados obtidos;
- organizar e manter, com a colaboração dos órgãos municipais competentes, o Sistema Estadual de Informações sobre Meio Ambiente;
- prestar informações à União para a formação e atualização do Sinima;

- elaborar o zoneamento ambiental de âmbito estadual, em conformidade com os zoneamentos de âmbito nacional e regional;
- definir espaços territoriais e seus componentes a serem especialmente protegidos;
- promover e orientar a educação ambiental em todos os níveis de ensino e a conscientização pública para a proteção do meio ambiente;
- controlar a produção, a comercialização e o emprego de técnicas, métodos e substâncias que comportem risco para a vida, a qualidade de vida e o meio ambiente, na forma da lei;
- exercer o controle e fiscalizar as atividades e empreendimentos cuja atribuição para licenciar ou autorizar, ambientalmente, for cometida aos Estados;
- elaborar a relação de espécies da fauna e da flora ameaçadas de extinção no respectivo território, mediante laudos e estudos técnico-científicos, fomentando as atividades que conservem essas espécies *in situ*;
- controlar a apanha de espécimes da fauna silvestre, ovos e larvas destinadas à implantação de criadouros e à pesquisa científica, respeitada a competência federal;
- aprovar o funcionamento de criadouros da fauna silvestre;
- exercer o controle ambiental da pesca em âmbito estadual; e
- exercer o controle ambiental do transporte fluvial e terrestre de produtos perigosos, observada a competência federal para exercer o controle ambiental sobre o transporte interestadual, fluvial ou terrestre, de produtos perigosos.

Por sua vez, são competências ambientais dos **municípios**:

- executar e fazer cumprir, em âmbito municipal, as Políticas Nacional e Estadual de Meio Ambiente e demais políticas nacionais e estaduais relacionadas à proteção do meio ambiente;
- exercer a gestão dos recursos ambientais no âmbito de suas atribuições;
- formular, executar e fazer cumprir a Política Municipal de Meio Ambiente;

- promover, no Município, a integração de programas e ações de órgãos e entidades da administração pública federal, estadual e municipal, relacionados à proteção e à gestão ambiental;
- articular a cooperação técnica, científica e financeira, em apoio às Políticas Nacional, Estadual e Municipal de Meio Ambiente;
- promover o desenvolvimento de estudos e pesquisas direcionados à proteção e à gestão ambiental, divulgando os resultados obtidos;
- organizar e manter o Sistema Municipal de Informações sobre Meio Ambiente;
- prestar informações aos Estados e à União para a formação e atualização dos Sistemas Estadual e Nacional de Informações sobre Meio Ambiente;
- elaborar o Plano Diretor, observando os zoneamentos ambientais;
- definir espaços territoriais e seus componentes a serem especialmente protegidos;
- promover e orientar a educação ambiental em todos os níveis de ensino e a conscientização pública para a proteção do meio ambiente;
- controlar a produção, a comercialização e o emprego de técnicas, métodos e substâncias que comportem risco para a vida, a qualidade de vida e o meio ambiente, na forma da lei;
- exercer o controle e fiscalizar as atividades e empreendimentos cuja atribuição para licenciar ou autorizar, ambientalmente, for cometida ao Município.

ATENÇÃO

Vale registrar que o Distrito Federal, por não possuir municípios, irá concentrar as competências estaduais e municipais. No que concerne às competências para o licenciamento ambiental, o tema será tratado no Capítulo IV.

Impende frisar que as disposições da LC 140/2011 apenas aplicar-se-ão aos processos de licenciamento e autorização ambiental iniciados a partir de sua vigência, não tendo eficácia retroativa.

Vale frisar, por outro lado, que determinadas competências materiais foram declaradas exclusivas da União, no artigo 21, incisos IX, XVIII, XIX,

XX e XXIII, da Constituição Federal, por estarem ligadas diretamente ao interesse nacional ou regional:

> "IX – elaborar e executar planos nacionais e regionais de ordenação do território e de desenvolvimento econômico e social;
>
> XVIII – planejar e promover a defesa permanente contra as calamidades públicas, especialmente as secas e as inundações;
>
> XIX – instituir sistema nacional de gerenciamento de recursos hídricos e definir critérios de outorga de direitos de seu uso;
>
> XX – instituir diretrizes para o desenvolvimento urbano, inclusive habitação, saneamento básico e transportes urbanos;
>
> XXI – estabelecer princípios e diretrizes para o sistema nacional de viação;
>
> [...]
>
> XXIII – explorar os serviços e instalações nucleares de qualquer natureza e exercer monopólio estatal sobre a pesquisa, a lavra, o enriquecimento e reprocessamento, a industrialização e o comércio de minérios nucleares e seus derivados, atendidos os seguintes princípios e condições:
>
> a) toda atividade nuclear em território nacional somente será admitida para fins pacíficos e mediante aprovação do Congresso Nacional;
>
> b) sob regime de permissão, são autorizadas a comercialização e a utilização de radioisótopos para a pesquisa e usos médicos, agrícolas e industriais;
>
> c) sob regime de permissão, são autorizadas a produção, comercialização e utilização de radioisótopos de meia-vida igual ou inferior a duas horas;
>
> d) a responsabilidade civil por danos nucleares independe da existência de culpa".

Outrossim, de acordo com o artigo 30, incisos VIII e IX, da Constituição Federal, foram previstas competências ambientais específicas para os entes municipais, consistentes na promoção, no que couber, do adequado ordenamento territorial, mediante planejamento e controle do uso, do parcelamento e da ocupação do solo urbano, bem como a proteção do patrimônio histórico-cultural local, observada a legislação e a ação fiscalizadora federal e estadual.

É que a ordenação territorial municipal é interesse predominante do município, competência material que é precipuamente realizada pela aprovação do seu Plano Diretor, assim como através da proteção do patrimônio cultural local, pois a União cuidará do patrimônio cultural nacional e os estados/Distrito Federal, do regional.

Em regra, todas as pessoas políticas terão competência para legislar sobre o meio ambiente. Nesse sentido, na forma do artigo 24, incisos VI, VII e VIII, da Constituição Federal, compete à União, aos estados e ao Distrito Federal legislar sobre:

> -Florestas, caça, pesca, fauna, conservação da natureza, defesa do solo e dos recursos naturais, proteção do meio ambiente e controle da poluição;
>
> -Proteção ao patrimônio histórico, cultural, artístico, turístico e paisagístico;
>
> -Responsabilidade por dano ao meio ambiente, ao consumidor, a bens e direitos de valor artístico, estético, histórico, turístico e paisagístico.

Já a competência legiferante municipal não está prevista no artigo 24, da Lei Maior, e sim no artigo 30, incisos I e II, vez que compete aos municípios legislar sobre assuntos de interesse local e suplementar a legislação federal e a estadual no que couber.

POSIÇÃO DO STF
De acordo com o STF (RE 607940/DF, rel. Min. Teori Zavascki, 29.10.2015), "os Municípios com mais de 20 mil habitantes e o Distrito Federal podem legislar sobre programas e projetos específicos de ordenamento do espaço urbano por meio de leis que sejam compatíveis com as diretrizes fixadas no plano diretor. Mencionou que a Constituição prevê competência concorrente aos entes federativos para fixar normas gerais de urbanismo (art. 24, I e § 1º, e 30, II) e que, a par dessa competência, aos Municípios fora atribuída posição de preponderância a respeito de matérias urbanísticas. Asseverou ainda, que nem toda matéria urbanística relativa às formas de parcelamento, ao uso ou à ocupação do solo deveria estar inteiramente regrada no plano diretor. Enfatizou que determinados modos de aproveitamento do solo urbano, pelas suas singularidades, poderiam receber disciplina jurídica autônoma, desde que compatível com o plano diretor" (Informativo 805).

Destarte, competirá à União editar normas gerais sobre o meio ambiente; aos estados e ao Distrito Federal caberá a edição de leis ambientais de acordo com os interesses regionais, respeitado o regramento geral federal; aos municípios competirá a promulgação de normas ambientais que observem as condições ambientais locais, cabendo ainda suplementar as normas federais e estaduais.

Como não há hierarquia entre as leis federais, estaduais e municipais, o conflito entre as mesmas, se inconciliável, deverá ser resolvido pela verificação concreta da invasão de competência.

Se uma lei federal, por exemplo, foi extremamente analítica ao entrar em temas regionais que deveriam ser tratados pelas leis estaduais, é a federal que deverá ser formalmente pronunciada inconstitucional. Ao revés, se uma lei estadual conflita com uma lei federal, versando sobre tema enquadrado como norma geral sobre meio ambiente, é a norma estadual que deverá ser invalidada.

Vale salientar que, de acordo com os §§ 2º, 3º e 4º, do artigo 24, da Lei Maior, a competência da União para legislar sobre normas gerais não exclui a competência suplementar dos estados, bem como inexistindo lei federal sobre normas gerais, os estados exercerão a competência legislativa plena, para atender a suas peculiaridades, sendo que a superveniência de lei federal sobre normas gerais suspende a eficácia da lei estadual, no que lhe for contrário.

Por conseguinte, se a União quedar-se inerte e não edital uma lei geral sobre determinado tema ambiental, os estados e o Distrito federal exercerão a competência legislativa plena até a edição ulterior da norma federal, sendo que a eventual incompatibilidade gerará a suspensão da eficácia da norma estadual, que poderá ser reativada com a ulterior revogação da norma federal.

Por exceção, determinadas competências ambientais foram reservadas em favor da União, ente político central. Com propriedade, a teor do artigo 22, incisos III, XII e XXVI, **é competência privativa da União legislar sobre águas, energia, jazidas, minas e outros recursos minerais, assim como atividades nucleares de qualquer natureza.**

POSIÇÃO DO STF

"ENERGIA NUCLEAR. COMPETÊNCIA LEGISLATIVA DA UNIÃO. ART. 22, XXVI, DA CONSTITUIÇÃO FEDERAL. **É inconstitucional norma estadual que dispõe sobre atividades relacionadas ao setor nuclear no âmbito regional, por violação da competência da União para legislar sobre atividades nucleares, na qual se inclui a competência para fiscalizar a execução dessas atividades e legislar sobre a referida fiscalização.** Ação direta julgada procedente" (ADI 1.575, de 07.04.2010).

1.3.2. Meio ambiente artificial

O ambiente artificial é criado pelo ser humano com o manejo dos recursos da natureza. É composto por bens tangíveis ou intangíveis que não integram o patrimônio cultural, destacando-se as cidades.

De acordo com o artigo 182, da Constituição Federal, a política de desenvolvimento urbano, executada pelo Poder Público municipal, conforme diretrizes gerais fixadas em lei, tem por objetivo ordenar o pleno desenvolvimento das funções sociais da cidade e garantir o bem- estar de seus habitantes.

Assim, são os municípios, entes políticos locais, quem deverão promover o desenvolvimento urbano municipal, sendo plano diretor o instrumento básico da política de desenvolvimento e de expansão urbana, a ser aprovado pela Câmara de Vereadores, obrigatório para municípios com mais de 20.000 habitantes.

Ademais, nos moldes do artigo 41, da Lei 10.257/01 (Estatuto da Cidade), a aprovação de plano diretor também é obrigatória para os municípios integrantes de regiões metropolitanas e aglomerações urbanas, onde o Poder Público municipal pretenda utilizar os instrumentos previstos no § 4º do artigo 182 da Constituição Federal, integrantes de áreas de especial interesse turístico, incluídas no cadastro nacional de Municípios com áreas suscetíveis à ocorrência de deslizamentos de grande impacto, inundações bruscas ou processos geológicos ou hidrológicos correlatos e inseridas na área de influência de empreendimentos ou atividades com significativo impacto ambiental de âmbito regional ou nacional, mesmo que contem com menos de 20.000 habitantes.

A Constituição Federal não lista os pressupostos para que a propriedade urbana atenda a sua função social. Na forma do artigo 182, 2º, a propriedade urbana cumpre sua função social quando atende às exigências fundamentais de ordenação da cidade expressas no plano diretor.

Assim, a inobservância do plano diretor implicará no não atendimento da função social da propriedade urbana, podendo o município exigir do proprietário do solo urbano não edificado, subutilizado ou não utilizado, que promova seu adequado aproveitamento, sob pena, sucessivamente, de parcelamento ou edificação compulsórios; de imposto sobre a propriedade predial e territorial urbana progressivo no tempo e de desapropriação com pagamento mediante títulos da dívida pública de emissão previamente aprovada pelo Senado Federal, com prazo de resgate de até dez anos, em parcelas anuais, iguais e sucessivas, assegurados o valor real da indenização e os juros legais.

Vale lembrar que o direito fundamental de propriedade só é garantido pelo Estado se atendida a sua função social, conforme previsto no artigo 5º, incisos XXII e XXIII, da Constituição Federal de 1988.

Deverá o plano diretor contemplar o território municipal como um todo, devendo a lei que instituir o plano diretor deverá ser revista, pelo menos, a cada dez anos. A sua elaboração deverá garantir a promoção de audiências públicas e debates com a participação da população e de associações representativas dos vários segmentos da comunidade, assim como a publicidade quanto aos documentos e informações produzidos.

De efeito, o plano diretor deverá, ao menos, delimitar as áreas urbanas onde poderá ser aplicado o parcelamento, edificação ou utilização compulsórios, considerando a existência de infraestrutura e de demanda para utilização; o sistema de acompanhamento e controle; fixar áreas nas quais o direito de construir poderá ser exercido acima do coeficiente de aproveitamento básico adotado, mediante contrapartida a ser prestada pelo beneficiário; prever o direito de preempção, que confere ao Poder Público municipal preferência para aquisição de imóvel urbano objeto de alienação onerosa entre particulares; fixar áreas nas quais poderá ser permitida alteração de uso do solo, mediante contrapartida a ser prestada pelo beneficiário e a transferência do direito de construir.

1.3.3. Meio ambiente cultural

O patrimônio cultural é formado por bens materiais ou imateriais criados pelo homem e que possuem elementos históricos, paisagísticos, artísticos, arqueológicos, paleontológicos, ecológicos e científicos que justifiquem a sua proteção.

De acordo com o artigo 216, da Constituição Federal, constituem o **patrimônio cultural brasileiro** os bens de natureza material e imaterial, tomados individualmente ou em conjunto, portadores de referência à identidade, à ação, à memória dos diferentes grupos formadores da sociedade brasileira.

No mesmo dispositivo constitucional há uma listagem meramente exemplificativa de bens componentes do patrimônio cultural brasileiro: as formas de expressão; os modos de criar, fazer e viver; as criações científicas, artísticas e tecnológicas; as obras, objetos, documentos, edificações e demais espaços destinados às manifestações artístico-culturais; os conjuntos urbanos e sítios de valor histórico, paisagístico, artístico, arqueológico, paleontológico, ecológico e científico.

Vale lembrar que a proteção do patrimônio cultural é competência material comum entre a União, os estados, o Distrito Federal e os municípios. A Constituição Federal exemplifica alguns instrumentos protetivos que o Poder Público deverá se valer: inventários, registros, vigilância, tombamento e desapropriação.

O **tombamento** é o instrumento de maior uso e regulado pelo Decreto-lei 25.1937, devendo ser utilizado pela União, estados, Distrito Federal e municípios para a proteção do patrimônio cultural tangível.

Em *sentido amplo*, pode ser definido como um procedimento administrativo que veicula uma modalidade não supressiva de intervenção concreta do Estado na propriedade privada ou mesmo pública, de índole declaratória, que tem o condão de limitar o uso, o gozo e a disposição de um bem, gratuito (em regra), permanente e indelegável, destinado à preservação do patrimônio cultural material (móvel ou imóvel), dos monumentos naturais e dos sítios e paisagens de feição notável, pela própria natureza ou por intervenção humana.

Já em *sentido estrito*, o tombamento é o ato administrativo de inscrição de um bem material em um dos Livros de Tombo.

Por sua vez, o **registro** objetiva tutelar o patrimônio cultural intangível, sendo regulado em termos federais pelo Decreto 3.551/2000. São exemplos de bens registrados pelo Instituto do Patrimônio Histórico e

Artístico Nacional – IPHAN: Acarajé, Capoeira, Feira de Caruaru, Frevo, Círio de Nazaré e o modo artesanal de fazer o Queijo de Minas.

O artigo 216, §5º, da Constituição Federal, ainda promoveu diretamente o tombamento de todos os documentos e os sítios detentores de reminiscências históricas dos antigos quilombos.

Foi facultado aos estados e ao Distrito Federal vincular a fundo estadual de fomento à cultura até cinco décimos por cento de sua receita tributária líquida, para o financiamento de programas e projetos culturais, vedada a aplicação desses recursos no pagamento de despesas de pessoa, serviço da dívida ou despesas não vinculadas à cultura.

Com o advento da Emenda 48/2005, foi prevista a edição de lei para aprovar o **Plano Nacional de Cultura**, de duração plurianual, visando ao desenvolvimento cultural do País e à integração das ações do poder público que conduzem à defesa e valorização do patrimônio cultural brasileiro, a produção, promoção e difusão de bens culturais; a formação de pessoal qualificado para a gestão da cultura em suas múltiplas dimensões, a democratização do acesso aos bens de cultura e a valorização da diversidade étnica e regional. Finalmente, com o advento da Lei 12.343/2010, foi aprovado o Plano Nacional de Cultura.

1.3.4. Meio ambiente natural e o artigo 225 da constituição

O principal dispositivo da Constituição Federal de 1988 acerca do meio ambiental natural é o artigo 225, fortemente influenciado pela Constituição portuguesa de 1976. Logo na cabeça do artigo, foi instituído o **direito fundamental ao meio ambiente ecologicamente equilibrado**, bem de uso comum do povo e essencial à sadia qualidade de vida, impondo-se ao Poder Público e à coletividade o dever de defendê-lo e preservá-lo para as presentes e futuras gerações.

Trata-se de direito fundamental de terceira geração, pois de tutela coletiva, imaterial e titularidade por toda a coletividade brasileira, que ao mesmo tempo é credora e devedora desse direito, sendo de responsabilidade do Estado e da sociedade brasileira efetivá-lo.

Bastante interessante foi a técnica adotada pelo legislador constituinte na elaboração do texto do artigo 225, da Constituição Federal, sob forte inspiração do artigo 66, da Constituição portuguesa de 1976.

Inicialmente, conforme dito, a *cabeça do artigo 225*[1] instituiu o direito difuso ao meio ambiente ecologicamente equilibrado, criando um **dever genérico** *para o Poder Público e para a coletividade em defendê-lo e preservá-lo para as presentes e futuras gerações*, que se realizará com ações comissivas (a exemplo da recuperação de áreas degradadas) e omissivas (como a obrigação de não degradar fora dos permissivos legais, ou seja, dentro dos padrões de poluição, após regular licenciamento ambiental).

Por sua vez, no *§ 1º, em seus oito incisos,*[2] o constituinte cominou **deveres específicos ao Poder Público**, a exemplo da obrigação de promover o manejo ecológico das espécies, de preservar a biodiversidade, de instituir espaços territoriais especialmente protegidos, de exigir prévio estudo de impacto ambiental para atividades significativamente lesíveis ao meio ambiente, de controlar a poluição, de promover a educação ambiental e de proteger a fauna e a flora, vedando a crueldade contra aos animais.[3]

---

1. "Artigo 225. Todos têm direito ao meio ambiente ecologicamente equilibrado, bem de uso comum do povo e essencial à sadia qualidade de vida, impondo-se ao Poder Público e à coletividade o dever de defendê-lo e preservá-lo para as presentes e futuras gerações".

2. "§ 1º Para assegurar a efetividade desse direito, incumbe ao Poder Público: I – preservar e restaurar os processos ecológicos essenciais e prover o manejo ecológico das espécies e ecossistemas; (Regulamento) II – preservar a diversidade e a integridade do patrimônio genético do País e fiscalizar as entidades dedicadas à pesquisa e manipulação de material genético; III – definir, em todas as unidades da Federação, espaços territoriais e seus componentes a serem especialmente protegidos, sendo a alteração e a supressão permitidas somente através de lei, vedada qualquer utilização que comprometa a integridade dos atributos que justifiquem sua proteção; IV – exigir, na forma da lei, para instalação de obra ou atividade potencialmente causadora de significativa degradação do meio ambiente, estudo prévio de impacto ambiental, a que se dará publicidade; V – controlar a produção, a comercialização e o emprego de técnicas, métodos e substâncias que comportem risco para a vida, a qualidade de vida e o meio ambiente; VI – promover a educação ambiental em todos os níveis de ensino e a conscientização pública para a preservação do meio ambiente; VII – proteger a fauna e a flora, vedadas, na forma da lei, as práticas que coloquem em risco sua função ecológica, provoquem a extinção de espécies ou submetam os animais a crueldade e VIII - manter regime fiscal favorecido para os biocombustíveis e para o hidrogênio de baixa emissão de carbono, na forma de lei complementar, a fim de assegurar-lhes tributação inferior à incidente sobre os combustíveis fósseis, capaz de garantir diferencial competitivo em relação a estes, especialmente em relação às contribuições de que tratam o art. 195, I, "b", IV e V, e o art. 239 e aos impostos a que se referem os arts. 155, II, e 156-A. (Redação dada pela Emenda Constitucional nº 132, de 2023)".

3. O STF já decidiu mais de uma vez que a vedação à crueldade contra os animais tem aplicabilidade imediata, independentemente de lei regulamentadora. Vide ADI 1.856 e RE 15.3531.

O STF já decidiu mais de uma vez que a vedação à crueldade contra os animais tem aplicabilidade imediata, independentemente de lei regulamentadora (vide ADI 1.856, de 03.09.1998 e RE 153.531, de 03.06.1997).

Já foram declaradas inconstitucionais a farra do boi e a briga de galo por ensejarem atos cruéis contra os animais que não são justificados pela prática cultural. Há um conflito entre as práticas culturais e a proteção ao animal, sendo ponderada nesses dois casos a prevalência deste último direito fundamental.

Mais recentemente, por 6 votos contra 5, a vaquejada também foi declarada inconstitucional no julgamento do ADI 4.983, em 6/10/2016, invalidando lei do Estado do Ceará que regulamentava a vaquejada.

A maioria dos ministros acompanhou o voto do relator, ministro Marco Aurélio, que considerou haver "crueldade intrínseca" aplicada aos animais na vaquejada. Em seu voto vencedor, o ministro Marco Aurélio afirmou que laudos técnicos contidos no processo demonstram consequências nocivas à saúde dos animais: fraturas nas patas e rabo, ruptura de ligamentos e vasos sanguíneos, eventual arrancamento do rabo e comprometimento da medula óssea. Também os cavalos, de acordo com os laudos, sofrem lesões.

Curiosamente, no dia 30 de novembro de 2016, foi publicada a Lei 13.364/2016, que elevou **o Rodeio, a Vaquejada**, bem como as respectivas expressões artístico-culturais, à condição de manifestações da cultura nacional e de **patrimônio cultural imaterial**, abarcando, inclusive, as seguintes expressões: I – montarias; II – provas de laço; III – apartação; IV – bulldog; V – provas de rédeas; VI – provas dos Três Tambores, Team Penning e Work Penning; VII – paleteadas; e VIII – outras provas típicas, tais como Queima do Alho e concurso do berrante, bem como apresentações folclóricas e de músicas de raiz. Resta saber qual será o posicionamento do STF a respeito do tema, pois se a decisão de pronúncia de inconstitucionalidade da vaquejada cearense for erga omnes, certamente essa passagem da Lei 13.364/2016 será invalidada.

Posteriormente ao aprovar a **Emenda Constitucional 96/2017**, que inseriu o §7º no artigo 225, da Constituição, dispondo que "para fins do disposto na parte final do inciso VII do § 1º deste artigo, não se consideram cruéis as práticas desportivas que utilizem animais, desde que sejam manifestações culturais, conforme o § 1º do art. 215 desta

Constituição Federal, registradas como bem de natureza imaterial integrante do patrimônio cultural brasileiro, devendo ser regulamentadas por lei específica que assegure o bem-estar dos animais envolvidos".

Resta saber apenas qual será a postura do STF diante dessas duas novidades normativas, a segunda de natureza constitucional, inclusive.

Houve uma Reclamação no STF para afastar a vaquejada em uma situação concreta no Estado do Piauí, buscando a aplicação de decisão tomada na ADI 4.983, mas não foi provida pela Suprema Corte:

> **Rcl 25869 AgR/PI - PIAUÍ**
>
> **AG.REG. NA RECLAMAÇÃO**
>
> **Relator(a): Min. ALEXANDRE DE MORAES**
>
> **Julgamento: 11/09/2017**
>
> **Órgão Julgador: Primeira Turma**
>
> PROCESSUAL CIVIL E CONSTITUCIONAL. AGRAVO REGIMENTAL NA RECLAMAÇÃO. MANIFESTAÇÃO CULTURAL ENVOLVENDO ANIMAIS. "VAQUEJADA". ALEGADA CONTRARIEDADE À ADI 4.983/CE. INOCORRÊNCIA. **AUSÊNCIA DE ESTRITA ADERÊNCIA ENTRE O DECIDIDO NO ATO RECLAMADO E NO PARADIGMA APONTADO**. AGRAVO REGIMENTAL A QUE SE NEGA PROVIMENTO.

Outro tema extremamente polêmico é a ponderação entre a liberdade religiosa e a proteção ao animal, pois é sabido que existem rituais que sacrificam animais.

O tema foi julgado pelo STF através do **RE 494601/RS**, rel. Min. Marco Aurélio, em que se discutiu a possibilidade de lei estadual autorizar o sacrifício de animais em rituais de religiões de matriz africana:

> **RE 494601 / RS - RIO GRANDE DO SUL**
>
> **RECURSO EXTRAORDINÁRIO**
>
> **Relator(a): Min. MARCO AURÉLIO**
>
> **Redator(a) do acórdão: Min. EDSON FACHIN**
>
> **Julgamento: 28/03/2019**
>
> **Publicação: 19/11/2019**
>
> **Órgão julgador: Tribunal Pleno**

Ementa

Ementa: DIREITO CONSTITUCIONAL. RECURSO EXTRAORDINÁRIO COM REPERCUSSÃO GERAL. PROTEÇÃO AO MEIO AMBIENTE. LIBERDADE RELIGIOSA. LEI 11.915/2003 DO ESTADO DO RIO GRANDE DO SUL. NORMA QUE DISPÕE SOBRE O SACRIFÍCIO RITUAL EM CULTOS E LITURGIAS DAS RELIGIÕES DE MATRIZ AFRICANA. COMPETÊNCIA CONCORRENTE DOS ESTADOS PARA LEGISLAR SOBRE FLORESTAS, CAÇA, PESCA, FAUNA, CONSERVAÇÃO DA NATUREZA, DEFESA DO SOLO E DOS RECURSOS NATURAIS, PROTEÇÃO DO MEIO AMBIENTE E CONTROLE DA POLUIÇÃO. SACRIFÍCIO DE ANIMAIS DE ACORDO COM PRECEITOS RELIGIOSOS. CONSTITUCIONALIDADE. 1. Norma estadual que institui Código de Proteção aos Animais sem dispor sobre hipóteses de exclusão de crime amoldam-se à competência concorrente dos Estados para legislar sobre florestas, caça, pesca, fauna, conservação da natureza, defesa do solo e dos recursos naturais, proteção do meio ambiente e controle da poluição (art. 24, VI, da CRFB). 2. A prática e os rituais relacionados ao sacrifício animal são patrimônio cultural imaterial e constituem os modos de criar, fazer e viver de diversas comunidades religiosas, particularmente das que vivenciam a liberdade religiosa a partir de práticas não institucionais. 3. A dimensão comunitária da liberdade religiosa é digna de proteção constitucional e não atenta contra o princípio da laicidade. 4. O sentido de laicidade empregado no texto constitucional destina-se a afastar a invocação de motivos religiosos no espaço público como justificativa para a imposição de obrigações. A validade de justificações públicas não é compatível com dogmas religiosos. 5. A proteção específica dos cultos de religiões de matriz africana é compatível com o princípio da igualdade, uma vez que sua estigmatização, fruto de um preconceito estrutural, está a merecer especial atenção do Estado. 6. **Tese fixada: "É constitucional a lei de proteção animal que, a fim de resguardar a liberdade religiosa, permite o sacrifício ritual de animais em cultos de religiões de matriz africana".** 7. Recurso extraordinário a que se nega provimento.

Desse modo, em polêmica decisão, o STF admitiu a validade de lei estadual que permitiu o sacrifício de animais para fins religiosos.

Já nos *§§ 2º e 3º*,[4] há a previsão constitucional de **deveres específicos ao Poder Público e à coletividade**, consistentes na obrigação de

4. "§ 2º Aquele que explorar recursos minerais fica obrigado a recuperar o meio ambiente degradado, de acordo com solução técnica exigida pelo órgão público competente,

recuperar a área degredada pela mineração, assim como na imposição de responsabilidade civil, administrativa e criminal pela consumação de condutas lesivas ao meio ambiente, tanto para pessoas físicas quanto jurídicas.

No *§ 4º*[5] se encontra o reconhecimento dos Biomas Floresta Amazônica brasileira, Mata Atlântica, Serra do Mar, Pantanal Mato-Grossense e Zona Costeira como **patrimônio nacional**, expressando a tutela especial que deve existir nessas áreas, ressaltando que esse dispositivo não converteu os referidos Biomas em bens públicos na acepção tradicional,[6] tendo sido esquecidos o Cerrado e a Caatinga, ainda alvos de histórica discriminação estética.

1.4. O PRINCÍPIO DO DESENVOLVIMENTO ECONÔMICO SUSTENTÁVEL, A SUSTENTABILIDADE E SUAS BOAS PRÁTICAS

De acordo com o Vocabulário Básico de Recursos Naturais e Meio Ambiente do IBGE, desenvolvimento sustentável é o paradigma de desenvolvimento surgido a partir das discussões das décadas de 70 e 80 do século XX sobre os limites ao crescimento da população humana, da economia e da utilização dos recursos naturais. O desenvolvimento sustentável procura integrar e harmonizar as ideias e conceitos relacionados ao crescimento econômico, a justiça e ao bem estar social, a conservação ambiental e a utilização racional dos recursos naturais. Para tanto considera as dimensões social, ambiental, econômica e institucional do desenvolvimento. O termo Desenvolvimento Sustentável surgiu em 1980 na publicação *World Conservation Strategy: living resource conservation for sustainable development*, elaborado pela *International Union for Conservation of Nature and Natural Resources* (IUCN), em colaboração com o Programa das Nações Unidas para o Meio Ambiente (PNUMA) e outras instituições internacionais. Ainda não foi alcançado um consenso sobre seu conceito, que tem se modificado muito rapidamente, estando

na forma da lei. § 3º As condutas e atividades consideradas lesivas ao meio ambiente sujeitarão os infratores, pessoas físicas ou jurídicas, a sanções penais e administrativas, independentemente da obrigação de reparar os danos causados".

5. "§ 4º A Floresta Amazônica brasileira, a Mata Atlântica, a Serra do Mar, o Pantanal Mato-Grossense e a Zona Costeira são patrimônio nacional, e sua utilização far-se-á, na forma da lei, dentro de condições que assegurem a preservação do meio ambiente, inclusive quanto ao uso dos recursos naturais".

6. Assim já decidiu o STF, no RE 134.297.

em construção. Em termos sociais o desenvolvimento sustentável propõe a repartição mais justa das riquezas produzidas (justiça social), a universalização do acesso à educação e à saúde, e a equidade entre sexos, grupos étnicos, sociais e religiosos, entre outros aspectos. Para ser sustentável o desenvolvimento tem de significar melhoria na qualidade de vida de toda a população, assegurando condições de vida dignas a todos e justiça social. Do ponto de vista ambiental, o desenvolvimento sustentável propõe a utilização parcimoniosa dos recursos naturais, de forma a garantir o seu uso pelas gerações futuras. Para tal, propõe que os recursos naturais renováveis sejam usados aquém de sua capacidade de renovação, e os não renováveis de forma parcimoniosa, permitindo o seu uso pelo máximo de tempo e de gerações. Propõe, ainda, a preservação de amostras significativas do ambiente natural, de forma a garantir a manutenção dos serviços ambientais que estas áreas propiciam e a qualidade de vida da população do entorno. Uma das características deste novo paradigma de desenvolvimento é o compromisso e a preocupação com as condições de vida das próximas gerações. Quanto à economia, o desenvolvimento sustentável postula o crescimento baseado no aumento da eficiência de uso da energia e dos recursos naturais. O desenvolvimento sustentável postula também mudanças nos padrões de consumo da sociedade e nos padrões de produção, com a redução do desperdício e maior consciência dos impactos causados pelo uso dos recursos naturais. Em termos institucionais, o desenvolvimento sustentável avalia o grau de participação e controle da sociedade sobre as instituições públicas e privadas, o aparelhamento do estado para lidar com as questões ambientais, o envolvimento em acordos internacionais, o montante de investimento em proteção ao meio ambiente, ciência e tecnologia e o acesso a novas tecnologias. A dimensão institucional trata da orientação política, da capacidade e do esforço despendido pela sociedade para que sejam realizadas as mudanças necessárias a efetiva implementação deste novo paradigma de desenvolvimento. Neste novo paradigma, a palavra desenvolvimento leva em conta não apenas o crescimento da atividade econômica, mas também as melhorias sociais, institucionais e a sustentabilidade ambiental, buscando, em última análise, garantir o bem estar da população a longo prazo, assegurando um meio ambiente saudável para as futuras gerações.

O **Princípio do Desenvolvimento Sustentável** goza de previsão implícita na cabeça do artigo 225, combinado com o artigo 170, VI, ambos da Constituição Federal e expressa no **Princípio 04 da Declaração do**

Rio: "Para se alcançar um desenvolvimento sustentável, a proteção ambiental deve constituir parte integrante do processo de desenvolvimento e não pode ser considerada separadamente", tendo sido plantada a sua semente mundial na Conferência de Estocolmo de 1972.

Antes, em 1950, a IUCN (*World Conservation/International Union Conservation of Nature*) ofertou ao mundo um trabalho que pela primeira vez utilizou a expressão "desenvolvimento sustentável".

IMPORTANTE

Posteriormente, em 1987, o **Relatório Brundtland** (Nosso Futuro Comum), elaborado pela Comissão Mundial sobre Meio Ambiente e Desenvolvimento, delimitou o desenvolvimento sustentável como "o desenvolvimento que satisfaz as necessidades presentes, sem comprometer a capacidade das gerações futuras de suprir suas próprias necessidades".

QUESTÃO DE CONCURSO
CESPE 2014 – ANALISTA LEGISLATIVO DA CÂMARA DOS DEPUTADOS
A Organização das Nações Unidas (ONU) realiza, desde 1972, conferências com o objetivo de debater temas ligados ao desenvolvimento e ao meio ambiente. O Brasil sediou duas delas no Rio de Janeiro, em 1992 (Rio-92) e 2012 (Rio+20). Considerando os resultados dessas conferências realizadas pela ONU, tanto no plano nacional como no internacional, julgue o item a seguir. O desenvolvimento sustentável foi definido na Declaração de Estocolmo de 1972.
ERRADA

No Brasil, não se trata de inovação do atual ordenamento constitucional ou da RIO 1992, pois já presente anteriormente em nosso ordenamento jurídico, vez que a Política Nacional do Meio Ambiente visará "à compatibilização do desenvolvimento econômico social com a preservação da qualidade do meio ambiente e do equilíbrio ecológico", nos termos do artigo 4.º, I, da Lei 6.938/1981.

Deveras, **as necessidades humanas são ilimitadas** (fruto de um consumismo exagerado incentivado pelos fornecedores de produtos e serviços ou mesmo pelo Estado), **mas os recursos ambientais naturais não, tendo o planeta Terra uma capacidade máxima de suporte**, sendo curial buscar a SUSTENTABILIDADE.

Segundo a União Internacional para a Conservação da Natureza, em *Cuidando do Planeta Terra*: uma estratégia para o futuro da vida, são princípios da vida sustentável:

"1) Respeitar e cuidar da comunidade dos seres vivos;

2) Melhorar a qualidade da vida humana;

3) Conservar a vitalidade e a diversidade do planeta;

4) Minimizar o esgotamento de recursos não renováveis;

5) Permanecer nos limites da capacidade de suporte do planeta Terra;

6) Modificar atitudes e práticas pessoais;

7) Permitir que as comunidades cuidem de seu próprio meio ambiente;

8) Gerar uma estrutura nacional para a integração de desenvolvimento e conservação;

9) Construir uma aliança global".

Eis algumas **práticas de sustentabilidade**:

1. Utilização de lâmpadas econômicas, fluorescentes ou LED;
2. Implantação de sistemas de sensores de presença para o acendimento automático de lâmpadas;
3. Uso de torneiras de pressão ou com sensores de presença para acionamento automático;
4. Secadores de mãos automáticos que dispensem o uso de toalhas de papel;
5. Uso de bebedouros que dispensem o uso de copos descartáveis;
6. Ampliação do pé direito de ambientes, retirada de divisórias, implantação de janelas e outras aberturas para possibilitar ventilação cruzada minimizar o aquecimento de ambientes e a necessidade do uso de equipamento de ar condicionado;
7. Implantação e de beirais, venezianas e brises para quebrar a insolação, a fim de minimizar o aquecimento de ambientes e a necessidade do uso de equipamento de ar condicionado;
8. Substituição de válvulas de descargas por caixas acopladas aos vasos sanitários para diminuição do consumo de água;

9. Implantação de sistemas de reuso de água para economia de energia;
10. Implantação de sistemas de captação de água de chuva para economia de água;
11. Implantação de sistemas de aquecimento solar de água para economia de energia;
12. Implantação de sistemas de geração de energia eólica ou solar;
13. Diversas outras iniciativas ainda poderão ser assimiladas para contribuir com a adequação de um edifício já construído visando uma gestão ambiental e economicamente sustentável.[7]

Frise-se que a livre iniciativa que fundamenta a Ordem Econômica não é absoluta, tendo limites em vários princípios constitucionais, em especial devendo observar a defesa do meio ambiente, conforme previsão expressa do artigo 170, VI, da Lei Maior, inclusive devendo-se dar tratamento privilegiado aos agentes econômicos que consigam reduzir os impactos ambientais negativos em decorrência de seus empreendimentos.

Veja-se o STF, ao julgar a ADI-MC 3.540, em 01.09.2005:

> "A incolumidade do meio ambiente não pode ser comprometida por interesses empresariais nem ficar dependente de motivações de índole meramente econômica, ainda mais se tiver presente que a atividade econômica, considerada a disciplina constitucional que a rege, está subordinada, dentre outros princípios gerais, àquele que privilegia a 'defesa do meio ambiente' (CF, artigo 170, VI), que traduz conceito amplo e abrangente das noções de meio ambiente natural, de meio ambiente cultural, de meio ambiente artificial (espaço urbano) e de meio ambiente laboral. Doutrina".

Outrossim, o STF de maneira vinculante validou a vedação regulamentar à importação de pneus usados, pois afeta o desenvolvimento sustentável e a saúde, uma vez que estes resíduos sólidos geram um grande passivo ambiental. Abaixo, transcreve-se passagem do *Informativo* 552:

> "O Tribunal, por maioria, julgou parcialmente procedente pedido formulado em arguição de descumprimento de preceito fundamental, ajuizada pelo Presidente da República, e declarou inconstitucionais, com efeitos *ex tunc*, as interpretações, incluídas as judicialmente acolhidas, que permitiram ou permitem a importação

7. Curso de Capacitação SUSTENTABILIDADE NA ADMINISTRAÇÃO PÚBLICA.

> de pneus usados de qualquer espécie, aí insertos os remoldados. Ficaram ressalvados os provimentos judiciais transitados em julgado, com teor já executado e objeto completamente exaurido – v. *Informativo* 538. Entendeu-se, em síntese, que, apesar da complexidade dos interesses e dos direitos envolvidos, a ponderação dos princípios constitucionais revelaria que as decisões que autorizaram a importação de pneus usados ou remoldados teriam afrontado os preceitos constitucionais da saúde e do meio ambiente ecologicamente equilibrado e, especificamente, os princípios que se expressam nos artigos 170, I e VI, e seu parágrafo único, 196 e 225, todos da CF ('Artigo 196. A saúde é direito de todos e dever do Estado, garantido mediante políticas sociais e econômicas que visem à redução do risco de doença e de outros agravos e ao acesso universal e igualitário às ações e serviços para sua promoção, proteção e recuperação. [...] Artigo 225. Todos têm direito ao meio ambiente ecologicamente equilibrado, bem de uso comum do povo e essencial à sadia qualidade de vida, impondo-se ao Poder Público e à coletividade o dever de defendê-lo e preservá-lo para as presentes e futuras gerações'). Vencido o Min. Marco Aurélio que julgava o pleito improcedente" (ADPF 101/DF, rel. Min. Cármen Lúcia, 24.06.2009).

Assim, caso a caso, é preciso que o Poder Público verifique a viabilidade ambiental da atividade a ser desenvolvida, de modo que os proveitos justifiquem os eventuais danos ambientais que possam dela advir (como exemplo, a construção de uma hidrelétrica normalmente traz sérios danos ambientais, tais como a destruição das florestas que serão cobertas pelas águas, sem falar na necessidade de transferência de animais silvestres. Assim, para licenciar a obra, caberá ao órgão ambiental competente tomar a difícil decisão: a energia a ser gerada justificará os danos? Não há resposta geral, devendo ser analisado o caso concreto).

Normalmente, em alguns casos, o Poder Judiciário vem dando a última palavra sobre a viabilidade ambiental de projetos significativamente poluidores, sendo discutível a possibilidade do controle judicial do mérito do ato administrativo que licencia empreendimento ambiental, ponderando os fins com a degradação-meio.

Destarte, **desenvolvimento sustentável é aquele que atende às necessidades do presente sem comprometer a possibilidade de existência digna das gerações futuras**, sendo possível melhorar a qualidade de vida dos vivos sem prejudicar o potencial desenvolvimento das novas gerações.

Será sustentável apenas o desenvolvimento que observe a capacidade de suporte da poluição pelos ecossistemas, respeitando a perenidade dos recursos naturais, a fim de manter bons padrões de qualidade ambiental.

IMPORTANTE

Todavia, o Princípio do Desenvolvimento Sustentável não possui apenas uma vertente econômico-ambiental, mas também tem uma **acepção social**, consistente na justa repartição das riquezas do mundo, pois inexiste qualquer razoabilidade em se determinar a alguém que preserve os recursos naturais sem previamente disponibilizar as mínimas condições de dignidade humana.

Nesse sentido, de acordo com o artigo 3.º, II, da Lei Complementar 140/2011, a atuação ambiental comum dos entes federativos terá como objetivo fundamental garantir o equilíbrio do desenvolvimento socioeconômico com a proteção do meio ambiente, observando a dignidade da pessoa humana, a erradicação da pobreza e a redução das desigualdades sociais e regionais.

Aliás, importante aduzir que desenvolvimento não será necessariamente sinônimo de crescimento, pois não implica obrigatoriamente na majoração de produtos e serviços no bojo da economia, sendo teoricamente possível a redução da poluição e das desigualdades sociais sem o crescimento da economia, mas com desenvolvimento sustentável.

Um instrumento de implantação que aos poucos vem sendo utilizado mundialmente para se atingir o ideal da sustentabilidade é o **pagamento pelos serviços ambientais**,[8] pois imprescindíveis à manutenção da vida na Terra, sendo um dos principais exemplos o mercado de créditos de

8. De acordo com o Vocabulário Básico de Recursos Naturais e do Meio Ambiente do IBGE, entende-se por serviços ambientais: "conceito associado a tentativa de valoração dos benefícios ambientais que a manutenção de áreas naturais pouco alteradas pela ação humana traz para o conjunto da sociedade. Entre os serviços ambientais mais importantes estão a produção de água de boa qualidade, a depuração e a descontaminação natural de águas servidas (esgotos) no ambiente, a produção de oxigênio e a absorção de gases tóxicos pela vegetação, a manutenção de estoques de predadores de pragas agrícolas, de polinizadores, de exemplares silvestres de organismos utilizados pelo homem (fonte de gens usados em programas de melhoramento genético), a proteção do solo contra a erosão, a manutenção dos ciclos biogeoquímicos etc. Os serviços ambientais são imprescindíveis à manutenção da vida na Terra".

carbono instituído pelo Protocolo de Kyoto, estudado no Capítulo sobre Direito Internacional Ambiental.

É cada vez mais difundida a denominada **economia verde**, assim considerada a que adota métodos produtivos menos impactantes ao ambiente com o propósito de realizar um verdadeiro desenvolvimento sustentável.

Este princípio decorre de uma vertente conservadorista do ambientalismo, que parece ter sido a opção do poder constituinte originário no Brasil, ao promulgar a atual Constituição, visto que os preservacionistas são radicais ao pregarem a intangibilidade dos recursos naturais.

IMPORTANTE

Saliente-se que **este princípio tem aplicação aos recursos naturais renováveis, a exemplo das florestas e animais, e não aos não renováveis, como os minérios**. Nestes casos, a sua utilização deve ser racional e prolongada ao máximo, devendo-se optar, sempre que possível, pela substituição por um recurso renovável, a exemplo do etanol em vez da gasolina, que, inclusive, é menos agressivo ao ar atmosférico.

Entretanto, é duvidosa a possibilidade real da implantação de um verdadeiro modelo de desenvolvimento sustentável das nações, podendo ser um mero discurso capitalista para manter as coisas como estão.

Vale ressaltar que há uma doutrina política da maioria das nações e das grandes empresas privadas em prol do desenvolvimento econômico sustentável, mas de pouca efetividade prática, pois ainda são tímidas as medidas concretizadas.

Inclusive, o discurso da sustentabilidade poderá atender apenas aos interesses capitalistas ao se negar a discutir a essência das relações capitalistas de produção e respectivos impactos na natureza, pois parte da premissa de que é possível compatibilizar o desenvolvimento econômico com a preservação ambiental, sem questionar profundamente o modo de produção.

Assim, a depender de sua interpretação e aplicação concreta, a doutrina da sustentabilidade poderá se caracterizar como um belo discurso dos governantes e das grandes corporações que não permitirá uma real reflexão sobre o modo de produção dos países, pois tradicionalmente o capitalismo objetiva a acumulação privada de riqueza abstrata, sendo que os recursos naturais apenas interessam na medida em que podem ser convertidos em pecúnia, e não por seu valor intrínseco.

Sobre essa questão, vale transcrever integralmente uma impecável crítica elaborada pelo filósofo Leonardo Boff:[9]

> "Sustentabilidade: adjetivo ou substantivo?
>
> 07/06/2011
>
> por Leonardo Boff
>
> É de bom tom hoje falar de sustentabilidade. Ela serve de etiqueta de garantia de que a empresa, ao produzir, está respeitando o meio ambiente. Atrás desta palavra se escondem algumas verdades, mas também muitos engodos. De modo geral, ela é usada como adjetivo e não como substantivo.
>
> Explico-me: como adjetivo é agregada a qualquer coisa sem mudar a natureza da coisa. Exemplo: posso diminuir a poluição química de uma fábrica, colocando filtros melhores em suas chaminés que vomitam gases. Mas a maneira com que a empresa se relaciona com a natureza donde tira os materiais para a produção, não muda; ela continua devastando; a preocupação não é com o meio ambiente, mas com o lucro e com a competição que tem que ser garantida. Portanto, a sustentabilidade é apenas de acomodação e não de mudança; é adjetiva, não substantiva.
>
> Sustentabilidade como substantivo exige uma mudança de relação para com a natureza, a vida e a Terra. A primeira mudança começa com outra visão da realidade. A Terra está viva e nós somos sua porção consciente e inteligente. Não estamos fora e acima dela como quem domina, mas dentro como quem cuida, aproveitando de seus bens, mas respeitando seus limites. Há interação entre ser humano e natureza. Se poluo o ar, acabo adoecendo e reforço o efeito estufa donde se deriva o aquecimento global. Se recupero a mata ciliar do rio, preservo as águas, aumento seu volume e melhoro minha qualidade de vida, dos pássaros e dos insetos que polinizam as árvores frutíferas e as flores do jardim.
>
> Sustentabilidade como substantivo acontece quando nos fazemos responsáveis pela preservação da vitalidade e da integridade dos ecossistemas. Devido à abusiva exploração de seus bens e serviços, tocamos nos limites da Terra. Ela não consegue, na ordem de

9. Disponível em: <http://leonardoboff.wordpress.com/2011/06/07/sustentabilidade-adjetivo-ou-substantivo/>.

30%, recompor o que lhe foi tirado e roubado. A Terra está ficando, cada vez mais pobre: de florestas, de águas, de solos férteis, de ar limpo e de biodiversidade. E o que é mais grave: mais empobrecida de gente com solidariedade, com compaixão, com respeito, com cuidado e com amor para com os diferentes. Quando isso vai parar?

A sustentabilidade como substantivo é alcançada no dia em que mudarmos nossa maneira de habitar a Terra, nossa Grande Mãe, de produzir, de distribuir, de consumir e de tratar os dejetos. Nosso sistema de vida está morrendo, sem capacidade de resolver os problemas que criou. Pior, ele nos está matando e ameaçando todo o sistema de vida.

Temos que reinventar um novo modo de estar no mundo com os outros, com a natureza, com a Terra e com a Última Realidade. Aprender a ser mais com menos e a satisfazer nossas necessidades com sentido de solidariedade para com os milhões que passam fome e com o futuro de nossos filhos e netos. Ou mudamos, ou vamos ao encontro de previsíveis tragédias ecológicas e humanitárias.

Quando aqueles que controlam as finanças e os destinos dos povos se reúnem, nunca é para discutir o futuro da vida humana e a preservação da Terra. Eles se encontram para tratar de dinheiros, de como salvar o sistema financeiro e especulativo, de como garantir as taxas de juros e os lucros dos bancos. Se falam de aquecimento global e de mudanças climáticas é quase sempre nesta ótica: quanto posso perder com estes fenômenos? Ou então, como posso ganhar comprando ou vendendo bônus de carbono (compro de outros países licença para continuar a poluir)? A sustentabilidade de que falam não é nem adjetiva, nem substantiva. É pura retórica. Esquecem que a Terra pode viver sem nós, como viveu por bilhões de anos. Nós não podemos viver sem ela.

Não nos iludamos: as empresas, em sua grande maioria, só assumem a responsabilidade socioambiental na medida em que os ganhos não sejam prejudicados e a competição não seja ameaçada. Portanto, nada de mudanças de rumo, de relação diferente para com a natureza, nada de valores éticos e espirituais. Como disse muito bem o ecólogo social uruguaio E. Gudynas: 'a tarefa não é pensar em desenvolvimento alternativo, mas em alternativas de desenvolvimento'.

Chegamos a um ponto em que não temos outra saída senão fazer uma revolução paradigmática, senão seremos vítimas da lógica férrea do Capital que nos poderá levar a um fenomenal impasse civilizatório".

De acordo com o Vocabulário Básico de Recursos Naturais e Meio Ambiente do IBGE, SUSTENTABILIDADE AMBIENTAL é um conceito associado ao Desenvolvimento Sustentável, envolve a utilização racional dos recursos naturais, sob a perspectiva do longo prazo. A utilização sustentável dos recursos naturais é aquela em que os recursos naturais renováveis são usados abaixo da sua capacidade natural de reposição, e os não renováveis de forma parcimoniosa e eficiente, aumentando sua vida útil. Em termos de energia, a sustentabilidade preconiza a substituição de combustíveis fósseis e energia nuclear por fontes renováveis, como a energia solar, a eólica, das marés, da biomassa, etc. A sustentabilidade ambiental é caracterizada pela manutenção da capacidade do ambiente de prover os serviços ambientais e os recursos necessários ao desenvolvimento das sociedades humanas de forma permanente.

Aliás, já se discute no Senado da República brasileira o **decrescimento**, o que ocorreu efetivamente em audiência pública ocorrida no dia 05 de setembro de 2011:

> "O decrescimento é um slogan político que tem como objetivo romper com o produtivismo. Tem como meta, sobretudo, insistir no abandono do crescimento econômico pelo crescimento. Sob o decrescimento se agrupam aqueles que têm realizado uma crítica radical ao desenvolvimento e que querem desenhar os contornos de um projeto alternativo para uma política de pós-desenvolvimento. É uma proposição necessária para reabrir o espaço da invenção e da criatividade bloqueada pelo totalitarismo economicista, desenvolvimentista e progressista. Para os adeptos do decrescimento, o desenvolvimento econômico longe de ser o remédio para os problemas sociais e ecológicos é a origem deles e por isso, deve ser analisado e denunciado como tal."

Coube à Lei 13.186, de 11 de novembro de 2015, instituir a **Política de Educação para o Consumo Sustentável**[10], com o objetivo geral de estimular a adoção de práticas de consumo e de técnicas de produção ecologicamente sustentáveis, a ser implementada por todas as esferas de governo.

10. Entende-se por consumo sustentável o uso dos recursos naturais de forma a proporcionar qualidade de vida para a geração presente sem comprometer as necessidades das gerações futuras.

São objetivos específicos dessa Política:

> I – incentivar mudanças de atitude dos consumidores na escolha de produtos que sejam produzidos com base em processos ecologicamente sustentáveis;
>
> II – estimular a redução do consumo de água, energia e de outros recursos naturais, renováveis e não renováveis, no âmbito residencial e das atividades de produção, de comércio e de serviços;
>
> III – promover a redução do acúmulo de resíduos sólidos, pelo retorno pós-consumo de embalagens, pilhas, baterias, pneus, lâmpadas e outros produtos considerados perigosos ou de difícil decomposição;
>
> IV – estimular a reutilização e a reciclagem dos produtos e embalagens;
>
> V – estimular as empresas a incorporarem as dimensões social, cultural e ambiental no processo de produção e gestão;
>
> VI – promover ampla divulgação do ciclo de vida dos produtos, de técnicas adequadas de manejo dos recursos naturais e de produção e gestão empresarial;
>
> VII – fomentar o uso de recursos naturais com base em técnicas e formas de manejo ecologicamente sustentáveis;
>
> VIII – zelar pelo direito à informação e pelo fomento à rotulagem ambiental;
>
> IX – incentivar a certificação ambiental.

A União, os estados, o Distrito Federal e os municípios deverão promover campanhas em prol do consumo sustentável, em espaço nobre dos meios de comunicação de massa, bem como capacitar os profissionais da área de educação para inclusão do consumo sustentável nos programas de educação ambiental do ensino médio e fundamental.

Por fim, vale salientar a previsão do art. 73, do novo Código Florestal, ao dispor que os órgãos centrais e executores do SISNAMA criarão e implementarão, com a participação dos órgãos estaduais, **indicadores de sustentabilidade**, a serem publicados semestralmente, com vistas em aferir a evolução dos componentes do sistema abrangidos por disposições da nova legislação florestal.

1.5. OS PRINCÍPIOS DO POLUIDOR-PAGADOR E DO PROTETOR-RECEBEDOR

São princípios que fazer parte da mesma moeda, mas em faces distintas. Enquanto o Poluidor-pagador impõe ao agente que causa poluição por ela ser responsabilidade, o Protetor-recebedor prega que as pessoas que protegem o meio ambiente devem ser incentivadas por prestarem serviços ambientais.

1.5.1. Poluidor-pagador

Por este princípio, **deve o poluidor responder pelos custos sociais da degradação causada por sua atividade impactante (as chamadas externalidades negativas)**, devendo-se agregar esse valor no custo produtivo da atividade, para evitar que se privatizem os lucros e se socializem os prejuízos. Ele se volta principalmente aos grandes poluidores.

Logo, caberá ao poluidor compensar ou reparar o dano causado. **Ressalte-se que este Princípio não deve ser interpretado de forma que haja abertura incondicional à poluição, desde que se pague** (não é pagador-poluidor), **só podendo o poluidor degradar o meio ambiente dentro dos limites de tolerância previstos na legislação ambiental, após licenciado.**

IMPORTANTE

Inclusive, o mesmo consta na Declaração do Rio de 1992, no **Princípio 16**: "Tendo em vista que o poluidor deve, em princípio, arcar com o custo decorrente da poluição, as autoridades nacionais devem procurar promover a internalização dos custos ambientais e o uso de instrumentos econômicos, levando na devida conta o interesse público, sem distorcer o comércio e os investimentos internacionais".

Este Princípio inspirou o § 1.º, do artigo 14, da Lei 6.938/1981, que prevê que "é o poluidor obrigado, independentemente da existência de culpa, a indenizar ou reparar os danos causados ao meio ambiente e a terceiros, afetados por sua atividade".

Nesse sentido, o Superior Tribunal de Justiça:

> "Pacífica a jurisprudência do STJ de que, nos termos do art. 14, § 1.°, da Lei 6.938/1981, o degradador, em decorrência do princípio do poluidor-pagador, previsto no art. 4.°, VII (primeira parte), do mesmo estatuto, é obrigado, independentemente da existência de culpa, a reparar – por óbvio que às suas expensas – todos os danos que cause ao meio ambiente e a terceiros afetados por sua atividade, sendo prescindível perquirir acerca do elemento subjetivo, o que, consequentemente, torna irrelevante eventual boa ou má-fé para fins de acertamento da natureza, conteúdo e extensão dos

deveres de restauração do *status quo* ante ecológico e de indenização" (passagem do REsp 769.753, de 08.09.2009).

Como exemplo de aplicação específica deste Princípio, pode-se citar a reposição florestal (artigo 33 do novo Código Florestal) que deve ser feita nos relevantes desmatamentos, bem como a indenização prevista no artigo 36, § 1.º, da Lei 9.985/2005, que prevê que o empreendedor que causar significativo impacto ambiental licenciado em unidade de conservação deverá aplicar da unidade o equivalente a, pelo menos, 0,5% dos custos totais do empreendimento.[11]

Também decorre do Princípio do Poluidor-pagador a obrigação dos fabricantes e importadores de pilhas e baterias que contenham Chumbo, Cádmio e Mercúrio, e de pneumáticos, de lhes dar destinação ambientalmente correta (Resoluções CONAMA 401/2008 e 416/2009), bem como a obrigação das empresas produtoras e comercializadoras de agrotóxicos, seus componentes e afins, pela destinação das embalagens vazias dos produtos por elas fabricados e comercializados, após a devolução pelos usuários.

Observe-se que a jurisprudência do STJ considera válida cláusula contratual ambiental que prevê a obrigação do revendedor de devolver ao fabricante as baterias usadas (sistema de logística reversa), inclusive validando rescisão contratual por descumprimento, consoante noticiado no sítio do observatório eco, em 03.08.2011:

> "STJ confirma quebra de contrato comercial por motivo ambiental:
>
> A Terceira Turma do STJ (Superior Tribunal de Justiça) manteve decisão do Tribunal de Justiça de Tocantins permitindo uma empresa rescindir um contrato de distribuição comercial por motivo de descumprimento de cláusula de responsabilidade ambiental. A empresa distribuidora do produto não respeitou as regras de logística reversa da mercadoria, deixando de devolver o produto para a fabricante, o que motivou a rescisão contratual.
>
> A autora da ação é fabricante de baterias para automóveis e submete-se ao cumprimento das determinações legais no tocante à correta destinação das 'sucatas' das baterias produzidas, em especial, conforme previsto na Resolução do Conama 257, que

11. Vide capítulo 9, item 4, que especifica a decisão do STF sobre o percentual da compensação ambiental.

> regula o procedimento de reutilização de pilhas e baterias que contenham chumbo, cádmio, mercúrio em seus compostos, com vistas a prevenir a contaminação do meio ambiente.
>
> Segundo a fabricante, a empresa distribuidora deixou de cumprir cláusula do contrato que previa a 'obrigação de devolver as baterias esgotadas', na qualidade de revendedora do produto. De acordo com o contrato, todos os distribuidores estão obrigados a devolverem as baterias utilizadas, no sentido de viabilizar a correta destinação ambiental.
>
> A ação de rescisão contratual foi julgada procedente em primeiro grau e confirmada pelo TJ-TO (Tribunal de Justiça de Tocantins). Inconformada, a revendedora das baterias entrou com recurso perante o STJ (Superior Tribunal de Justiça). Em sua defesa, ela alegou que foi surpreendida com a rescisão unilateral do contrato, o que lhe causou enorme prejuízo.
>
> O ministro relator, da Terceira Turma do STJ, Massami Uyeda, ao analisar os autos constatou que segundo o Tribunal de origem, ficou demonstrado que a revendedora não apresentou provas sobre a 'correta destinação ambiental das baterias usadas, conforme exigido pela legislação ambiental'. Além disso, de acordo com o processo foi demonstrado que a distribuidora 'passou a vender as sucatas (baterias usadas) para outro fabricante', inclusive concorrente da demandada. A votação foi unânime, participaram do julgamento os ministros Sidnei Beneti, Paulo de Tarso Sanseverino, Ricardo Villas Bôas Cueva e Nancy Andrighi".

Também decorre do Princípio do Poluidor-pagador a disposição constante do artigo 33, § 6.º, da Lei 12.305/2010, que determina que os fabricantes e os importadores deem destinação ambientalmente adequada aos produtos e às embalagens reunidos ou devolvidos, sendo o rejeito encaminhado para a disposição final ambientalmente adequada.

Embora o maior campo de atuação do Princípio do Poluidor-pagador seja a esfera civil, é fácil identificar a sua concretização no âmbito das responsabilidades administrativa e criminal.

Nesse sentido, dentre as penas a serem impostas às pessoas jurídicas pelo cometimento de delito ambiental, encontra-se a execução de obras de recuperação de áreas degradadas, espécie de prestação de serviços à comunidade, a teor do artigo 23, II, da Lei 9.605/1998.

1.5.2. Protetor-recebedor

Outro importante princípio ambiental é o do **Protetor-Receptor ou Recebedor**, que seria a outra face da moeda do Princípio do Poluidor-pagador, ao defender que as pessoas físicas ou jurídicas responsáveis pela preservação ambiental devem ser agraciadas como benefícios de alguma natureza, pois estão colaborando com toda a coletividade para a consecução do direito fundamental ao meio ambiente ecologicamente equilibrado.

Assim, haveria uma *espécie de compensação pela prestação dos serviços ambientais* em favor daqueles que atuam em defesa do meio ambiente, como verdadeira maneira de se promover a justiça ambiental, a exemplo da criação de uma compensação financeira em favor do proprietário rural que mantém a reserva florestal legal em sua propriedade acima do limite mínimo fixado no artigo 12 do novo Código Florestal.

Além de benefícios financeiros diretos a serem pagos pelo Poder Público, também é possível a concessão de créditos subsidiados, redução de base de cálculos e alíquotas de tributos, ou mesmo a instituição de isenções por normas específicas.

No Brasil, ainda são tímidas as medidas nesse sentido, mas é possível identificar a sua presença quando o artigo 10, § 1.º, II, da Lei 9.393/1996, excluiu da área tributável do Imposto Territorial Rural alguns espaços ambientais especialmente protegidos.

Por meio da edição do Decreto 45.113/2009, o Estado de Minas Gerais criou o Programa Bolsa-Verde, em que o Poder Público estadual paga um incentivo financeiro aos proprietários que prestam serviços ambientais, consistente em uma bolsa que variará entre R$ 110,00 e R$ 300,00 por hectare preservado de reserva legal ou área de preservação permanente, sendo um emblemático caso de incidência do Princípio do Protetor-Recebedor.

Outro excelente exemplo de aplicabilidade do Princípio do Protetor-recebedor vem do Estado do Amazonas, com a criação do Programa Bolsa Floresta, pela Lei Estadual 3.135/2007, que instituiu a Política Estadual sobre Mudanças dos Climas.

Conforme noticiado pelo sítio da associação O Direito por um Planeta Verde, "é o primeiro programa brasileiro de remuneração pela prestação de serviços ambientais feito diretamente para as comunidades que residem nas florestas. O objetivo é prover uma alternativa econômica ao desmatamento, de modo a reduzir as emissões de gases de efeito estufa. O Bolsa Floresta transfere recursos diretamente para famílias residentes em algumas UC estaduais no Amazonas, faz pagamentos para associações comunitárias presentes nessas unidades e promove capacitação para atividades econômicas sustentáveis, como o extrativismo vegetal manejado e o artesanato. Em troca, essas famílias firmam o compromisso de não desmatar além da área que já desmataram, ressalvadas algumas exceções, o que é acompanhado por monitoramento via satélite".[12]

Vale ressaltar que **o Princípio do Protetor-recebedor passou a ter previsão expressa no ordenamento jurídico brasileiro, no artigo 6.º, II, da Lei 12.305/2010**, que instituiu a Política Nacional de Resíduos Sólidos.

Outro importante exemplo de concretização do Princípio do Protetor-recebedor ocorreu com o advento da Lei 12.512, de 14 de outubro de 2011, que instituiu o **Programa de Apoio à Conservação Ambiental** e o Programa de Fomento às Atividades Produtivas Rurais.

De acordo com o Programa de Apoio à Conservação Ambiental, a União foi autorizada a transferir recursos financeiros e a disponibilizar serviços de assistência técnica a famílias em situação de extrema pobreza que desenvolvam atividades de conservação de recursos naturais no meio rural.

Poderão ser beneficiárias do Programa de Apoio à Conservação Ambiental as famílias em situação de extrema pobreza que desenvolvam atividades de conservação nas seguintes áreas (art. 3.º):

> I – Florestas Nacionais, Reservas Extrativistas e Reservas de Desenvolvimento Sustentável federais;
>
> II – projetos de assentamento florestal, projetos de desenvolvimento sustentável ou projetos de assentamento agroextrativista instituídos pelo Instituto Nacional de Colonização e Reforma Agrária – INCRA;
>
> III – territórios ocupados por ribeirinhos, extrativistas, populações indígenas, quilombolas e outras comunidades tradicionais; e
>
> IV – outras áreas rurais definidas como prioritárias por ato do Poder Executivo.

12. Disponível em: <http://www.planetaverde.org/index.php?pag=2&sub=1&cod=190>.

Assim, nota-se que finalmente a União adotou uma medida específica para premiar a todas aquelas pessoas que protegem o meio ambiente, prestando serviços ambientais à coletividade, especificamente aqueles que estão em situação de pobreza, promovendo a justiça ambiental.

Em concretização ao Princípio do Protetor-recebedor, o artigo 41 do novo Código Florestal brasileiro (Lei 12.651/2012) previu o **programa de apoio e incentivo à preservação e recuperação do meio ambiente**, com a possibilidade de pagamento ou incentivo a serviços ambientais como retribuição, monetária ou não, às atividades de conservação e melhoria dos ecossistemas e que gerem serviços ambientais, tais como, isolada ou cumulativamente:

> "a) o sequestro, a conservação, a manutenção e o aumento do estoque e a diminuição do fluxo de carbono;
>
> b) a conservação da beleza cênica natural;
>
> c) a conservação da biodiversidade;
>
> d) a conservação das águas e dos serviços hídricos;
>
> e) a regulação do clima;
>
> f) a valorização cultural e do conhecimento tradicional ecossistêmico;
>
> g) a conservação e o melhoramento do solo;
>
> h) a manutenção de Áreas de Preservação Permanente, de Reserva Legal e de uso restrito."

Ademais, é princípio do Código Florestal a criação e a mobilização de incentivos jurídicos e econômicos para fomentar a preservação e a recuperação da vegetação nativa, e para promover o desenvolvimento de atividades produtivas sustentáveis.

1.6. ORDEM ECONÔMICA AMBIENTAL, A ECONOMIA VERDE E O PAGAMENTO POR SERVIÇOS AMBIENTAIS

O Estado de Direito Ambiental brasileiro é capitalista, ou seja, tem como fundamento da sua Ordem Econômica, ao lado da valorização do trabalho humano, a livra iniciativa a qualquer atividade econômica, independentemente de autorização de órgãos públicos, *salvo nos casos previstos em lei.*[13]

---

13. Vide artigo 170 da CRFB.

Dessa forma, em regra, o Estado apenas atuará como agente normativo e regulador da atividade econômica (funções de fiscalização, incentivo e planejamento), que é livre à iniciativa privada, especialmente através da atuação das Agências Reguladoras.

Contudo, excepcionalmente, nas hipóteses de relevante interesse coletivo ou para satisfazer os imperativos da segurança nacional, o Estado explorará diretamente atividade econômica, quer em regime de concorrência, quer por meio de monopólio, nos casos previstos na Constituição de 1988, especialmente pelas empresas estatais.

A exploração de atividades aptas a causar degradação ambiental é uma das hipóteses excepcionais que exigirão prévia autorização do Poder Público para se realizar, justamente porque é seu dever constitucional controlar a poluição, especialmente por meio do anterior licenciamento ambiental, consoante previsto no artigo 10 da Lei 6.938/1981.

Logo, apenas poderá ser exercido o trabalho que possa trazer degradação ambiental após o regular licenciamento ambiental, podendo ser vedado na hipótese de atividades lesivas ao ambiente não permitidas pelo Poder Público.

IMPORTANTE

Com propriedade, um dos princípios da Ordem Econômica é a **defesa do meio ambiente, inclusive mediante tratamento diferenciado conforme o impacto ambiental dos produtos e serviços e de seus processos de elaboração e prestação**, razão pela qual não é exagerado nomeá-la de "**Ordem Econômica Ambiental**".

Este princípio justifica o tratamento privilegiado em favor de agentes econômicos que atuem com tecnologias e métodos menos agressivos ao meio ambiente, a fim de regular a economia por meio do fomento de atividades com menor impacto ambiental, desestimulando as ações predatórias, relembrando que "os incentivos à produção e instalação de equipamentos e a criação ou absorção de tecnologia, voltados para a melhoria da qualidade ambiental", é mais um instrumento para a consecução dos objetivos da Política Nacional do Meio Ambiente.[14]

Logo, para que determinada empresa produtora de papel utente de tecnologia "limpa" (que exija mais investimentos, mas bem menos

14. Artigo 9.º, V, da Lei 6.938/1981.

poluente) continue a adotar essa técnica, é preciso uma intervenção estatal para compensar os custos operacionais, pois a inércia governamental certamente levará ao fechamento da indústria, que sucumbirá pela impossibilidade de manter preços competitivos no regime da livre concorrência.

Assim sendo, a **tributação ambiental** figurará como uma das medidas que deverão ser manejadas pelo Poder Público para conferir tratamento com justificáveis privilégios, proporcionais aos impactos ambientais causados, ao lado de outras, a exemplo dos empréstimos subsidiados e das subvenções.

Nesse caminho, poderá a União instituir uma contribuição de intervenção no domínio econômico[15] visando à defesa do meio ambiente, quando determinado segmento econômico demandar uma regulação estatal específica.

Outra medida é a **licitação sustentável**, em que a Administração Pública poderá exigir que as empresas licitantes adotem práticas favoráveis à proteção ambiental como condição de contratação com o Poder Público.

Ademais, a própria Lei 6.938/1981 já previu uma listagem meramente exemplificativa (artigo 9.º, XIII) de **instrumentos econômicos** para a efetivação da Política Nacional do Meio Ambiente, especificamente a concessão florestal, a servidão ambiental e o seguro ambiental, institutos já estudados nesta obra.

Com efeito, é deveras importante que o Estado adote cada vez mais instrumentos que interfiram nas relações econômicas com o objetivo de efetivar o desenvolvimento sustentável, a fim de fomentar condutas benéficas ao meio ambiente e inibir ou proibir outras indesejáveis.

Atualmente, **é inegável a natureza econômica de muitas normas ambientais**, que necessariamente refletem uma intervenção estatal na economia, chegando-se a afirmar a existência de um **Direito Ambiental Econômico**.

O *Direito Econômico* é a disciplina jurídica que regula a política econômica das nações, especialmente o modo de intervenção estatal na economia, ao passo que o *Direito Ambiental* rege as atividades humanas aptas a gerar a degradação ambiental, com o objetivo de controlar a

15. Vide artigo 149 da CRFB.

poluição para mantê-la dentro dos padrões de tolerância da legislação, a fim de realizar a sustentabilidade, **ambos os ramos buscando o bem-estar das pessoas**.

Sucede que a produção econômica gera necessariamente a degradação do meio ambiente, pois os recursos da natureza são necessariamente captados e utilizados na atividade produtiva, assim como os resíduos sólidos e líquidos são descartados posteriormente no meio ambiente.

Um instrumento de implantação que aos poucos vem sendo utilizado mundialmente para se atingir o ideal da sustentabilidade é o **pagamento pelos serviços ambientais**, pois imprescindíveis à manutenção da vida na Terra, sendo um dos principais exemplos o mercado de créditos de carbono instituído pelo Protocolo de Kyoto, estudado no Capítulo sobre Direito Internacional Ambiental, sendo consectário do **Princípio do Protetor-recebedor**.

De acordo com o Vocabulário Básico de Recursos Naturais e do Meio Ambiente do IBGE, entende-se por serviços ambientais: "conceito associado a tentativa de valoração dos benefícios ambientais que a manutenção de áreas naturais pouco alteradas pela ação humana traz para o conjunto da sociedade. Entre os serviços ambientais mais importantes estão a produção de água de boa qualidade, a depuração e a descontaminação natural de águas servidas (esgotos) no ambiente, a produção de oxigênio e a absorção de gases tóxicos pela vegetação, a manutenção de estoques de predadores de pragas agrícolas, de polinizadores, de exemplares silvestres de organismos utilizados pelo homem (fonte de gens usados em programas de melhoramento genético), a proteção do solo contra a erosão, a manutenção dos ciclos biogeoquímicos etc. Os serviços ambientais são imprescindíveis à manutenção da vida na Terra".

É cada vez mais difundida a denominada economia verde, assim considerada a que adota métodos produtivos menos impactantes ao ambiente com o propósito de realizar um verdadeiro desenvolvimento sustentável.

O PNUMA – Programa das Nações Unidas para o Meio Ambiente define **economia verde** como uma economia que resulta em melhoria do bem-estar da humanidade e igualdade social, ao mesmo tempo em que reduz significativamente riscos ambientais e escassez ecológica.

Em outras palavras, uma economia verde pode ser considerada como tendo baixa emissão de carbono, é eficiente em seu uso de recursos e socialmente inclusiva. Em uma economia verde, o crescimento de renda e de emprego deve ser impulsionado por investimentos públicos e privados que reduzem as emissões de carbono e poluição e aumentam a eficiência energética e o uso de recursos, e previnem perdas de biodiversidade e serviços ecossistêmicos. Esses investimentos precisam ser gerados e apoiados por gastos públicos específicos, reformas políticas e mudanças na regulamentação. O caminho do desenvolvimento deve manter, aprimorar e, quando possível, reconstruir capital natural como um bem econômico crítico e como uma fonte de benefícios públicos, principalmente para a população carente cujo sustento e segurança dependem da natureza[16].

Ainda de acordo com o PNUMA, o conceito de uma "economia verde" não substitui desenvolvimento sustentável, mas hoje em dia existe um crescente reconhecimento de que a realização da sustentabilidade se baseia quase que inteiramente na obtenção do modelo certo de economia. Décadas de criação de uma nova riqueza através de um modelo de "economia marrom" não lidaram de modo substancial com a marginalização social e o esgotamento de recursos, e ainda estamos longe de atingir os Objetivos de Desenvolvimento do Milênio. A sustentabilidade continua sendo um objetivo vital a longo prazo, mas é preciso tornar a economia mais verde para chegarmos lá.

Para se fazer a transição para uma economia verde são necessárias algumas condições facilitadoras específicas. Essas condições facilitadoras consistem de um pano de fundo de regulamentos nacionais, políticas, subsídios e incentivos, mercado internacional e infraestrutura legal e protocolos comerciais e de apoio. No momento, as condições facilitadoras incentivam e têm um peso grande na predominante economia marrom que, entre outras coisas, depende excessivamente da energia proveniente dos combustíveis fósseis[17].

Uma **economia verde** valorizará e investirá no capital natural; será primordial para a diminuição da pobreza; gerará empregos e melhorará a igualdade social; substituirá os combustíveis fósseis por energias renováveis e tecnologias de baixa emissão de carbono; promoverá o uso

16. PNUMA, 2011, Caminhos para o Desenvolvimento Sustentável e a Erradicação da Pobreza – Síntese para Tomadores de Decisão, www.unep.org/greeneconomy.
17. PNUMA, 2011, Caminhos para o Desenvolvimento Sustentável e a Erradicação da Pobreza – Síntese para Tomadores de Decisão, www.unep.org/greeneconomy.

eficiente de recursos e energia; oferecerá um estilo de vida urbano mais sustentável e uma mobilidade com baixa emissão de carbono e, com o passar do tempo, crescerá mais rapidamente do que a economia marrom, enquanto mantém e restabelece o capital natural.

Foi neste contexto que surgiu em 14 de janeiro de 2021 a novel **Política Nacional de Pagamento por Serviços Ambientais (PNPSA),** aprovada pela **Lei 14.119/2021**, que ainda instituiu o **Cadastro Nacional de Pagamento por Serviços Ambientais (CNPSA)** e o **Programa Federal de Pagamento por Serviços Ambientais (PFPSA).**

Para a implementação da PNPSA, a União poderá firmar convênios com Estados, com o Distrito Federal, com Municípios e com entidades de direito público, bem como termos de parceria com entidades qualificadas como organizações da sociedade civil de interesse público, nos termos da Lei nº 9.790, de 23 de março de 1999, que dispõe sobre a qualificação de pessoas jurídicas de direito privado, sem fins lucrativos, como Organizações da Sociedade Civil de Interesse Público, institui e disciplina o Termo de Parceria.

A PNPSA deverá integrar-se às demais políticas setoriais e ambientais, em especial à Política Nacional do Meio Ambiente, à Política Nacional da Biodiversidade, à Política Nacional de Recursos Hídricos, à Política Nacional sobre Mudança do Clima, à Política Nacional de Educação Ambiental, às normas sobre acesso ao patrimônio genético, sobre a proteção e o acesso ao conhecimento tradicional associado e sobre a repartição de benefícios para conservação e uso sustentável da biodiversidade e, ainda, ao Sistema Nacional de Unidades de Conservação da Natureza e aos serviços de assistência técnica e extensão rural.

Para o financiamento do PFPSA poderão ser captados recursos de pessoas físicas e de pessoas jurídicas de direito privado e perante as agências multilaterais e bilaterais de cooperação internacional, preferencialmente sob a forma de doações ou sem ônus para o Tesouro Nacional, exceto nos casos de contrapartidas de interesse das partes.

Nos termos da **Lei 14.653/2023**, as Áreas de Preservação Permanente, Reserva Legal e outras sob limitação administrativa nos termos da legislação ambiental serão elegíveis para pagamento por serviços ambientais com uso de recursos públicos, conforme regulamento, com preferência para aquelas localizadas no entorno de nascentes, localizadas em bacias hidrográficas consideradas críticas para o abastecimento público de água, assim definidas pelo órgão competente, ou em áreas prioritárias para conservação da diversidade biológica em processo de desertificação ou de avançada fragmentação.

Ademais, prevê a **Lei 14.592/2023**, as **concessões florestais em unidades de conservação**, terras públicas e bens dos entes federativos poderão contemplar em seu objeto o direito de desenvolver e de comercializar projetos de pagamento por serviços ambientais e créditos de carbono, conforme regulamento.

Coube à Lei 14.119/2021 instituir a Política Nacional de Pagamento por Serviços Ambientais (PNSA), exímio exemplo de concretização do Princípio do Protetor-recebedor e do Princípio do Desenvolvimento Sustentável, na medida em que busca trazer vantagens a quem atua na proteção ao meio ambiente beneficiando imaterialmente toda a coletividade.

Os ***serviços ambientais*** foram definidos como as atividades individuais ou coletivas que favorecem a manutenção, a recuperação ou a melhoria dos serviços ecossistêmicos.

Por sua vez, os **serviços ecossistêmicos** (espécie de serviço ambiental) são os benefícios relevantes para a sociedade gerados pelos ecossistemas, em termos de manutenção, recuperação ou melhoria das condições ambientais, possuindo as seguintes modalidades:

1. serviços de provisão: os que fornecem bens ou produtos ambientais utilizados pelo ser humano para consumo ou comercialização, tais como água, alimentos, madeira, fibras e extratos, entre outros;

2. serviços de suporte: os que mantêm a perenidade da vida na Terra, tais como a ciclagem de nutrientes, a decomposição de resíduos, a produção, a manutenção ou a renovação da fertilidade do solo, a polinização, a dispersão de sementes, o controle de populações de potenciais pragas e de vetores potenciais de doenças humanas, a proteção contra a radiação solar ultravioleta e a manutenção da biodiversidade e do patrimônio genético;

3. serviços de regulação: os que concorrem para a manutenção da estabilidade dos processos ecossistêmicos, tais como o sequestro de carbono, a purificação do ar, a moderação de eventos climáticos extremos, a manutenção do equilíbrio do ciclo hidrológico,

a minimização de enchentes e secas e o controle dos processos críticos de erosão e de deslizamento de encostas;

4. serviços culturais: os que constituem benefícios não materiais providos pelos ecossistemas, por meio da recreação, do turismo, da identidade cultural, de experiências espirituais e estéticas e do desenvolvimento intelectual, entre outros.

O **pagamento por serviços ambientais** é definido como a transação de natureza voluntária, mediante a qual um pagador de serviços ambientais transfere a um provedor desses serviços recursos financeiros ou outra forma de remuneração, nas condições acertadas, respeitadas as disposições legais e regulamentares pertinentes.

Considera-se **pagador de serviços ambientais** o poder público, organização da sociedade civil ou agente privado, pessoa física ou jurídica, de âmbito nacional ou internacional, que provê o pagamento dos serviços ambientais.

Por outro lado, será **provedor de serviços ambientais** a pessoa física ou jurídica, de direito público ou privado, ou grupo familiar ou comunitário que, preenchidos os critérios de elegibilidade, mantém, recupera ou melhora as condições ambientais dos ecossistemas.

Foram criadas **modalidades exemplificativas** de pagamento por serviços ambientais, podendo o Ministério do Meio Ambiente criar novas modalidades por ato próprio:

> I - pagamento direto, monetário ou não monetário;
>
> II - prestação de melhorias sociais a comunidades rurais e urbanas;
>
> III - compensação vinculada a certificado de redução de emissões por desmatamento e degradação;
>
> IV - títulos verdes (green bonds);
>
> V - comodato;
>
> VI - Cota de Reserva Ambiental (CRA), instituída pela Lei nº 12.651, de 25 de maio de 2012.

Ainda não existe uma regulamentação da maioria destas modalidades de pagamento por serviços ambientais, mas alguns já se faziam presentes no Brasil na legislação ambiental.

Um exemplo de **pagamento direto monetário** foi a edição do Decreto 45.113/2009, do Estado de Minas Gerais, que criou o Programa Bolsa-Verde, em que o Poder Público estadual paga um incentivo financeiro aos proprietários que prestam serviços ambientais, consistente em uma bolsa que variará entre R$ 110,00 e R$ 300,00 por hectare preservado de reserva legal ou área de preservação permanente, sendo um emblemático caso de incidência do Princípio do Protetor-Recebedor.

Outro excelente exemplo de aplicabilidade do Princípio do Protetor--recebedor e de pagamento por serviços ambientais vem do Estado do Amazonas, com a criação do Programa Bolsa Floresta, pela Lei Estadual 3.135/2007, que instituiu a Política Estadual sobre Mudanças dos Climas.

Conforme noticiado pelo sítio da associação O Direito por um Planeta Verde, "é o primeiro programa brasileiro de remuneração pela prestação de serviços ambientais feito diretamente para as comunidades que residem nas florestas. O objetivo é prover uma alternativa econômica ao desmatamento, de modo a reduzir as emissões de gases de efeito estufa. O Bolsa Floresta transfere recursos diretamente para famílias residentes em algumas UC estaduais no Amazonas, faz pagamentos para associações comunitárias presentes nessas unidades e promove capacitação para atividades econômicas sustentáveis, como o extrativismo vegetal manejado e o artesanato. Em troca, essas famílias firmam o compromisso de não desmatar além da área que já desmataram, ressalvadas algumas exceções, o que é acompanhado por monitoramento via satélite".[18]

Vale registrar que as **receitas oriundas da cobrança pelo uso dos recursos hídricos** poderão ser destinadas a ações de pagamento por serviços ambientais que promovam a conservação e a melhoria da quantidade e da qualidade dos recursos hídricos e deverão ser aplicadas conforme decisão do comitê da bacia hidrográfica.

Os ***green bonds*** são títulos do mercado financeiro que operam a captação de recursos para projetos que objetivam a proteção do ambiente. Podem ser emitidos por empresas ou pelo Estado com o objetivo de captar recursos para a reversão em favor do ambiente e agora gozam de previsão legal que pende de regulamentação. Já eram comuns em países mais desenvolvidos que o Brasil.

18. Disponível em: <http://www.planetaverde.org/index.php?pag=2&sub=1&cod=190>.

Conforme estudado no capítulo 6 desta obra, a **servidão ambiental** está regulamentada no artigo 9.º-A, da Lei 6.938/1981, com redação alterada pela Lei 12.651/2012 (novo Código Florestal), que também inseriu os artigos 9º-B e 9º-C, sendo espécie de servidão administrativa, com natureza de direito real sobre coisa alheia, devendo, destarte, ser registrada imobiliariamente, em que o proprietário (pessoa física ou jurídica) renuncia de maneira permanente ou temporária, total ou parcialmente, ao uso, exploração e supressão dos recursos naturais do prédio rústico.

Será instituída por instrumento público ou particular ou por termo administrativo[19] firmado perante órgão integrante do SISNAMA, que deve ser averbado no Cartório de Registro de Imóveis.

São **objetivos** legais da Política Nacional de Pagamento por Serviços Ambientais:

- orientar a atuação do poder público, das organizações da sociedade civil e dos agentes privados em relação ao pagamento por serviços ambientais, de forma a manter, recuperar ou melhorar os serviços ecossistêmicos em todo o território nacional;
- estimular a conservação dos ecossistemas, dos recursos hídricos, do solo, da biodiversidade, do patrimônio genético e do conhecimento tradicional associado;
- valorizar econômica, social e culturalmente os serviços ecossistêmicos;
- evitar a perda de vegetação nativa, a fragmentação de habitats, a desertificação e outros processos de degradação dos ecossistemas nativos e fomentar a conservação sistêmica da paisagem;
- incentivar medidas para garantir a segurança hídrica em regiões submetidas a escassez de água para consumo humano e a processos de desertificação;
- contribuir para a regulação do clima e a redução de emissões advindas de desmatamento e degradação florestal;

19. Art. 9.º-A da Lei 6.938/1981: "§ 1.º O instrumento ou termo de instituição da servidão ambiental deve incluir, no mínimo, os seguintes itens: I – memorial descritivo da área da servidão ambiental, contendo pelo menos um ponto de amarração georreferenciado; II – objeto da servidão ambiental; III – direitos e deveres do proprietário ou possuidor instituidor; IV – prazo durante o qual a área permanecerá como servidão ambiental."

- reconhecer as iniciativas individuais ou coletivas que favoreçam a manutenção, a recuperação ou a melhoria dos serviços ecossistêmicos, por meio de retribuição monetária ou não monetária, prestação de serviços ou outra forma de recompensa, como o fornecimento de produtos ou equipamentos;
- estimular a elaboração e a execução de projetos privados voluntários de provimento e pagamento por serviços ambientais, que envolvam iniciativas de empresas, de Organizações da Sociedade Civil de Interesse Público (Oscip) e de outras organizações não governamentais;
- estimular a pesquisa científica relativa à valoração dos serviços ecossistêmicos e ao desenvolvimento de metodologias de execução, de monitoramento, de verificação e de certificação de projetos de pagamento por serviços ambientais;
- assegurar a transparência das informações relativas à prestação de serviços ambientais, permitindo a participação da sociedade;
- estabelecer mecanismos de gestão de dados e informações necessários à implantação e ao monitoramento de ações para a plena execução dos serviços ambientais;
- incentivar o setor privado a incorporar a medição das perdas ou ganhos dos serviços ecossistêmicos nas cadeias produtivas vinculadas aos seus negócios;
- incentivar a criação de um mercado de serviços ambientais;
- fomentar o desenvolvimento sustentável.

São **diretrizes** da PNPSA:

- o atendimento aos princípios do provedor-recebedor e do usuário-pagador;
- o reconhecimento de que a manutenção, a recuperação e a melhoria dos serviços ecossistêmicos contribuem para a qualidade de vida da população;
- a utilização do pagamento por serviços ambientais como instrumento de promoção do desenvolvimento social, ambiental, econômico e cultural das populações em área rural e urbana e dos

produtores rurais, em especial das comunidades tradicionais, dos povos indígenas e dos agricultores familiares;

- a complementaridade do pagamento por serviços ambientais em relação aos instrumentos de comando e controle relacionados à conservação do meio ambiente;
- a integração e a coordenação das políticas de meio ambiente, de recursos hídricos, de agricultura, de energia, de transporte, de pesca, de aquicultura e de desenvolvimento urbano, entre outras, com vistas à manutenção, à recuperação ou à melhoria dos serviços ecossistêmicos;
- a complementaridade e a coordenação entre programas e projetos de pagamentos por serviços ambientais implantados pela União, pelos Estados, pelo Distrito Federal, pelos Municípios, pelos Comitês de Bacia Hidrográfica, pela iniciativa privada, por Oscip e por outras organizações não governamentais, consideradas as especificidades ambientais e socioeconômicas dos diferentes biomas, regiões e bacias hidrográficas, e observados os princípios estabelecidos nesta Lei;
- o reconhecimento do setor privado, das Oscip e de outras organizações não governamentais como organizadores, financiadores e gestores de projetos de pagamento por serviços ambientais, paralelamente ao setor público, e como indutores de mercados voluntários;
- a publicidade, a transparência e o controle social nas relações entre o pagador e o provedor dos serviços ambientais prestados;
- a adequação do imóvel rural e urbano à legislação ambiental;
- o aprimoramento dos métodos de monitoramento, de verificação, de avaliação e de certificação dos serviços ambientais prestados;
- o resguardo da proporcionalidade no pagamento por serviços ambientais prestados;
- a inclusão socioeconômica e a regularização ambiental de populações rurais em situação de vulnerabilidade, em consonância com as disposições da Lei nº 12.512, de 14 de outubro de 2011,

que instituiu o Programa de Apoio à Conservação Ambiental e o Programa de Fomento às Atividades Produtivas Rurais.

Ainda restou constituído o **Programa Federal de Pagamento por Serviços Ambientais (PFPSA)** no âmbito do Ministério do Meio Ambiente, com o objetivo de efetivar a PNPSA relativamente ao pagamento desses serviços pela União, nas ações de manutenção, de recuperação ou de melhoria da cobertura vegetal nas áreas prioritárias para a conservação, de combate à fragmentação de habitats, de formação de corredores de biodiversidade e de conservação dos recursos hídricos.

Ademais, previu-se um **contrato de pagamento por serviços ambientais** como requisito para a participação do PFPSA, que deverá obrigatoriamente conter as seguintes cláusulas:

- aos direitos e às obrigações do provedor, incluídas as ações de manutenção, de recuperação e de melhoria ambiental do ecossistema por ele assumidas e os critérios e os indicadores da qualidade dos serviços ambientais prestados;
- aos direitos e às obrigações do pagador, incluídos as formas, as condições e os prazos de realização da fiscalização e do monitoramento;
- às condições de acesso, pelo poder público, à área objeto do contrato e aos dados relativos às ações de manutenção, de recuperação e de melhoria ambiental assumidas pelo provedor, em condições previamente pactuadas e respeitados os limites do sigilo legal ou constitucionalmente previsto.

Na situação dos contratos de pagamento por serviços ambientais que envolvam recursos públicos ou que sejam objeto dos incentivos tributários estes estarão sujeitos à fiscalização pelos órgãos competentes do poder público, especialmente o Ministério Público e o Tribunal de Contas.

As obrigações constantes de contratos de pagamento por serviços ambientais, quando se referirem à conservação ou restauração da vegetação nativa em imóveis particulares, ou mesmo à adoção ou manutenção de determinadas práticas agrícolas, agroflorestais ou agrossilvopastoris, têm natureza propter rem e devem ser cumpridas pelo adquirente do imóvel nas condições estabelecidas contratualmente.

O Programa terá como prioridade os serviços providos por comunidades tradicionais, povos indígenas, agricultores familiares e empreendedores familiares rurais previstos na Política Nacional da Agricultura Familiar e Empreendimentos Familiares Rurais.

Eis as **ações** abarcadas pelo Programa Federal:

- conservação e recuperação da vegetação nativa, da vida silvestre e do ambiente natural em áreas rurais, notadamente naquelas de elevada diversidade biológica, de importância para a formação de corredores de biodiversidade ou reconhecidas como prioritárias para a conservação da biodiversidade, assim definidas pelos órgãos do Sisnama;
- conservação de remanescentes vegetais em áreas urbanas e periurbanas de importância para a manutenção e a melhoria da qualidade do ar, dos recursos hídricos e do bem-estar da população e para a formação de corredores ecológicos;
- conservação e melhoria da quantidade e da qualidade da água, especialmente em bacias hidrográficas com cobertura vegetal crítica importantes para o abastecimento humano e para a dessedentação animal ou em áreas sujeitas a risco de desastre;
- conservação de paisagens de grande beleza cênica;
- recuperação e recomposição da cobertura vegetal nativa de áreas degradadas, por meio do plantio de espécies nativas ou por sistema agroflorestal;
- manejo sustentável de sistemas agrícolas, agroflorestais e agrossilvopastoris que contribuam para captura e retenção de carbono e conservação do solo, da água e da biodiversidade;
- manutenção das áreas cobertas por vegetação nativa que seriam passíveis de autorização de supressão para uso alternativo do solo.

Por seu turno, as seguintes áreas poderão ser objeto PFPSA:

- áreas cobertas com vegetação nativa;
- áreas sujeitas a restauração ecossistêmica, a recuperação da cobertura vegetal nativa ou a plantio agroflorestal;
- unidades de conservação de proteção integral, reservas extrativistas e reservas de desenvolvimento sustentável, nos termos da Lei do Sistema Nacional da Unidades de Conservação;

- terras indígenas, territórios quilombolas e outras áreas legitimamente ocupadas por populações tradicionais, mediante consulta prévia, nos termos da Convenção 169 da Organização Internacional do Trabalho (OIT) sobre Povos Indígenas e Tribais;
- paisagens de grande beleza cênica, prioritariamente em áreas especiais de interesse turístico;
- áreas de exclusão de pesca, assim consideradas aquelas interditadas ou de reservas, onde o exercício da atividade pesqueira seja proibido transitória, periódica ou permanentemente, por ato do poder público;
- áreas prioritárias para a conservação da biodiversidade, assim definidas por ato do poder público.

De sua vez, no que tange aos imóveis privados, são elegíveis para provimento de serviços ambientais:

> I - os situados em zona rural inscritos no Cadastro Ambiental Rural, dispensada a inscrição no CAR na situação de terras indígenas, territórios quilombolas e outras áreas legitimamente ocupadas por populações tradicionais;
>
> II - os situados em zona urbana que estejam em conformidade com o plano diretor municipal;
>
> III - as Reservas Particulares do Patrimônio Natural (RPPNs) e as áreas das zonas de amortecimento e dos corredores ecológicos cobertas por vegetação nativa.

Por outro lado, é **legalmente vedada a aplicação de recursos públicos** para pagamento por serviços ambientais em favor de pessoas físicas e jurídicas inadimplentes em relação a termo de ajustamento de conduta ou de compromisso firmado com os órgãos competentes ambientais firmado com base na Lei de Ação Civil Público ou no Código Florestal, assim como na situação de áreas embargadas pelos órgãos ambientais.

1.7. A TRIBUTAÇÃO AMBIENTAL

O Estado deve se valer de todos os meios lícitos para implantar um desenvolvimento econômico sustentável. No Brasil e em inúmeras outras nações, cada vez mais o poder de tributar vem sendo utilizado como meio de proteção ao meio ambiente (natural, cultural, artificial ou do trabalho), mediante a instituição dos tributos "verdes", fenômeno que vem sendo intitulado de **tributação ambiental**, que deve ser enquadrado como mais um instrumento econômico para a realização da Política Nacional do Meio Ambiente.[20]

Operar-se-á a tributação ambiental pela criação de tributos que *diretamente* se destinem à preservação ambiental, ou seja, aqueles que imediatamente estimulem condutas favoráveis ao ambiente (redução da base de cálculo ou alíquotas, isenções, créditos tributários etc.) ou inibam outras lesivas (mediante a sobrecarga tributária), por meio da vinculação ambiental dentro da própria estrutura da norma tributária.

Outrossim, essa atuação poderá se dar *indiretamente*, por meio da destinação de recursos tributários em prol do equilíbrio ambiental,[21] como ocorre com contribuição de intervenção no domínio econômico relativa às atividades de importação ou comercialização de petróleo e seus derivados, gás natural e seus derivados e álcool combustível, em que parcela dos recursos serão destinados ao financiamento de projetos ambientais relacionados com a indústria do petróleo e do gás.[22]

De acordo com o Programa das Nações Unidas para o Meio Ambiente – PNUMA, a criação de impostos ambientais ajuda na proteção de empregos e na proteção ao meio ambiente[23]:

> "Os **impostos ambientais** são concebidos para impor um preço sobre a poluição e o uso dos recursos naturais escassos e para estimular a criação de empregos através da redução do custo do trabalho sob a forma de impostos e contribuições sociais. Um estudo da OIT (Organização Internacional do Trabalho) analisou o impacto de um imposto ambiental sobre o mercado de trabalho. Foi concluído que a imposição de um preço sobre as emissões de carbono e o uso da renda para redução de custos trabalhistas através da redução de contribuições previdenciárias criaria 14,3 milhões de novos postos de trabalho durante um período de

20. Artigo 9.º, XIII, da Lei 6.938/1981.

21. Registre-se que parte da doutrina restringe a tributação ambiental somente às exações cuja estrutura tenha ligação direta à preservação ambiental (dentro da formação da norma tributária), a exemplo do posicionamento respeitável de Heleno Taveira Tôrres (2005, p. 129-130), o que exclui do conceito a mera destinação de recursos tributários para causas ambientais.

22. Artigo 177, § 4.º, da CRFB.

23. PNUMA, 2011, Caminhos para o Desenvolvimento Sustentável e a Erradicação da Pobreza – Síntese para Tomadores de Decisão, www.unep.org/greeneconomy.

cinco anos, o que equivale a um aumento de 0,5% de empregos no mundo. Em 1999, o governo alemão aumentou gradativamente os impostos sobre os motores combustíveis, eletricidade, petróleo e gás em escalas previstas até 2003. A receita foi diretamente usada na redução dos encargos não salariais através da redução das contribuições sociais dos parceiros ao fundo de pensão. Um estudo de impacto feito pelo Instituto Alemão para Investigação Econômica descobriu que se o modesto imposto ambiental não tivesse sido introduzido, a contribuição para o fundo de pensão seria 1,7% mais elevada. Estima-se que o efeito da redução sobre os custos trabalhistas não salariais tenha criado mais 250.000 postos de trabalho de período integral e reduzido as emissões de CO2 em 3% em 2010".

Entende-se ser possível a instituição de outros tributos ambientais, em especial dos impostos, observadas as competências constitucionais dos entes políticos, bastando se promover uma interpretação sistemática do Sistema Tributário Nacional com os artigos 225 e 170 da Lei Maior, que autorizam a tributação ecológica por meio do tratamento diferenciado conforme o impacto ambiental da atividade, visando a realização do direito fundamental ao meio ambiente ecologicamente equilibrado para as presentes e futuras gerações.

Desde os primórdios é consabido que a principal função dos tributos é arrecadar recursos para o custeio das despesas estatais, sendo denominada de finalidade *fiscal*, de grande importância ao meio ambiente, pois a maioria dos recursos públicos utilizados em prol da manutenção do seu equilíbrio advém da fiscalidade tributária.

Contudo, existem tributos cuja finalidade precípua não é fiscal, e sim *para* ou *extrafiscal*. Na esfera ambiental, um ótimo exemplo de tributo parafiscal é a Taxa de Controle e Fiscalização Ambiental – TCFA, instituída pela União por meio da Lei 10.165/2000, em que a capacidade tributária ativa foi transferida ao IBAMA, sendo os recursos arrecadados pela referida autarquia federal afetados à utilização em atividades de controle e fiscalização ambiental.

Por seu turno, a função *extrafiscal* ou *regulatória* dos tributos se faz presente quando o Poder Público torna a arrecadação um instrumento de fomento ou inibição de condutas das pessoas físicas ou jurídicas para o atendimento de algum interesse público. Várias hipóteses de extrafiscalidade ambiental serão sinteticamente analisadas.

O **Estado do Amazonas**, ao promulgar pioneiramente a Lei 3.135/2007 (Política Estadual de Mudanças Climáticas), no seu artigo 15, adotou hipóteses de extrafiscalidade na incidência do **ICMS** e do **IPVA**, a fim de incentivar atividades que reduzam a poluição.

Deveras, via Decreto, poderá o Governador amazonense diferir, reduzir base de cálculo, isentar, dar crédito outorgado e outros incentivos fiscais relativos ao Imposto sobre Circulação de Mercadorias e Serviços – ICMS, nas seguintes operações: com biodigestores que contribuam para a redução da emissão de gases de efeito estufa; com biodiesel, inclusive insumos industriais e produtos secundários empregados na sua produção; de geração de energia baseada em queima de lixo etc.

Já o Imposto sobre Propriedade de Veículo Automotor – IPVA poderá ter isenção ou redução de base de cálculo nas seguintes hipóteses: que o veículo, mediante a adoção de sistemas ou tecnologias, comprovadamente reduzam, no mínimo, percentual definido em regulamento aplicado sobre suas emissões de gases de efeito estufa; mediante substituição do combustível utilizado por gás ou biodiesel, reduza, no mínimo, percentual definido em regulamento aplicado sobre suas emissões de gases de efeito estufa.

De seu turno, também o **Imposto Territorial Rural – ITR** tem nítida função extrafiscal constitucional, vez que será progressivo e terá suas alíquotas fixadas de forma a desestimular a manutenção de propriedades improdutivas.[24]

A extrafiscalidade ambiental do ITR também é constatada quando o legislador infraconstitucional excluiu da área tributável as de preservação permanente e de reserva legal; de interesse ecológico para a proteção dos ecossistemas, assim declaradas mediante ato do órgão competente; sob regime de servidão florestal ou ambiental e as cobertas por florestas nativas, primárias ou secundárias em estágio médio ou avançado de regeneração.[25]

Conquanto tenha predominante função fiscal, o **Imposto sobre a Propriedade Territorial Urbana – IPTU** é também regulatório, pois poderá ter alíquotas progressivas de acordo com a localização e o uso

24. Artigo 153, § 4.º, I, da CRFB.

25. Artigo 10, § 1.º, II, da Lei 9.393/1996.

do imóvel,[26] a fim de servir de instrumento de coerção municipal para a realização da função social da propriedade urbana, conforme os ditames do Plano Diretor.

No Município de Salvador, Estado da Bahia, instituiu-se o **IPTU verde**, uma iniciativa da Prefeitura de Salvador para incentivar empreendimentos imobiliários residenciais, comerciais, mistos ou institucionais a realizarem e contemplarem ações e práticas de sustentabilidade em suas construções. Para isso, oferece descontos diretamente no IPTU, de acordo com suas realizações a sua pontuação no Programa de Certificação Sustentável.

Infelizmente, a União ainda não agregou definitivamente ao **Imposto sobre Produtos Industrializados – IPI** regras gerais que fomentem as empresas a buscar meios de produção menos lesivos ao ambiente, com a incidência mais tênue do tributo, mas certamente será uma medida a ser adotada em pouco tempo, com os bons sinais dados recentemente.

Na crise econômica mundial, a desoneração do IPI na linha branca (geladeiras, fogões, máquinas de lavar roupa etc.) foi maior para os eletrodomésticos enquadrados no selo A do INMETRO, ou seja, aqueles que gastam menos energia, fato que demonstra a utilização dessa exação com finalidades protetivas ao meio ambiente, pois incentiva a produção e o consumo de produtos com menor dispêndio energético.

Essa medida transitória deveria ganhar caráter definitivo, não se resolvendo com o fim do abalo econômico, devendo, inclusive, ser expandida para todos os produtos, a exemplo da menor incidência do IPI para carros menos poluentes e a isenção para as bicicletas.

No mais, o adicional de 1%, 2% ou 3% que se destina ao custeio da aposentadoria especial e dos benefícios por incapacidade decorrentes de riscos ambientais do trabalho (**contribuição SAT**), incidente sobre a contribuição previdenciária de 20% devida pelas empresas sobre o total das remunerações devidas, pagas ou creditadas aos empregados e avulsos,[27] também tem nítida função extrafiscal e busca tutelar o **meio ambiente do trabalho**.

Deveras, essas alíquotas poderão ser alteradas com base nas estatísticas de acidentes de trabalho, a fim de estimular investimentos

26. Artigo 156, § 1.º, da CRFB.
27. Artigo 22, II, da Lei 8.212/1991.

em prevenção de acidentes,[28] podendo ser majoradas em até 100% ou reduzidas em até 50%, conforme o desempenho da empresa em relação à sua atividade de enquadramento, no que concerne ao número de acidentes de trabalho, sua gravidade e custo à Previdência Social,[29] o que atende também ao Princípio da Equidade de Participação no Custeio da Seguridade Social.

O novo Código Florestal brasileiro, aprovado pela Lei 12.651/2012, também previu a tributação ambiental como importante instrumento de proteção da vegetação. O seu artigo 41, inciso II, "c" e "f", trouxe os seguintes instrumentos para a compensação das medidas de conservação das florestas:

- Dedução das Áreas de Preservação Permanente, de Reserva Legal e de uso restrito da base de cálculo do Imposto sobre a Propriedade Territorial Rural - ITR, gerando créditos tributários;
- Isenção de impostos para os principais insumos e equipamentos, tais como: fios de arame, postes de madeira tratada, bombas d'água, trado de perfuração de solo, dentre outros utilizados para os processos de recuperação e manutenção das Áreas de Preservação Permanente, de Reserva Legal e de uso restrito.

Demais disso, para financiar as atividades necessárias à regularização ambiental das propriedades rurais, o Programa de Apoio e Incentivo à Conservação do Meio Ambiente poderá prever a **dedução da base de cálculo do Imposto de Renda do proprietário ou possuidor de imóvel rural**, pessoa física ou jurídica, de parte dos gastos efetuados com a recomposição das Áreas de Preservação Permanente, de Reserva Legal e de uso restrito cujo desmatamento seja anterior a 22 de julho de 2008.

Outrossim, o Programa de Apoio e Incentivo à Conservação do Meio Ambiente estabelece **diferenciação tributária para empresas que industrializem ou comercializem produtos originários de propriedades ou posses rurais que cumpram os padrões e limites estabelecidos no Código Florestal**, ou que estejam em processo de cumpri-los.

A extrafiscalidade é um excelente caminho para a efetivação de inúmeros princípios ambientais, notadamente o do Desenvolvimento

28. Artigo 22, § 3.º, da Lei 8.212/1991.

29. Vide artigo 202-A do Decreto 3.048/1999.

Sustentável, da Prevenção, da Precaução, do Poluidor-pagador, do Protetor-recebedor e da Função Socioambiental da Propriedade.

Deverá o Poder Público discriminar positivamente os agentes da economia que adotem técnicas compatíveis com o desenvolvimento econômico sustentável, por meio do uso de tecnologias menos agressivas aos recursos naturais, reduzindo proporcionalmente a carga tributária, o que permitirá o equilíbrio concorrencial, pois a empresa terá preços para competir no mercado, apesar do custo financeiro dos investimentos ambientais (*Princípio do Desenvolvimento Sustentável*).

Da mesma forma, os empreendedores que adotem espontaneamente novas medidas de prevenção (risco certo) ou de precaução (risco incerto) dos danos ambientais, além do mínimo exigido pela legislação, deverão gozar de benefícios fiscais a título de incentivo e compensação (*Princípios da Prevenção e Precaução*).

Por sua vez, a extrafiscalidade dos tributos é uma das formas de fazer com que o poluidor internalize os custos sociais da degradação, pois a tributação deverá ser majorada proporcionalmente ao impacto ambiental causado (*Princípio do Poluidor-pagador*), assim como conceda benesses em favor daqueles que protegem o meio ambiente (*Princípio do Protetor-recebedor*).

Por fim, por intermédio especialmente do IPTU e do ITR, a tributação regulatória cumpre a sua função de velar pela realização da função socioambiental das propriedades urbanas e rurais, a exemplo da imposição de alíquotas progressivas às pessoas que não a cumprem.

Ademais, o Imposto sobre Circulação de Mercadorias e Serviços – ICMS é uma exação fiscal de competência dos estados, que deverão repassar aos respectivos municípios 25% do produto de sua arrecadação, da seguinte maneira: 3/4, no mínimo, na proporção do valor adicionado nas operações relativas à circulação de mercadorias e nas prestações de serviços, realizadas em seus territórios; até 1/4, de acordo com o que dispuser lei estadual.[30]

Logo, dentro das cotas municipais do ICMS, o repasse de até 1/4 do produto da arrecadação será distribuído conforme dispuser a legislação estadual, de acordo com o que foi facultado pela Constituição Federal.

30. Vide artigo 157, parágrafo único, da CRFB.

Em 1991, pioneiramente foi promulgada pelo Estado do Paraná a Lei Complementar 59, que dispõe sobre os critérios para a repartição de 5% do produto do ICMS aos municípios (note-se que poderia ter chegado a 1/4 de 25%, o que perfaz 6,25%), aduzindo em seu artigo 1.º:

> "Artigo 1.º São contemplados na presente lei, municípios que abriguem em seu território unidades de conservação ambiental, ou que sejam diretamente influenciados por elas, ou aqueles com mananciais de abastecimento público." (g.n.)

Essa medida vem sendo intitulada de "**ICMS ecológico**", apesar de ser apenas um critério de repasse de parte do produto do imposto, que não considera intrinsecamente questões ambientais na estrutura de sua incidência, tendo contribuindo decisivamente para o significativo aumento dos espaços territoriais especialmente protegidos no Paraná, na ordem de 160% entre 1991 e 2005.

Nesse sentido, no repasse de 5% da arrecadação total do ICMS, os municípios com mais unidades de conservação e mananciais de abastecimento público receberão mais recursos, que funcionam como forma de compensação, incentivo ambiental e pagamento pelos serviços ambientais.

Posteriormente, outros estados adotaram modelos bem semelhantes, a exemplo de São Paulo (1993), Minas Gerais (1995), Rondônia (1996) e Rio Grande do Sul (1998), mas cada um possui critérios ambientais próprios para o repasse de parcela do ICMS aos municíp

1.8. A POLÍTICA NACIONAL DE RESÍDUOS SÓLIDOS

Após tramitar por mais de 20 anos no Congresso Nacional, finalmente foi aprovado o Projeto de Lei 354/1989, por intermédio da **Lei 12.305, de 02.08.2010**, que instituiu a **Política Nacional de Resíduos Sólidos**, que integra a Política Nacional do Meio Ambiente e articula-se com a Política Nacional de Educação Ambiental e com a Política Federal de Saneamento Básico.

Considera-se *resíduo sólido* o material, substância, objeto ou bem descartado resultante de atividades humanas em sociedade, a cuja destinação final se procede, se propõe proceder ou se está obrigado a proceder, nos estados sólido ou semissólido, bem como gases contidos em recipientes e líquidos cujas particularidades tornem inviável o seu lançamento na rede pública de esgotos ou em corpos d'água, ou exijam para isso soluções técnica ou economicamente inviáveis em face da melhor tecnologia disponível.

Sujeitar-se-ão às novas disposições as pessoas físicas ou jurídicas, de direito público ou privado, responsáveis, direta ou indiretamente, pela geração de resíduos sólidos, e as que desenvolvam ações relacionadas à gestão integrada ou ao gerenciamento de resíduos sólidos.

Entretanto, o legislador excluiu expressamente a aplicação da Lei 12.305/2010 aos *rejeitos radioativos*, por já sofrerem regulação especial pela Lei 10.308/2001.

Dentre as inovações, destacam-se:

- A proibição dos lixões (observada a regra de transição);
- A atribuição de responsabilidade às indústrias pela destinação dos resíduos sólidos que produzem, verdadeiro corolário do Princípio do Poluidor-pagador;
- A inclusão social das organizações de catadores;
- A logística reversa, que determina que fabricantes, importadores, distribuidores e vendedores realizem o recolhimento de embalagens usadas;
- A responsabilidade compartilhada, que envolve a sociedade, as empresas, os governos municipais, distrital, estaduais e federal na gestão dos resíduos sólidos;
- A previsão dos planos de resíduos sólidos;
- A responsabilidade das pessoas de acondicionar de forma adequada o lixo para o seu recolhimento, devendo fazer a separação onde houver a coleta seletiva.

Na gestão e gerenciamento de resíduos sólidos, deverá ser observada a seguinte *ordem de prioridade*: **não geração, redução, reutilização, reciclagem, tratamento dos resíduos sólidos e disposição final ambientalmente adequada dos rejeitos**.

A **reutilização** processo de aproveitamento dos resíduos sólidos sem sua transformação biológica, física ou físico-química, observadas as condições e os padrões estabelecidos pelos órgãos competentes do Sisnama e, se couber, do SNVS e do Suasa.

A **reciclagem** é o processo de transformação dos resíduos sólidos que envolve a alteração de suas propriedades físicas, físico-químicas ou biológicas, com vistas à transformação em insumos ou novos produtos, observadas as condições e os padrões estabelecidos pelos órgãos competentes do Sisnama e, se couber, do SNVS e do Suasa.

Os **rejeitos** são definidos como os resíduos sólidos que, depois de esgotadas todas as possibilidades de tratamento e recuperação por processos tecnológicos disponíveis e economicamente viáveis, não apresentem outra possibilidade que não a disposição final ambientalmente adequada (resíduos não passíveis de reutilização ou reciclagem).

De acordo com a Ministra do Meio Ambiente,

> "hoje os municípios não têm condições de arcar com as despesas, e por isso foram previstos os consórcios. 'Os financiamentos serão assegurados em orçamento. R$ 500 milhões pela Caixa Econômica Federal e R$ 1 bilhão pelo Orçamento Geral da União, por meio dos Ministérios do Meio Ambiente e das Cidades. Para prefeituras, catadores, estados e todos os que forem objeto de financiamento na lei.' Ela explica que a novidade dessa legislação é que ela oferece instrumentos formais para tornar as soluções viáveis".[31]

Segundo o Ministério do Meio Ambiente, "por meio dos incentivos e novas exigências, o país tentará resolver o problema da produção de lixo das cidades, que chega a 150 mil toneladas por dia. Deste total, 59% são destinados aos 'lixões' e apenas 13% têm destinação correta em aterros sanitários".[32]

Já existem Resoluções do CONAMA que tratam dos resíduos sólidos em determinados segmentos, que permanecem em vigor no que não contrariarem a Lei 12.305/2010:

- Resolução CONAMA 404/2008 – Estabelece critérios e diretrizes para o licenciamento ambiental de aterro sanitário de pequeno porte de resíduos sólidos urbanos;
- Resolução CONAMA 313/2002 – Dispõe sobre o Inventário Nacional de Resíduos Sólidos Industriais;

---

31. Disponível em: <http://www.mma.gov.br/sitio/index.php?ido=ascom.noticiaMMA&codigo=6021>.

32. Disponível em: <http://blog.planalto.gov.br/politica-nacional-de-residuos-solidos-une-protecao-ambiental-e-inclusao-social>.

- Resolução CONAMA 005/1993 – Dispõe sobre o gerenciamento de resíduos sólidos gerados nos portos, aeroportos, terminais ferroviários e rodoviários;
- Resolução CONAMA 006/1991 – Dispõe sobre a incineração de resíduos sólidos provenientes de estabelecimentos de saúde, portos e aeroportos.

Para a execução da Política Nacional de Resíduos Sólidos, foram invocados os seguintes *princípios ambientais gerais*: **prevenção, precaução, poluidor-pagador, protetor-recebedor, desenvolvimento sustentável, razoabilidade e proporcionalidade**.

Outrossim, ainda foram arrolados os seguintes *princípios*:

- Visão sistêmica, na gestão dos resíduos sólidos – deverão ser consideradas as variáveis ambientais, sociais, culturais, econômicas, tecnológicas e de saúde pública;
- Ecoeficiência – compatibilização entre o fornecimento, a preços competitivos, de bens e serviços qualificados que satisfaçam as necessidades humanas e tragam qualidade de vida e a redução do impacto ambiental e do consumo de recursos naturais a um nível, no mínimo, equivalente à capacidade de sustentação estimada do planeta;
- Cooperação entre as diferentes esferas do poder público, o setor empresarial e demais segmentos da sociedade;
- Responsabilidade compartilhada pelo ciclo de vida dos produtos – conjunto de atribuições individualizadas e encadeadas dos fabricantes, importadores, distribuidores e comerciantes, dos consumidores e dos titulares dos serviços públicos de limpeza urbana e de manejo dos resíduos sólidos, para minimizar o volume de resíduos sólidos e rejeitos gerados, bem como para reduzir os impactos causados à saúde humana e à qualidade ambiental decorrentes do ciclo de vida dos produtos;
- Reconhecimento do resíduo sólido reutilizável e reciclável como um bem econômico e de valor social, gerador de trabalho e renda e promotor de cidadania;
- Respeito às diversidades locais e regionais;
- Direito da sociedade à informação e ao controle social.

É possível afirmar que o *objetivo geral* da Política Nacional de Resíduos Sólidos é a **proteção da saúde pública e da qualidade ambiental**.

Foram listados os seguintes *objetivos específicos* no artigo 7º da Lei 12.305/2010:

- Não geração, redução, reutilização, reciclagem[33] e tratamento dos resíduos sólidos, bem como disposição final ambientalmente adequada dos rejeitos;
- Estímulo à adoção de padrões sustentáveis de produção e consumo de bens e serviços;[34]
- Adoção, desenvolvimento e aprimoramento de tecnologias limpas como forma de minimizar impactos ambientais;
- Redução do volume e da periculosidade dos resíduos perigosos;
- Incentivo à indústria da reciclagem, tendo em vista fomentar o uso de matérias-primas e insumos derivados de materiais recicláveis e reciclados;
- Gestão integrada de resíduos sólidos;[35]
- Articulação entre as diferentes esferas do poder público, e destas com o setor empresarial, com vistas à cooperação técnica e financeira para a gestão integrada de resíduos sólidos;
- Capacitação técnica continuada na área de resíduos sólidos;
- Regularidade, continuidade, funcionalidade e universalização da prestação dos serviços públicos de limpeza urbana e de manejo de resíduos sólidos, com adoção de mecanismos gerenciais e econômicos que assegurem a recuperação dos custos dos

33. Processo de transformação dos resíduos sólidos que envolve a alteração de suas propriedades físicas, físico-químicas ou biológicas, com vistas à transformação em insumos ou novos produtos, observadas as condições e os padrões estabelecidos pelos órgãos competentes do Sisnama e, se couber, do SNVS e do Suasa.
34. Produção e consumo de bens e serviços de forma a atender as necessidades das atuais gerações e permitir melhores condições de vida, sem comprometer a qualidade ambiental e o atendimento das necessidades das gerações futuras.
35. Conjunto de ações voltadas para a busca de soluções para os resíduos sólidos, de forma a considerar as dimensões política, econômica, ambiental, cultural e social, com controle social e sob a premissa do desenvolvimento sustentável.

serviços prestados, como forma de garantir sua sustentabilidade operacional e financeira, observada a Lei 11.445, de 2007;

- Prioridade, nas aquisições e contratações governamentais, para: produtos reciclados e recicláveis; bens, serviços e obras que considerem critérios compatíveis com padrões de consumo social e ambientalmente sustentáveis;
- Integração dos catadores de materiais reutilizáveis e recicláveis nas ações que envolvam a responsabilidade compartilhada pelo ciclo de vida dos produtos;
- Estímulo à implementação da avaliação do ciclo de vida do produto;
- Incentivo ao desenvolvimento de sistemas de gestão ambiental e empresarial voltados para a melhoria dos processos produtivos e ao reaproveitamento dos resíduos sólidos, incluídos a recuperação e o aproveitamento energético;
- Estímulo à rotulagem ambiental e ao consumo sustentável.

Os principais instrumentos para a consecução da Política Nacional de Resíduos Sólidos são os **planos de resíduos sólidos**, que deverão se publicizados e sofrer controle social em sua formulação, implementação e operacionalização.

São previstos os seguintes planos:

> I – o Plano Nacional de Resíduos Sólidos;
>
> II – os planos estaduais de resíduos sólidos;
>
> III – os planos microrregionais de resíduos sólidos e os planos de resíduos sólidos de regiões metropolitanas ou aglomerações urbanas;
>
> IV – os planos intermunicipais de resíduos sólidos;
>
> V – os planos municipais de gestão integrada de resíduos sólidos;
>
> VI – os planos de gerenciamento de resíduos sólidos.

O **Plano Nacional de Resíduos Sólidos** foi elaborado pela União, sob a coordenação do Ministério do Meio Ambiente, com a edição do Decreto 11.043/2022, mediante processo de mobilização e participação social, incluindo a realização de audiências e consultas públicas, com vigência por prazo indeterminado e horizonte de 20 anos, a ser atualizado a cada quatro anos.

Deverá conter, dentre outras disposições, o diagnóstico da situação atual dos resíduos sólidos; proposição dos cenários; metas de redução, reutilização e reciclagem para reduzir a quantidade de resíduos e rejeitos encaminhados para disposição final ambientalmente adequada; metas de aproveitamento energético; metas para a eliminação e recuperação de lixões; medidas para incentivar e viabilizar a gestão regionalizada dos resíduos sólidos.

Também deverão ser elaborados os **planos estaduais de resíduos sólidos**, determinação extensível ao Distrito Federal, que lamentavelmente foi esquecido na elaboração da norma. A aprovação dos planos estaduais é condição para que os estados tenham acesso aos recursos da União, ou por ela controlados, destinados a empreendimentos e serviços relacionados à gestão de resíduos sólidos, ou para serem beneficiados por incentivos ou financiamentos de entidades federais de crédito ou fomento para tal finalidade.

Os planos estaduais de resíduos sólidos serão elaborados para vigência por prazo indeterminado, abrangendo todo o território dos estados, com horizonte de atuação de 20 anos e revisões a cada quatro anos.

Ainda poderão os estados aprovar **planos microrregionais de resíduos sólidos**, bem como **planos específicos direcionados às regiões metropolitanas ou às aglomerações urbanas**, com a participação obrigatória dos municípios envolvidos, o que não exclui ou substitui as prerrogativas a cargo dos municípios, que deverão atender ao previsto para o plano estadual e estabelecer soluções integradas para a coleta seletiva, a recuperação e a reciclagem, o tratamento e a destinação final dos resíduos sólidos urbanos e, consideradas as peculiaridades microrregionais, outros tipos de resíduos.

Deverão os municípios aprovar os seus **planos municipais de gestão integrada de resíduos sólidos**, que também funcionarão como condição para que os municípios tenham acesso a recursos da União, ou por ela controlados, destinados a empreendimentos e serviços relacionados à limpeza urbana e ao manejo de resíduos sólidos, ou para serem beneficiados por incentivos ou financiamentos de entidades federais de crédito ou fomento para tal finalidade.

A existência de plano municipal não dispensará o município da promoção do licenciamento ambiental de aterros sanitários e de outras infraestruturas e instalações operacionais integrantes do serviço público de limpeza urbana e de manejo de resíduos sólidos pelo órgão competente do SISNAMA.

Terão preferência na percepção de recursos federais os municípios que implantarem a coleta seletiva com a participação de cooperativas ou outras formas de associação de catadores de materiais reutilizáveis e recicláveis formadas por pessoas físicas de baixa renda.

Para os municípios com menos de 20.000 habitantes, foi permitida a elaboração de **plano simplificado**, exceto se os entes políticos locais integrarem áreas de especial interesse turístico, estiverem inseridos na área de influência de empreendimentos ou atividades com significativo impacto ambiental de âmbito regional ou nacional ou o território abranja, total ou parcialmente, unidades de conservação.

De maneira atécnica, o artigo 18, da Lei 12.305/2010, previu que o Distrito Federal deverá elaborar o seu plano municipal, ignorando o legislador que essa entidade política não possui municípios, e sim regiões administrativas, a teor do artigo 32, da Constituição Federal.

Foi facultada a elaboração de **planos intermunicipais de resíduos sólidos**, em regime de consórcios públicos, que terão prioridade na percepção de recursos da União, podendo neste caso ser dispensada a elaboração de plano municipal de gestão integrada de resíduos sólidos.

Outrossim, foram previstos os **planos de gerenciamento de resíduos sólidos**, que serão parte integrante do processo de licenciamento ambiental,[36] devendo ser elaborados pelos geradores de resíduos sólidos[37] listados pelo artigo 20, I, da Lei 12.305/2010:

- Resíduos dos serviços públicos de saneamento básico: os gerados nessas atividades, excetuados os resíduos domiciliares e de limpeza urbana;

---

36. Será assegurada oitiva do órgão municipal competente, em especial quanto à disposição final ambientalmente adequada de rejeitos, caso o licenciamento ambiental seja estadual ou federal.

37. Pessoas físicas ou jurídicas, de direito público ou privado, que geram resíduos sólidos por meio de suas atividades, nelas incluído o consumo.

- Resíduos industriais: os gerados nos processos produtivos e instalações industriais;
- Resíduos de serviços de saúde: os gerados nos serviços de saúde, conforme definido em regulamento ou em normas estabelecidas pelos órgãos do SISNAMA e do Sistema Nacional de Vigilância Sanitária;
- Resíduos de mineração: os gerados na atividade de pesquisa, extração ou beneficiamento de minérios.

Deverão ainda aprovar os seus planos de gerenciamento de resíduos sólidos:

- Estabelecimentos comerciais e de prestação de serviços que gerem resíduos perigosos ou que gerem resíduos que, mesmo caracterizados como não perigosos, por sua natureza, composição ou volume, não sejam equiparados aos resíduos domiciliares pelo poder público municipal;
- Empresas de construção civil, nos termos do regulamento ou de normas estabelecidas pelos órgãos do SISNAMA;
- Responsáveis pelos terminais e outras instalações que gerem resíduos de serviços de transportes;
- Responsáveis por atividades agrossilvopastoris, se exigido pelo órgão competente do SISNAMA, do Sistema Nacional de Vigilância Sanitária ou do Sistema Único de Atenção à Sanidade Agropecuária.

Vale ressaltar que a inexistência do plano municipal de gestão integrada de resíduos sólidos não obsta a elaboração, a implementação ou a operacionalização do plano de gerenciamento de resíduos sólidos.

Ainda foram previstos os seguintes instrumentos para a consecução da Política Nacional de Resíduos Sólidos:

- Os inventários e o sistema declaratório anual de resíduos sólidos;
- A coleta seletiva, os sistemas de logística reversa e outras ferramentas relacionadas à implementação da responsabilidade compartilhada pelo ciclo de vida dos produtos;
- O incentivo à criação e ao desenvolvimento de cooperativas ou de outras formas de associação de catadores de materiais reutilizáveis e recicláveis;

- O monitoramento e a fiscalização ambiental, sanitária e agropecuária;
- A cooperação técnica e financeira entre os setores público e privado para o desenvolvimento de pesquisas de novos produtos, métodos, processos e tecnologias de gestão, reciclagem, reutilização, tratamento de resíduos e disposição final ambientalmente adequada de rejeitos;
- A pesquisa científica e tecnológica;
- A educação ambiental;
- Os incentivos fiscais, financeiros e creditícios;
- O Fundo Nacional do Meio Ambiente e o Fundo Nacional de Desenvolvimento Científico e Tecnológico;
- O Sistema Nacional de Informações sobre a Gestão dos Resíduos Sólidos (Sinir);
- O Sistema Nacional de Informações em Saneamento Básico (Sinisa);
- Os conselhos de meio ambiente e, no que couber, os de saúde;
- Os órgãos colegiados municipais destinados ao controle social dos serviços de resíduos sólidos urbanos;
- O Cadastro Nacional de Operadores de Resíduos Perigosos;
- Os acordos setoriais;
- No que couber, os instrumentos da Política Nacional de Meio Ambiente;
- Os termos de compromisso e os termos de ajustamento de conduta;
- O incentivo à adoção de consórcios ou de outras formas de cooperação entre os entes federados, com vistas à elevação das escalas de aproveitamento e à redução dos custos envolvidos.

A **logística reversa** é o instrumento de desenvolvimento econômico e social caracterizado por um conjunto de ações, procedimentos e meios destinados a viabilizar a coleta e a restituição dos resíduos sólidos ao setor empresarial, para reaproveitamento, em seu ciclo ou em outros ciclos produtivos, ou outra destinação final ambientalmente adequada.

De efeito, são obrigados a estruturar e implementar *sistemas de logística reversa*, mediante retorno dos produtos após o uso pelo consumidor, de forma independente do serviço público de limpeza urbana e de manejo dos resíduos sólidos, os fabricantes, importadores, distribuidores e comerciantes de agrotóxicos, seus resíduos e embalagens, assim como outros produtos cuja embalagem, após o uso, constitua resíduo perigoso; pilhas e baterias; pneus; óleos lubrificantes, seus resíduos e embalagens; lâmpadas fluorescentes, de vapor de sódio e mercúrio e de luz mista e produtos eletroeletrônicos e seus componentes.

Caberá aos consumidores promover a devolução após o uso, aos comerciantes ou distribuidores, dos produtos e das embalagens referidos. Por sua vez, os comerciantes e os distribuidores deverão efetuar a sua devolução aos fabricantes ou aos importadores, que finalmente darão destinação ambientalmente adequada aos produtos e às embalagens reunidos ou devolvidos, sendo o rejeito encaminhado para a disposição final ambientalmente adequada.

É possível que haja acordo para que o Poder Público assuma a responsabilidade pelas atividades de logística reversa, mas a prestação desse serviço público deverá ser remunerada.

Coube ao **Decreto 11.413/2023** instituir o Certificado de Crédito de Reciclagem de Logística Reversa - CCRLR, o Certificado de Estruturação e Reciclagem de Embalagens em Geral - CERE e o Certificado de Crédito de Massa Futura, no âmbito dos sistemas de logística reversa de que trata o artigo 33 da Lei nº 12.305, de 2 de agosto de 2010.

Na hipótese de o **sistema de coleta seletiva** constar do plano municipal de gestão integrada de resíduos sólidos, os consumidores são obrigados a acondicionar adequadamente e de forma diferenciada os resíduos sólidos gerados e disponibilizar adequadamente os resíduos sólidos reutilizáveis e recicláveis para coleta ou devolução.

O **acordo setorial** é o ato de natureza contratual firmado entre o poder público e fabricantes, importadores, distribuidores ou comerciantes, tendo em vista a implantação da responsabilidade compartilhada pelo ciclo de vida do produto.

Sobre o tema, veja-se notícia publicada no sítio o Direito por um Planeta Verde:

> Logística reversa de lâmpadas tem acordo setorial assinado – 16 de março
>
> A Ministra do Meio Ambiente, Izabella Teixeira, e entidades representativas do setor de lâmpadas fluorescentes de vapor de sódio e mercúrio e de luz mista assinaram, nesta quinta-feira (27/11), em Brasília, acordo setorial que estabelece a logística reversa desses produtos.
>
> O acordo está previsto na Política Nacional de Resíduos Sólidos (PNRS), de 2010. A lei que institui a política (12.305/2010) prevê que fabricantes, importadores, distribuidores e comerciantes de um determinado produto que possa causar danos ao meio ambiente ou à saúde humana criem um sistema de recolhimento e destinação final independente dos sistemas públicos de limpeza urbana.
>
> A Ministra Izabella Teixeira considerou um avanço assinar esse acordo que leva a novos caminhos para o desenvolvimento do País, destacando que a logística reversa reflete uma mudança de cultura. "Agora temos como desafio a capacidade de implantação do acordo, olhando para um país de dimensões continentais." Também reforçou a importância de continuar avaliando os mecanismos e inserindo novos atores nos processos.
>
> O acordo é válido por dois anos contados a partir da sua assinatura. Ao final desse período, deverão ser revisados a fim de incorporar os ajustes que se fizerem necessários para o seu bom funcionamento e a sua ampliação para o restante do País.
>
> O acordo garante retorno dos resíduos (aquilo que tem valor econômico e pode ser reciclado ou reutilizado) à indústria, para reaproveitamento, em seu ciclo ou em outros ciclos produtivos.
>
> NEGOCIAÇÃO
>
> O acordo prevê responsabilidade compartilhada pelo ciclo de vida dos produtos e propicia que esses materiais, depois de usados, possam ser reaproveitados. A proposta passou por consulta pública e aprovação do Comitê Orientador para a Implantação da Logística Reversa (CORI). O Comitê é composto por representantes dos Ministérios do Meio Ambiente, Saúde, Desenvolvimento, Indústria e Comércio Exterior, Agricultura e Abastecimento e Fazenda.

> Ney Maranhão, secretário de Recursos Hídricos e Ambiente Urbano do MMA, enfatizou a construção progressiva do acordo. "Daqui a dois anos vamos revisar, aprendendo com a experiência e informando cada lado com transparência", disse. Ele falou também sobre a postura inovadora da indústria que, ao fazer parte deste acordo, ganha um grande diferencial.

O artigo 13, da Lei 12.305/2010, promoveu uma classificação dos resíduos sólidos de acordo com a sua origem ou periculosidade.

Quando à origem, foram classificados em:

a) resíduos domiciliares: os originários de atividades domésticas em residências urbanas;

b) resíduos de limpeza urbana: os originários da varrição, limpeza de logradouros e vias públicas e outros serviços de limpeza urbana;

c) resíduos sólidos urbanos: os englobados nas alíneas "a" e "b";

d) resíduos de estabelecimentos comerciais e prestadores de serviços: os gerados nessas atividades, excetuados os referidos nas alíneas "b", "e", "g", "h" e "j";

e) resíduos dos serviços públicos de saneamento básico: os gerados nessas atividades, excetuados os referidos na alínea "c";

f) resíduos industriais: os gerados nos processos produtivos e instalações industriais;

g) resíduos de serviços de saúde: os gerados nos serviços de saúde, conforme definido em regulamento ou em normas estabelecidas pelos órgãos do Sisnama e do SNVS;

h) resíduos da construção civil: os gerados nas construções, reformas, reparos e demolições de obras de construção civil, incluídos os resultantes da preparação e escavação de terrenos para obras civis;

i) resíduos agrossilvopastoris: os gerados nas atividades agropecuárias e silviculturais, incluídos os relacionados a insumos utilizados nessas atividades;

j) resíduos de serviços de transportes: os originários de portos, aeroportos, terminais alfandegários, rodoviários e ferroviários e passagens de fronteira;

k) resíduos de mineração: os gerados na atividade de pesquisa, extração ou beneficiamento de minérios.

Quanto à periculosidade, classificou-se da seguinte maneira:

a) resíduos perigosos: aqueles que, em razão de suas características de inflamabilidade, corrosividade, reatividade, toxicidade, patogenicidade, carcinogenicidade, teratogenicidade e mutagenicidade, apresentam significativo risco à saúde pública ou à qualidade ambiental, de acordo com lei, regulamento ou norma técnica;

b) resíduos não perigosos: aqueles não enquadrados na alínea "a".

A Política Nacional de Resíduos Sólidos atribuiu ao Poder Público, aos empresários e a toda a coletividade a responsabilidade pela efetividade de sua implementação.

Caberá à Administração Pública prestadora dos serviços públicos de limpeza urbana e de manejo de resíduos sólidos a responsabilidade pela organização e prestação direta ou indireta desses serviços.

Já as pessoas físicas e jurídicas geradoras de resíduos sólidos, listadas no artigo 20, da Lei 12.305/2010, deverão implementar e operacionalizar integralmente o seu *plano de gerenciamento de resíduos sólidos*, cuja responsabilidade civil por danos que vierem a ser provocados pelo gerenciamento inadequado dos respectivos resíduos ou rejeitos persistirá, mesmo que tenha sido contratado terceiro para a prestação dos serviços de coleta, armazenamento, transporte, transbordo, tratamento ou destinação final de resíduos sólidos, ou de disposição final de rejeitos.

Caberá ao Poder Público atuar subsidiariamente para minimizar ou cessar o dano, logo que tome conhecimento de evento lesivo ao meio ambiente ou à saúde pública relacionado ao gerenciamento de resíduos sólidos, assegurado o regresso contra os responsáveis para a recomposição do erário.

Por seu turno, o gerador de resíduos sólidos domiciliar terá cessada a sua responsabilidade pelos resíduos com a disponibilização adequada para a coleta ou pela devolução.

Outrossim, restou instituída a **responsabilidade compartilhada pelo ciclo de vida dos produtos**, que engloba os fabricantes, importadores, distribuidores e comerciantes, os consumidores e os titulares dos serviços públicos de limpeza urbana e de manejo de resíduos sólidos, a ser implementada de forma individualizada e encadeada, que **independe da existência de culpa**.

Foi cominado aos manufaturadores ou responsáveis pela circulação o dever ambiental de **fabricação de embalagens com materiais que propiciem a sua reutilização ou reciclagem**.

Alguns fabricantes, importadores, distribuidores e comerciantes são obrigados a estruturar e implementar **sistemas de logística reversa**, mediante retorno dos produtos após o uso pelo consumidor, de forma independente do serviço público de limpeza urbana e de manejo dos resíduos sólidos: *agrotóxicos, seus resíduos e embalagens, assim como outros produtos cuja embalagem, após o uso, constitua resíduo perigoso; pilhas e baterias; pneus; óleos lubrificantes, seus resíduos e embalagens; lâmpadas fluorescentes, de vapor de sódio e mercúrio e de luz mista e produtos eletroeletrônicos e seus componentes.*

Já os **consumidores estão obrigados a devolver os referidos produtos e embalagens após o uso** aos comerciantes ou distribuidores, assim como outros produtos ou embalagens objeto de logística reversa, devendo **acondicionar adequadamente e de forma diferenciada os resíduos sólidos gerados e disponibilizar adequadamente os resíduos sólidos reutilizáveis e recicláveis para coleta ou devolução**.

A logística reversa será implementada mediante a implantação de procedimentos de compra de produtos ou embalagens usados, da disponibilização de postos de entrega de resíduos reutilizáveis e recicláveis e de atuação em parceria com cooperativas ou outras formas de associação de catadores de materiais reutilizáveis e recicláveis.

Será possível a **extensão do sistema de logística reversa** a produtos comercializados em embalagens plásticas, metálicas ou de vidro, e aos demais produtos e embalagens, considerando, prioritariamente, o grau e a extensão do impacto à saúde pública e ao meio ambiente dos resíduos gerados, desde que previsto em Regulamento ou avençado em termos de compromisso ou acordos setoriais.[38]

De acordo com o STF, **"é constitucional – formal e materialmente – lei municipal que obriga à substituição de sacos e sacolas plásticos por sacos e sacolas biodegradáveis"** (RE 732686/SP, relator Min. Luiz

38. Poderão ter abrangência nacional, regional, estadual ou municipal.

Fux, julgamento finalizado em 19.10.2022), pois a restrição da circulação de sacolas plásticas se amolda aos requisitos para a competência supletiva dos municípios, dada a gravidade dos impactos ambientais e a maior facilidade em reunir os agentes da cadeia produtiva do plástico, considerando que os municípios – no limite de seu interesse local e desde que em harmonia com a disciplina estabelecida pelos demais entes federados – possuem competência para legislar sobre meio ambiente, e, caso sua regulamentação seja mais protetiva, pode ter prevalência sobre a legislação federal ou estadual. (**Informativo 1073 STF**).

Em regulamentação ao *Princípio do Poluidor-pagador*, **os fabricantes e os importadores darão destinação ambientalmente adequada aos produtos e às embalagens reunidos ou devolvidos**, sendo o rejeito encaminhado para a disposição final ambientalmente adequada.

Ainda dentro da responsabilidade compartilhada, o titular dos serviços públicos de limpeza urbana e de manejo de resíduos sólidos (normalmente os municípios) deverá adotar procedimentos para reaproveitar os resíduos sólidos reutilizáveis e recicláveis oriundos dos serviços públicos de limpeza urbana e de manejo de resíduos sólidos, estabelecendo **sistema de coleta seletiva**.

Outrossim, deverá se articular com os agentes econômicos e sociais medidas para viabilizar o retorno ao ciclo produtivo dos resíduos sólidos reutilizáveis e recicláveis oriundos dos serviços de limpeza urbana e de manejo de resíduos sólidos e implantar sistema de compostagem para resíduos sólidos orgânicos e articular com os agentes econômicos e sociais formas de utilização do composto produzido, dando disposição final ambientalmente adequada aos resíduos e rejeitos oriundos dos serviços públicos de limpeza urbana e de manejo de resíduos sólidos.

São considerados *resíduos perigosos* aqueles que, em razão de suas características de inflamabilidade, corrosividade, reatividade, toxicidade, patogenicidade, carcinogenicidade, teratogenicidade e mutagenicidade, apresentam **significativo risco à saúde pública ou à qualidade ambiental**, de acordo com lei, regulamento ou norma técnica.

De acordo com o artigo 7º, XXIV e XXV, da Lei Complementar 140/2011, é competência administrativa de a União exercer o controle ambiental sobre o transporte marítimo, interestadual, fluvial ou terrestre de produtos perigosos.

Já aos Estados e ao Distrito Federal competirá apenas exercer comumente com a União o controle ambiental sobre o transporte fluvial e terrestre de produtos perigosos, não tendo a atribuição de controlar o transporte marítimo e interestadual.

Apenas poderão ser licenciados a instalação e o funcionamento de empreendimento ou atividade que gere ou opere com resíduos perigosos se comprovada a capacidade técnica e econômica, além de condições para prover os cuidados necessários ao gerenciamento desses resíduos, devendo as pessoas jurídicas se registrar no *Cadastro Nacional de Operadores de Resíduos Perigosos*, que integra o Cadastro Técnico Federal de Atividades Potencialmente Poluidoras ou Utilizadoras de Recursos Ambientais[39] e o Sistema de Informações.

As pessoas jurídicas que gerem ou operem com resíduos perigosos deverão elaborar **plano de gerenciamento de resíduos perigosos**, a ser aprovado pelo órgão competente do SISNAMA, que poderá integrar o plano de gerenciamento de resíduos sólidos.

Importante inovação é a possibilidade de imposição de contratação de seguro como condição para o deferimento da licença ambiental. De efeito, prevê o artigo 40, da Lei 12.305/2010, que no licenciamento ambiental de empreendimentos ou atividades que operem com resíduos perigosos, o órgão licenciador do SISNAMA pode exigir a **contratação de seguro de responsabilidade civil por danos causados ao meio ambiente ou à saúde pública**, observadas as regras sobre cobertura e os limites máximos de contratação fixados em regulamento.

A União deverá promover a descontaminação de *áreas órfãs*, assim consideradas aquelas cuja responsabilidade ambiental ainda não está definida, ressalvado o direito de regresso contra os causadores da contaminação, se posteriormente identificados.

Foi prevista genericamente a instituição de medidas indutoras para a implementação da Política Nacional de Resíduos Sólidos, a exemplo dos **incentivos fiscais, financeiros ou creditícios**, desde que respeitadas as disposições da Lei de Responsabilidade Fiscal.

Em termos de *incentivos creditícios*, as instituições oficiais de crédito foram autorizadas a estabelecer critérios diferenciados de acesso dos

39. Instrumento da Política Nacional do Meio Ambiente.

beneficiários aos créditos do Sistema Financeiro Nacional para investimentos produtivos.

Também será possível que todas as pessoas políticas instituam normas que concedam *incentivos fiscais, financeiros ou creditícios* em favor de indústrias e entidades dedicadas à reutilização, ao tratamento e à reciclagem de resíduos sólidos produzidos no território nacional; de projetos relacionados à responsabilidade pelo ciclo de vida dos produtos, prioritariamente em parceria com cooperativas ou outras formas de associação de catadores de materiais reutilizáveis e recicláveis formadas por pessoas físicas de baixa renda e de empresas dedicadas à limpeza urbana e a atividades a ela relacionadas.

Por sua vez, os *consórcios públicos* com o objetivo de viabilizar a descentralização e a prestação de serviços públicos que envolvam resíduos sólidos terão prioridade na obtenção dos incentivos instituídos pela União.

Observada a regra de transição, pois este dispositivo apenas entrará em vigor após quatro anos contados da data de publicação da Lei 12.305/2010, foram *proibidas* as seguintes *formas de destinação ou disposição final de resíduos sólidos ou rejeitos*:

- Lançamento em praias, no mar ou em quaisquer corpos hídricos;[40]
- Lançamento *in natura* a céu aberto, excetuados os resíduos de mineração;
- Queima a céu aberto ou em recipientes, instalações e equipamentos não licenciados para essa finalidade;[41]
- Outras formas vedadas pelo poder público.

Nas *áreas de disposição final de resíduos ou rejeitos foram proibidas* as seguintes atividades:

- Utilização dos rejeitos dispostos como alimentação;
- Catação;
- Criação de animais domésticos;

40. Assegurada a devida impermeabilização, as bacias de decantação de resíduos ou rejeitos industriais ou de mineração, devidamente licenciadas pelo órgão competente do Sisnama, não são consideradas corpos hídricos.
41. Salvo em caso de emergência sanitária decretada.

- Fixação de habitações temporárias ou permanentes;
- Outras atividades vedadas pelo poder público.

Por fim, **foi proibida a importação de resíduos sólidos perigosos e rejeitos**, bem como de resíduos sólidos cujas características causem dano ao meio ambiente, à saúde pública e animal e à sanidade vegetal, ainda que para tratamento, reforma, reuso, reutilização ou recuperação.

Outrossim, por força da *Lei 15.088/2025*, **foi proibida a importação de resíduos sólidos e de rejeitos, inclusive de papel, derivados de papel, plástico, vidro e metal**. É ressalvada da proibição a importação de resíduos utilizados na transformação de materiais e minerais estratégicos, inclusive aparas de papel de fibra longa, nos termos de regulamento, e de resíduos de metais e materiais metálicos.

O importador ou o fabricante de autopeças, **exceto de pneus**, são autorizados a importar resíduos sólidos derivados de produtos nacionais previamente exportados, para fins exclusivos de logística reversa e reciclagem integral, ainda que classificados como resíduos perigosos, nos termos de regulamento.

Com o intuito de atender ao Princípio da Segurança Jurídica, alguns dispositivos da Lei 12.305/2010 têm um largo período de vacância, a fim de permitir a preparação da iniciativa privada ou mesmo pública para atendê-los.

A *disposição final ambientalmente adequada* dos rejeitos foi implantada em até quatro anos após a data de sua publicação (a publicação ocorreu em 03.08.2010).

Tentou-se a prorrogação em mais quatro anos desse prazo para que os municípios eliminem os "lixões", mas houve veto presidencial nesse ponto à Lei 13.043/2014.

Uma nova transição para buscar o cumprimento legal foi estabelecida pela Lei 14.026/2020. A disposição final ambientalmente adequada dos rejeitos deverá ser implantada até 31 de dezembro de 2020, exceto para os Municípios que até essa data tenham elaborado plano intermunicipal de resíduos sólidos ou plano municipal de gestão integrada de resíduos sólidos e que disponham de mecanismos de cobrança que garantam sua sustentabilidade econômico-financeira, nos termos do art. 29 da Lei nº 11.445, de 5 de janeiro de 2007, para os quais ficam definidos os seguintes prazos:

> I - até 2 de agosto de 2021, para capitais de Estados e Municípios integrantes de Região Metropolitana (RM) ou de Região Integrada de Desenvolvimento (Ride) de capitais;
>
> II - até 2 de agosto de 2022, para Municípios com população superior a 100.000 (cem mil) habitantes no Censo 2010, bem como para Municípios cuja mancha urbana da sede municipal esteja situada a menos de 20 (vinte) quilômetros da fronteira com países limítrofes;
>
> III - até 2 de agosto de 2023, para Municípios com população entre 50.000 (cinquenta mil) e 100.000 (cem mil) habitantes no Censo 2010; e
>
> IV - até 2 de agosto de 2024, para Municípios com população inferior a 50.000 (cinquenta mil) habitantes no Censo 2010.

Já o disposto nos artigos 16[42] (plano estadual de resíduos sólidos) e 18[43] (plano municipal de resíduos sólidos) entrou em vigor dois anos após a data de publicação da Lei.

De arremate, a *logística reversa* relativa aos produtos de que tratam os incisos V[44] e VI[45] do *caput* do artigo 33, está sendo implementada progressivamente, segundo cronograma estabelecido em Regulamento.

1.9. A POLÍTICA NACIONAL DE MUDANÇA DO CLIMA

De acordo com o sítio do Ministério do Meio Ambiente[46],

A Política Nacional sobre Mudança do Clima (PNMC) oficializa o compromisso voluntário do Brasil junto à Convenção-Quadro das Nações

---

42. "Artigo 16. A elaboração de plano estadual de resíduos sólidos, nos termos previstos por esta Lei, é condição para os Estados terem acesso a recursos da União, ou por ela controlados, destinados a empreendimentos e serviços relacionados à gestão de resíduos sólidos, ou para serem beneficiados por incentivos ou financiamentos de entidades federais de crédito ou fomento para tal finalidade".
43. "Artigo 18. A elaboração de plano municipal de gestão integrada de resíduos sólidos, nos termos previstos por esta Lei, é condição para o Distrito Federal e os Municípios terem acesso a recursos da União, ou por ela controlados, destinados a empreendimentos e serviços relacionados à limpeza urbana e ao manejo de resíduos sólidos, ou para serem beneficiados por incentivos ou financiamentos de entidades federais de crédito ou fomento para tal finalidade".
44. "V – lâmpadas fluorescentes, de vapor de sódio e mercúrio e de luz mista".
45. "VI – produtos eletroeletrônicos e seus componentes".
46. http://www.mma.gov.br/clima/politica-nacional-sobre-mudanca-do-clima.

Unidas sobre Mudança do Clima de redução de emissões de gases de efeito estufa entre 36,1% e 38,9% das emissões projetadas até 2020. Ela foi instituída em 2009 pela Lei nº 12.187, buscando garantir que o desenvolvimento econômico e social contribuam para a proteção do sistema climático global. De acordo com o Decreto nº 7.390/2010, que regulamenta a PNMC, a linha de base de emissões de gases de efeito estufa para 2020 foi estimada em 3,236 GtCO2-eq. Assim, a redução absoluta correspondente ficou estabelecida entre 1, 168 GtCO2-eq e 1,259 GtCO2-eq, 36,1% e 38,9% de redução de emissões, respectivamente. Para auxiliar no alcance as metas de redução, a lei estabelece ainda, o desenvolvimento de planos setoriais de mitigação e adaptação nos âmbitos local, regional e nacional. Os objetivos alcançados pela PNMC devem se harmonizar com o desenvolvimento sustentável buscando o crescimento econômico, a erradicação da pobreza e a redução das desigualdades sociais. Para viabilizar o alcance destes objetivos, o texto institui algumas diretrizes, como fomento a práticas que efetivamente reduzam as emissões de gases de efeito estufa e o estímulo à adoção de atividades e tecnologias de baixas emissões desses gases, além de padrões sustentáveis de produção e consumo. O Poder Executivo, seguindo as diretrizes da PNMC, estabelece os Planos setoriais de mitigação e adaptação à mudança do clima para a consolidação de uma economia de baixo consumo de carbono. Os Planos visam a atender metas gradativas de redução de emissões antrópicas quantificáveis e verificáveis, considerando diversos setores, como geração e distribuição de energia elétrica, transporte público urbano, indústria, serviços de saúde e agropecuária, considerando as especificidades de cada setor, inclusive por meio do Mecanismo de Desenvolvimento Limpo (MDL) e das Ações de Mitigação Nacionalmente Apropriadas (NAMAS).Os instrumentos para sua execução são, entre outros: o Plano Nacional sobre Mudança do Clima, o Fundo Nacional sobre Mudança do Clima e a Comunicação do Brasil à Convenção-Quadro das Nações Unidas sobre Mudança do Clima.

É crescente no Brasil e no mundo a preocupação com as céleres mudanças climáticas, consistentes no aumento rápido da temperatura na Biosfera, especialmente em razão da emissão cada vez maior dos gases que causam o efeito estufa.[47]

Estima-se que é inevitável uma majoração de temperatura na Terra de 2.°C, devendo ser adotadas medidas para impedir um avanço ainda

47. Constituintes gasosos, naturais ou antrópicos, que, na atmosfera, absorvem e reemitem radiação infravermelha.

maior, que poderá culminar com a morte de milhões ou mesmo de bilhões de pessoas, especialmente nas nações mais pobres.

Nesse sentido, o Brasil é signatário do Protocolo de Kyoto, que prevê metas de redução dos gases que causam o efeito estufa até 2012 (termo final que será prorrogado, conforme acordo das nações na COP 17, em 11 de dezembro de 2011), conquanto não integre o anexo I, que contém os países que deverão reduzir as suas emissões. Ou seja, o Brasil não assumiu, por ocasião da celebração do referido tratado, nenhum compromisso específico nesse sentido.

Conforme relatado pelo Comitê Interministerial sobre Mudança do Clima,

> "O aquecimento do planeta pela interferência humana, apesar de incerto quanto à sua magnitude, tornou-se um fato aceito pela comunidade científica. Para isto contribuiu o Quarto Relatório do Painel Intergovernamental sobre Mudança Climática (IPCC), publicado em 2007. Por ser global, o problema une a todos em torno de si, na busca por caminhos e soluções que permitam que a civilização continue a prosperar em sua trajetória futura.
>
> A mudança do clima é o resultado de um processo de acúmulo de gases de efeito estufa na atmosfera, que está em curso desde a revolução industrial. Os países apresentam diferentes responsabilidades históricas pelo fenômeno, segundo os volumes de suas emissões antrópicas. Isto contribui para a definição, hoje, de responsabilidades comuns porém diferenciadas, que norteiam, por um lado, as obrigações de países desenvolvidos e, por outro, de países em desenvolvimento no âmbito da Convenção-Quadro das Nações Unidas sobre Mudança do Clima. Cabe ao Brasil harmonizar suas ações nesse campo com os processos de crescimento socioeconômico, no marco do desenvolvimento sustentável".[48]

Em razão do fracasso da 15.ª Conferência das Nações Unidas sobre Mudança do Clima, realizada em Copenhague em dezembro de 2009, pois o acordo produzido não é vinculante,[49] não foram fixadas metas de redução a partir do ano de 2013, pois ainda se busca um consenso entre as nações para a celebração de um ajuste vinculante multilateral.

48. Minuta do Plano Nacional sobre Mudança do Clima – versão para consulta pública.

49. Acordo de Copenhague.

Foi nesse contexto que o Brasil aprovou a sua **Política Nacional de Mudança do Clima**[50] - **PNMC**, por intermédio da Lei 12.187, de 29.12.2009.

Entretanto, merece destaque a iniciativa pioneira do Estado do Amazonas, que já em 2007 editou a Lei 3.135, de 5 de junho, que instituiu a Política Estadual sobre Mudanças Climáticas, Conservação Ambiental e Desenvolvimento Sustentável no Amazonas, destacando-se a criação do Programa Bolsa Floresta, que prevê o pagamento por serviços ambientais em favor de famílias que residam em unidades de conservação e não promovam o desmatamento das áreas.

Finalmente, em 10.12.2010, foi publicado o Decreto 7.390, que regulamenta a Lei 12.187/2009, tornando aplicáveis vários dispositivos da Política Nacional sobre Mudança do Clima.

Em seguida, a regulamentação foi dada pelo Decreto 9.578/2018.

Vale destacar também que a Lei 12.533/2011 instituiu o **Dia Nacional de Conscientização sobre as Mudanças Climáticas**, a ser comemorado em 16 de março, com o objetivo de promover nas escolas atos, eventos, debates e mobilizações relacionados a medidas de proteção dos ecossistemas brasileiros.

A responsabilidade pela execução da PNMC será da União, dos estados, do Distrito Federal e dos municípios, assim como dos entes integrantes da Administração Pública Indireta.

Na execução das medidas dessa Política, **todos têm o dever de atuar** (o Poder Público e a sociedade) **em benefício das presentes e futuras gerações, para a redução dos impactos decorrentes das interferências antrópicas sobre o sistema climático**, sendo imprescindível que a população se conscientize sobre a real necessidade de participar ativamente do movimento, sob pena de sua ineficácia.

Por exemplo, o povo brasileiro poderá colaborar com o plantio de árvores, que têm o condão de sequestrar o carbono, pois o CO_2 é absorvido no processo de fotossíntese.

---

50. Mudança de clima que possa ser direta ou indiretamente atribuída à atividade humana que altere a composição da atmosfera mundial e que se some àquela provocada pela variabilidade climática natural observada ao longo de períodos comparáveis.

Ademais, **serão tomadas medidas para prever, evitar ou minimizar as causas identificadas da mudança climática com origem antrópica no território nacional, sobre as quais haja razoável consenso por parte dos meios científicos e técnicos ocupados no estudo dos fenômenos envolvidos**.

Certamente uma das principais causas de emissão dos gases que causam o efeito estuda no Brasil são as queimadas, que devem ser cada vez mais controladas e restringidas, mediante medidas repressivas e principalmente preventivas.

Outrossim, **as medidas tomadas devem levar em consideração os diferentes contextos socioeconômicos de sua aplicação, distribuindo os ônus e encargos decorrentes entre os setores econômicos e as populações e comunidades interessadas de modo equitativo e equilibrado e sopesar as responsabilidades individuais quanto à origem das fontes emissoras e dos efeitos ocasionados sobre o clima**.

De efeito, a execução da PNMC gerará elevados gastos para a sociedade brasileira, tendo em conta a necessidade de adoção de novos métodos produtivos pela economia menos agressivos ao ambiente, devendo o ônus ser repartido equitativamente entre todos, com a ressalva de se evitar um agravamento das condições sociais das pessoas pobres, que não poderão sofrer uma discriminação negativa ambiental.

O desenvolvimento sustentável foi colocado como condição para enfrentar as alterações climáticas e conciliar o atendimento às necessidades comuns e particulares das populações e comunidades que vivem no território nacional, pois é possível se conciliar o desenvolvimento econômico com a preservação ambiental, por meio da exploração inteligente dos recursos naturais, observando a capacidade de suporte de poluição pelos ecossistemas, mantendo a perenidade dos recursos naturais.

Com propriedade, com o intuito de promover a integração local na execução da PNMC, foi previsto que **as ações de âmbito nacional para o enfrentamento das alterações climáticas, atuais, presentes e futuras, devem considerar e integrar as ações promovidas no âmbito estadual e municipal por entidades públicas e privadas**.

Foi instituído um dever para as instituições financeiras oficiais, que deverão disponibilizar linhas de crédito e financiamento específicas para desenvolver ações e atividades que atendam aos objetivos da Lei 12.187/2009 voltadas para induzir a conduta dos agentes privados à observância e execução da PNMC, no âmbito de suas ações e responsabilidades sociais.

Uma série de princípios ambientais foi arrolada pelo artigo 3º, da Lei 12.187/2009: **da precaução, da prevenção, da participação cidadã, do desenvolvimento sustentável e das responsabilidades comuns, porém diferenciadas, este último no âmbito internacional**.

Como todos esses princípios já foram estudados no Capítulo V, faz-se remissão às lições anteriores.

Foram instituídos pelo legislador objetivos para a consecução da PNMC, que deverão estar em consonância com o desenvolvimento sustentável a fim de buscar o crescimento econômico, a erradicação da pobreza e a redução das desigualdades sociais.

A PNMC visará à **compatibilização do desenvolvimento econômico-social com a proteção do sistema climático e à redução das emissões antrópicas de gases de efeito estufa em relação às suas diferentes fontes**.

Deveras, não será mais possível a utilização de meios de produção arcaicos, com grande produção de CO2, CH4, N2O, HFCS, PFCS e SF6, que devem ser substituídos progressivamente por tecnologias "limpas", mesmo que tenham um custo maior para a sociedade.

Também é objetivo da PNMC **o fortalecimento das remoções antrópicas por sumidouros de gases de efeito estufa no território nacional**, assim considerados os processos, atividades ou mecanismos que removam da atmosfera gás de efeito estufa, aerossol ou precursor de gás de efeito estufa, a exemplo do plantio de árvores, que deve sofrer incentivos governamentais.

Da mesma forma, a citada Política visará à **implementação de medidas para promover a adaptação à mudança do clima pelas três esferas da Federação, com a participação e a colaboração dos agentes econômicos e sociais interessados ou beneficiários, em particular aqueles especialmente vulneráveis aos seus efeitos adversos**.

Este objetivo torna claro que a efetividade da PNMC dependerá de uma cooperação entre todos os entes políticos em conjunto com a sociedade, visando minorar os efeitos adversos das mudanças climáticas,[51] especialmente aos mais indefesos.

Também serão necessárias **a preservação, a conservação e a recuperação dos recursos ambientais, com particular atenção aos grandes biomas naturais tidos como Patrimônio Nacional**.

De efeito, de acordo com o artigo 225, § 4º, da Constituição Federal, a Floresta Amazônica brasileira, a Mata Atlântica, a Serra do Mar, o Pantanal Mato-Grossense e a Zona Costeira são patrimônios nacionais, e sua utilização far-se-á, na forma da lei, dentro de condições que assegurem a preservação do meio ambiente, inclusive quanto ao uso dos recursos naturais.

Atualmente, após a Mata Atlântica, que apenas possui resquícios no território brasileiro, o Cerrado é o Bioma mais ameaçado, fruto de uma exploração antrópica irracional.

Outrossim, são imprescindíveis **a consolidação e a expansão das áreas legalmente protegidas e o incentivo aos reflorestamentos e à recomposição da cobertura vegetal em áreas degradadas**.

Este objetivo será alcançado por meio da instituição de novos espaços territoriais ambientais especialmente protegidos pelo Poder Público, notadamente as unidades de conservação, bem como pela adoção de medidas de incentivo ao reflorestamento das áreas de preservação permanente e das reservas legais.

Uma série de diretrizes foi posta no artigo 5º, da Lei 12.187/2009, a serem observadas na execução da PNMC:

> "I – os compromissos assumidos pelo Brasil na Convenção-Quadro das Nações Unidas sobre Mudança do Clima, no Protocolo de Quioto e nos demais documentos sobre mudança do clima dos quais vier a ser signatário;
>
> II – as ações de mitigação da mudança do clima em consonância com o desenvolvimento sustentável, que sejam, sempre que possível, mensuráveis para sua adequada quantificação e verificação *a posteriori*;

51. Efeitos adversos da mudança do clima: mudanças no meio físico ou biota resultantes da mudança do clima que tenham efeitos deletérios significativos sobre a composição, resiliência ou produtividade de ecossistemas naturais e manejados, sobre o funcionamento de sistemas socioeconômicos ou sobre a saúde e o bem-estar humanos.

III – as medidas de adaptação para reduzir os efeitos adversos da mudança do clima e a vulnerabilidade dos sistemas ambiental, social e econômico;

IV – as estratégias integradas de mitigação e adaptação à mudança do clima nos âmbitos local, regional e nacional;

V – o estímulo e o apoio à participação dos governos federal, estadual, distrital e municipal, assim como do setor produtivo, do meio acadêmico e da sociedade civil organizada, no desenvolvimento e na execução de políticas, planos, programas e ações relacionados à mudança do clima;

VI – a promoção e o desenvolvimento de pesquisas científico-tecnológicas, e a difusão de tecnologias, processos e práticas orientados a:

a) mitigar a mudança do clima por meio da redução de emissões antrópicas por fontes e do fortalecimento das remoções antrópicas por sumidouros de gases de efeito estufa;

b) reduzir as incertezas nas projeções nacionais e regionais futuras da mudança do clima;

c) identificar vulnerabilidades e adotar medidas de adaptação adequadas;

VII – a utilização de instrumentos financeiros e econômicos para promover ações de mitigação e adaptação à mudança do clima, observado o disposto no artigo 6º;

VIII – a identificação, e sua articulação com a Política prevista nesta Lei, de instrumentos de ação governamental já estabelecidos aptos a contribuir para proteger o sistema climático;

IX – o apoio e o fomento às atividades que efetivamente reduzam as emissões ou promovam as remoções por sumidouros de gases de efeito estufa;

X – a promoção da cooperação internacional no âmbito bilateral, regional e multilateral para o financiamento, a capacitação, o desenvolvimento, a transferência e a difusão de tecnologias e processos para a implementação de ações de mitigação e adaptação, incluindo a pesquisa científica, a observação sistemática e o intercâmbio de informações;

XI – o aperfeiçoamento da observação sistemática e precisa do clima e suas manifestações no território nacional e nas áreas oceânicas contíguas;

> XII – a promoção da disseminação de informações, a educação, a capacitação e a conscientização pública sobre mudança do clima;
>
> XIII – o estímulo e o apoio à manutenção e à promoção:
>
> a) de práticas, atividades e tecnologias de baixas emissões de gases de efeito estufa;
>
> b) de padrões sustentáveis de produção e consumo".

De efeito, é preciso que a PNMC observe os tratados internacionais climáticos celebrados pelo Brasil, especialmente a Convenção-Quadro das Nações Unidas sobre Mudança do Clima e o Protocolo de Kyoto.

Chama a atenção a diretriz que determina o apoio e o fomento às atividades que efetivamente reduzam as emissões ou promovam as remoções por sumidouros de gases de efeito estufa, tendo em conta a necessidade de o Poder Público fomentar as ações humanas que reduzam o lançamento dos gases que causam o efeito estufa, podendo ser utilizados créditos subsidiados, redução de tributos ou mesmo isenções.

A *cooperação internacional* também é medida imprescindível ao controle das mudanças climáticas, pois iniciativas isoladas serão ineficazes ao controle da temperatura no planeta Terra, não só com a redução das emissões dos gases, mas também com a transferência gratuita de tecnologias "limpas" dos países ricos aos pobres.

A *transferência de informações* e a *educação ambiental* são indispensáveis para a conscientização dos povos sobre o real perigo de catástrofes em um futuro próximo, com o intuito de engajar a todos na luta pelo controle climático.

As economias das nações deverão se adaptar à realidade que impede o crescimento econômico ilimitado, pois há um banco dos recursos naturais limitados na produção de produtos e prestação de serviços negativamente impactantes ao ambiente, de modo que é preciso se chegar a padrões sustentáveis de produção e consumo.

O artigo 6º, da Lei 12.187/2009, lista o rol de instrumentos de execução da PNMC:

> "I – o Plano Nacional sobre Mudança do Clima;
>
> II – o Fundo Nacional sobre Mudança do Clima;
>
> III – os Planos de Ação para a Prevenção e Controle do Desmatamento nos biomas;

IV – a Comunicação Nacional do Brasil à Convenção-Quadro das Nações Unidas sobre Mudança do Clima, de acordo com os critérios estabelecidos por essa Convenção e por suas Conferências das Partes;

V – as resoluções da Comissão Interministerial de Mudança Global do Clima;

VI – as medidas fiscais e tributárias destinadas a estimular a redução das emissões e remoção de gases de efeito estufa, incluindo alíquotas diferenciadas, isenções, compensações e incentivos, a serem estabelecidos em lei específica;

VII – as linhas de crédito e financiamento específicas de agentes financeiros públicos e privados;

VIII – o desenvolvimento de linhas de pesquisa por agências de fomento;

IX – as dotações específicas para ações em mudança do clima no orçamento da União;

X – os mecanismos financeiros e econômicos referentes à mitigação da mudança do clima e à adaptação aos efeitos da mudança do clima que existam no âmbito da Convenção-Quadro das Nações Unidas sobre Mudança do Clima e do Protocolo de Quioto;

XI – os mecanismos financeiros e econômicos, no âmbito nacional, referentes à mitigação e à adaptação à mudança do clima;

XII – as medidas existentes, ou a serem criadas, que estimulem o desenvolvimento de processos e tecnologias, que contribuam para a redução de emissões e remoções de gases de efeito estufa, bem como para a adaptação, dentre as quais o estabelecimento de critérios de preferência nas licitações e concorrências públicas, compreendidas aí as parcerias público-privadas e a autorização, permissão, outorga e concessão para exploração de serviços públicos e recursos naturais, para as propostas que propiciem maior economia de energia, água e outros recursos naturais e redução da emissão de gases de efeito estufa e de resíduos;

XIII – os registros, inventários, estimativas, avaliações e quaisquer outros estudos de emissões de gases de efeito estufa e de suas fontes, elaborados com base em informações e dados fornecidos por entidades públicas e privadas;

XIV – as medidas de divulgação, educação e conscientização;

XV – o monitoramento climático nacional;

XVI – os indicadores de sustentabilidade;

XVII – o estabelecimento de padrões ambientais e de metas, quantificáveis e verificáveis, para a redução de emissões antrópicas por fontes e para as remoções antrópicas por sumidouros de gases de efeito estufa;

XVIII – a avaliação de impactos ambientais sobre o microclima e o macroclima".

O **Plano Nacional sobre Mudança do Clima** será o plano diretor de execução da PNMC. Mesmo antes da sua previsão legal, foi editado o Decreto 6.263/2007 (atualmente revogado pelo Decreto 10.223, de 5 de fevereiro de 2020), que instituiu o Comitê Interministerial sobre Mudança do Clima, sendo criado no seu âmbito o Grupo Executivo sobre Mudança do Clima, com a finalidade de elaborar, implementar, monitorar e avaliar o Plano Nacional sobre Mudança do Clima.

Deveras, o Plano Nacional sobre Mudança do Clima definirá ações e medidas que visem à mitigação da mudança do clima, bem como à adaptação à mudança do clima, e será estruturado em quatro eixos temáticos: I – mitigação; II – vulnerabilidade, impacto e adaptação; III – pesquisa e desenvolvimento; e IV – capacitação e divulgação.

A estratégia de elaboração do Plano Nacional sobre Mudança do Clima deverá prever a realização de consultas públicas, para manifestação dos movimentos sociais, das instituições científicas e de todos os demais agentes interessados no tema, com a finalidade de promover a transparência do processo de elaboração e de implementação do Plano, tendo sido disponibilizada uma versão para consulta pública em setembro de 2008.

Outro instrumento de execução da PNMC que merece destaque é o **Fundo Nacional sobre Mudança do Clima – FNMC**, criado pela Lei 12.114, de 09.12.2009, de natureza contábil, vinculado ao Ministério do Meio Ambiente, com a finalidade de assegurar recursos para apoio a projetos ou estudos e financiamento de empreendimentos que visem à mitigação da mudança do clima e à adaptação à mudança do clima e aos seus efeitos.

Os seus recursos serão aplicados em *apoio financeiro reembolsável,* mediante concessão de empréstimo, por intermédio do agente operador ou em *apoio financeiro, não reembolsável*, a projetos relativos à mitigação da mudança do clima ou à adaptação à mudança do clima e aos seus efeitos, aprovados pelo Comitê Gestor do FNMC, conforme diretrizes previamente estabelecidas pelo Comitê.

Sobre o FNMC, se colaciona notícia extraída do sítio do Ministério do Meio Ambiente:

> "Fundo Clima é o primeiro do mundo a usar recursos do petróleo e está com R$ 200 milhões garantidos para ações de mitigação e adaptações aos efeitos das mudanças climáticas no Brasil em 2011
>
> 18.08.2010
>
> *Carlos Américo*
>
> O Fundo Nacional de Mudanças Climáticas já tem garantidos R$ 200 milhões para investimento em ações de mitigação e adaptação aos efeitos das mudanças climáticas no Brasil em 2011. A informação é da secretária de Mudanças Climáticas e Qualidade Ambiental do Ministério do Meio Ambiental, Branca Americano, e foi dada nesta quarta-feira (18), durante mesa redonda Estratégias de Financiamento para o Desenvolvimento Sustentável da Região Semiárida, na II Conferência Internacional: Clima, Sustentabilidade e Desenvolvimento em Regiões Semiáridas (Icid 2010).
>
> A secretária explicou aos participantes que o chamado Fundo Clima terá recursos garantidos todos os anos. '60% dos recursos serão do petróleo. Isso não implicou em nova carga tributária. Era um dinheiro que já existia. Então, foi mudada a lei do petróleo sobre impactos ambientais, que agora direciona parte dos recursos para esse fundo', disse. Segundo a secretária, o comitê gestor do fundo será instalado ainda neste ano.
>
> O Fundo Clima foi criado no final do ano passado e é o primeiro do mundo a usar recursos do petróleo no combate às mudanças climáticas. Com um orçamento que poderá chegar a R$ 1 bilhão por ano, o dinheiro será aplicado em pesquisas e ações de mitigação e adaptação às mudanças climáticas, ajudando regiões vulneráveis, como a região semiárida, que sofre com a seca, e os litorais, com risco de alagamento".[52]

De acordo com o STF, no julgamento da **ADPF 708, de 04/07/2022**, "o Poder Executivo tem o dever constitucional de fazer funcionar e alocar anualmente os recursos do Fundo Clima, para fins de mitigação das

52. Disponível em: <http://www.mma.gov.br/sitio/index.php?ido=ascom.noticiaMMA &pag=2&>.

mudanças climáticas, estando vedado seu contingenciamento, em razão do dever constitucional de tutela ao meio ambiente (CF, art. 225), de direitos e compromissos internacionais assumidos pelo Brasil (CF, art. 5º, § 2º), bem como do princípio constitucional da separação dos poderes (CF, art. 2º, c/c o art. 9º, § 2º, LRF)".

Será editado decreto federal que aprovará os Planos setoriais de mitigação e de adaptação às mudanças climáticas visando à consolidação de uma economia de baixo consumo de carbono, na geração e distribuição de energia elétrica, no transporte público urbano e nos sistemas modais de transporte interestadual de cargas e passageiros, na indústria de transformação e na de bens de consumo duráveis, nas indústrias químicas fina e de base, na indústria de papel e celulose, na mineração, na indústria da construção civil, nos serviços de saúde e na agropecuária, com vistas a atender metas gradativas de redução de emissões antrópicas quantificáveis e verificáveis, considerando as especificidades de cada setor, inclusive por meio do Mecanismo de Desenvolvimento Limpo e das Ações de Mitigação Nacionalmente Apropriadas.

O artigo 7º, da Lei 12.187/2009, ainda previu os seguintes instrumentos institucionais para a atuação da Política Nacional de Mudança do Clima:

> "I – o Comitê Interministerial sobre Mudança do Clima;[53]
>
> II – a Comissão Interministerial de Mudança Global do Clima;
>
> III – o Fórum Brasileiro de Mudança do Clima;
>
> IV – a Rede Brasileira de Pesquisas sobre Mudanças Climáticas Globais – Rede Clima;
>
> V – a Comissão de Coordenação das Atividades de Meteorologia, Climatologia e Hidrologia".

53. É coordenado pela Casa Civil da Presidência da República, sendo composto por dezessete órgãos federais, incluindo a Casa Civil, e o Fórum Brasileiro de Mudanças Climáticas-FBMC. Os órgãos federais que o compõem são: Ministério da Agricultura, Pecuária e Abastecimento, Ministério da Ciência e Tecnologia, Ministério da Defesa, Ministério da Educação, Ministério da Fazenda, Ministério da Integração Nacional, Ministério da Saúde, Ministério das Cidades, Ministério das Relações Exteriores, Ministério de Minas e Energia, Ministério do Desenvolvimento Agrário, Ministério do Desenvolvimento, Indústria e Comércio Exterior, Ministério do Meio Ambiente, Ministério do Planejamento, Orçamento e Gestão, Ministério dos Transportes, e Núcleo de Assuntos Estratégicos da Presidência da República.

O *Comitê Interministerial sobre Mudança do Clima – CIM*, criado pelo Decreto 6.263/2007, tem a função de elaborar a Política Nacional sobre Mudança do Clima e o Plano Nacional sobre Mudança do Clima.

Já a *Comissão Interministerial de Mudança Global do Clima* foi instituída pelo Decreto de 7 de julho de 1999, alterado pelo Decreto de 10 de janeiro de 2006, tendo a finalidade de articular as ações de governo decorrentes da Convenção-Quadro das Nações Unidas sobre Mudança do Clima e seus instrumentos subsidiários de que o Brasil seja parte.

Por sua vez, o *Fórum Brasileiro de Mudanças Climáticas*, criado pelo Decreto 3.515, de 20 de junho de 2000, e atualmente regulado pelo Decreto 9.082/2017, tem por objetivo conscientizar e mobilizar a sociedade para a discussão e tomada de posição sobre os problemas decorrentes da mudança do clima por gases de efeito estufa, bem como sobre o Mecanismo de Desenvolvimento Limpo (MDL) definido no artigo 12, do Protocolo de Quioto à Convenção-Quadro das Nações Unidas sobre Mudança do Clima.[54]

A *Rede Brasileira de Pesquisas sobre Mudanças Climáticas Globais (Rede CLIMA)* foi instituída pelo Ministério de Ciência e Tecnologia no final de 2007 e tem como objetivo principal gerar e disseminar conhecimentos para que o Brasil possa responder aos desafios representados pelas causas e efeitos das mudanças climáticas globais.[55]

A *Comissão de Coordenação das Atividades de Meteorologia, Climatologia e Hidrologia – CMCH* foi criada pelo Decreto 6.065/2007, sendo órgão colegiado integrante da estrutura básica do Ministério da Ciência e Tecnologia, que tomará decisões de caráter deliberativo sobre a formulação de políticas e ações em Meteorologia, Climatologia e Hidrologia, no âmbito da sua competência.

O Brasil instituiu a sua própria meta de redução dos gases que causam o efeito estufa. De acordo com o artigo 12, da Lei 12.187/2009, para alcançar os objetivos da Política Nacional sobre Mudança do Clima, o país adotará, como compromisso nacional voluntário, ações de mitigação das emissões de gases de efeito estufa, com vistas a **reduzir entre 36,1% e 38,9% suas emissões projetadas até 2020**.

54. Disponível em: <http://www.forumclima.org.br/index.php/o-forum/o-que-e>.

55. Disponível em: <http://www.ccst.inpe.br/redeclima>.

Entretanto, esse dispositivo não é autoaplicável, pois depende da edição de decreto que disponha sobre a projeção das emissões para 2020, assim como o detalhamento das ações para alcançar o objetivo expresso, tendo por base o segundo Inventário Brasileiro de Emissões e Remoções Antrópicas de Gases de Efeito Estufa não Controlados pelo Protocolo de Montreal, a ser concluído em 2010.

Com o advento do Decreto 7.390, de 10.12.2010, que regulamentava a Política Nacional de Mudança do Clima, atualmente revogado pelo Decreto nº 9.578, de 2018, finalmente foram projetadas as emissões para o ano de 2020 e detalhadas as ações a serem adotadas. **Infelizmente a meta foi descumprida.**

O Inventário Nacional de Emissões e Remoções Antrópicas de Gases de Efeito Estufa não controlados pelo Protocolo de Montreal (Inventário) é parte da Comunicação Nacional à Convenção Quadro da ONU sobre Mudança do Clima (Convenção de Mudança do Clima), sendo um dos principais compromissos de todos os países signatários da Convenção de Mudança do Clima.[56]

De acordo com o Decreto 9.578/2018, **a projeção das emissões nacionais de gases do efeito estufa para o ano de 2020 é de 3.236 milhões tonCO2eq,**[57] conforme o detalhamento metodológico descrito no Anexo do referido ato regulamentar.

Assim, para alcançar o compromisso nacional voluntário de que trata o artigo 12, da Lei 12.187/2009, teriam que ser implementadas ações que almejem reduzir entre 1.168 milhões de tonCO2eq e 1.259 milhões de tonCO2eq do total das emissões estimadas.

Ou seja, em 2020, o Brasil se comprometeu a emitir, no máximo, 2,1 bilhões de toneladas de CO2 por ano.

Para atingir essa audaciosa meta, eram considerados os seguintes planos de ação para a prevenção e controle do desmatamento nos biomas e planos setoriais de mitigação e de adaptação às mudanças climáticas:

---

56. Disponível em: <http://www.oc.org.br/cms/arquivos/inventa%C2%A1rio_emissa%C2%B5es_gee-valores_preliminares-25-11-2009.pdf>.

57. I – Mudança de Uso da Terra: 1.404 milhões de tonCO2eq; II – Energia: 868 milhões de tonCO2eq; III – Agropecuária: 730 milhões de tonCO2eq; e IV – Processos Industriais e Tratamento de Resíduos: 234 milhões de tonCO2eq.

I – Plano de Ação para Prevenção e Controle do Desmatamento na Amazônia Legal – PPCDAm;

II – Plano de Ação para Prevenção e Controle do Desmatamento e das Queimadas no Cerrado - PPCerrado;

III – Plano Decenal de Expansão de Energia – PDE;

IV – Plano Setorial de Mitigação e de Adaptação às Mudanças Climáticas para a Consolidação de uma Economia de Baixa Emissão de Carbono na Agricultura – Plano ABC; e

V – Plano Setorial de Redução de Emissões da Siderurgia.

Serão adotadas as seguintes ações específicas para atingir a referida meta de redução:

I – redução de 80% dos índices anuais de desmatamento na Amazônia Legal em relação à média verificada entre os anos de 1996 a 2005;

II – redução de 40% dos índices anuais de desmatamento no Bioma Cerrado em relação à média verificada entre os anos de 1999 a 2008;

III – expansão da oferta hidroelétrica, da oferta de fontes alternativas renováveis, notadamente centrais eólicas, pequenas centrais hidroelétricas e bioeletricidade, da oferta de biocombustíveis e do incremento da eficiência energética;

IV – recuperação de 15 milhões de hectares de pastagens degradadas;

V – ampliação do sistema de integração lavoura-pecuária-floresta em 4 milhões de hectares;

VI – expansão da prática de plantio direto na palha em 8 milhões de hectares;

VII – expansão da fixação biológica de nitrogênio em 5,5 milhões de hectares de áreas de cultivo, em substituição ao uso de fertilizantes nitrogenados;

VIII – expansão do plantio de florestas em 3 milhões de hectares;

IX – ampliação do uso de tecnologias para tratamento de 4,4 milhões de m^3 de dejetos de animais; e

X – incremento da utilização na siderurgia do carvão vegetal originário de florestas plantadas e melhoria na eficiência do processo de carbonização.

Por fim, para fins de acompanhamento do cumprimento da meta, **foram publicadas, a partir de 2012, estimativas anuais de emissões de gases de efeito estufa no Brasil** em formato apropriado para facilitar o entendimento por parte dos segmentos da sociedade interessados.

1.10. LEI DE CRIMES AMBIENTAIS

É comum a responsabilização criminal das pessoas jurídicas nos países que adotam o sistema jurídico consuetudinário (*common law*). Nas nações que seguem o sistema romano-germânico, como a França (desde 1994) e o Brasil, já se admite a responsabilização penal de pessoas jurídicas, neste último nos crimes ambientais e nos delitos contra a ordem econômica, financeira e economia popular.

De acordo com o § 5.º, do artigo 173, da CF, ainda pendente de regulamentação, "a lei, sem prejuízo da responsabilidade individual dos dirigentes da pessoa jurídica, estabelecerá a responsabilidade desta, sujeitando-a às punições compatíveis com sua natureza, nos atos praticados contra a ordem econômica e financeira e contra a economia popular".

A tutela penal do meio ambiente tem o seu núcleo na Lei 9.605/1998 (Lei dos Crimes Ambientais), que revogou quase todos os tipos do Código Penal, bem como a legislação extravagante que tutelava o meio ambiente e, ainda, a maior parte das contravenções penais constantes do Código Florestal.

Essa lei regulamentou o quanto disposto no artigo 225, § 3.º, da Constituição Federal de 1988, ao se prever pioneiramente no Brasil a responsabilidade penal da pessoa jurídica, conjuntamente com as pessoas físicas (sistema da dupla imputação).

Eis o dispositivo regulamentador da Lei 9.605/1998:

> **Art. 3.º As pessoas jurídicas serão responsabilizadas administrativa, civil e penalmente conforme o disposto nesta Lei, nos casos em que a infração seja cometida por decisão de seu representante legal ou contratual, ou de seu órgão colegiado, no interesse ou benefício da sua entidade.**
>
> **Parágrafo único. A responsabilidade das pessoas jurídicas não exclui a das pessoas físicas, autoras, coautoras ou partícipes do mesmo fato.**

Logo, o legislador ordinário, ao regulamentar o citado preceito constitucional, adotou a corrente doutrinária que aceita a responsabilização penal da pessoa jurídica, porém **com condicionantes**, ao contrário dos EUA, que não impõem maiores requisitos.

Dessarte, para que a pessoa jurídica responda por um crime ambiental no Brasil, será preciso que dois pressupostos sejam preenchidos cumulativamente, conforme previsto no artigo 3.º, da Lei 9.605/1998:

- • A infração penal seja cometida **por decisão de seu representante legal ou contratual, ou de seu órgão colegiado**;
- • A infração penal seja cometida **no interesse ou benefício da sua entidade.**

Por conseguinte, se no exercício da gestão da empresa, o seu dirigente determina a prática de um crime ambiental apenas em benefício próprio, sem qualquer proveito ou interesse da pessoa jurídica, esta não poderá ser responsabilizada.

Outrossim, se um funcionário de uma pessoa jurídica sem poder de gestão, por si só, comete um delito ambiental do exercício do trabalho, a pessoa jurídica não responderá criminalmente, haja vista que o crime não foi cometido por determinação do representante da empresa.

Impende ressaltar que o STF e o STJ vêm admitindo de maneira uníssona a responsabilidade penal da pessoa jurídica por crime ambiental, conquanto boa parte da doutrina penal ainda não a admita ("a pessoa jurídica não poderá delinquir").

Qual o ANTIGO entendimento do STJ sobre o assunto?

Considerando que a atuação da pessoa jurídica ocorre por intermédio das pessoas físicas que apresenta, **o STJ não vinha acatando denúncia por crime ambiental apenas contra o ente moral**, pois, "excluindo-se da denúncia a pessoa física, torna-se inviável o prosseguimento da ação penal, tão somente, contra a pessoa jurídica. Não é possível que haja a responsabilização penal da pessoa jurídica dissociada da pessoa física, que age com elemento subjetivo próprio" (passagem do RHC 24.239, de 10.06.2010).

Ainda de acordo com a **antiga posição do STJ**, "para a validade da tramitação de feito criminal em que se apura o cometimento de delito ambiental, na peça exordial devem ser denunciados tanto a pessoa jurídica como a pessoa física (sistema ou teoria da dupla imputação). Isso porque a responsabilização penal da pessoa jurídica não pode ser desassociada da pessoa física – quem pratica a conduta com elemento subjetivo próprio. Oferecida denúncia somente contra a pessoa jurídica, falta pressuposto para que o processo-crime desenvolva-se corretamente. Recurso ordinário provido, para declarar a inépcia da denúncia e trancar, consequentemente, o processo-crime instaurado contra a Empresa Recorrente, sem prejuízo de que seja oferecida outra exordial, válida" (RMS 37.293, de 02.05.2013).

De acordo com a **antiga posição do STJ**, destaque-se que "a necessidade de dupla imputação nos crimes ambientais **não tem como fundamento o princípio da indivisibilidade**, o qual não tem aplicação na ação penal pública. Aplica-se em razão de não se admitir a responsabilização penal da pessoa jurídica dissociada da pessoa física" (STJ, AgRg no REsp 898.302, j. 07.12.2010).

Importante!

No entanto, o Supremo Tribunal Federal não acatou o entendimento do STJ. Em 6 de agosto de 2013, no julgamento do RE 548.181, por 3 votos a 2, a 1.ª Turma do STF admitiu em tese a possibilidade de condenação da pessoa jurídica por crime ambiental e a absolvição das pessoas físicas, inclusive o gestor da empresa. Isso porque o STF desvinculou a responsabilidade penal da pessoa jurídica em relação às pessoas físicas supostamente autoras e partícipes do delito ambiental, em interpretação ao artigo 225, § 3.º, da Constituição.

Qual o entendimento do STF sobre o assunto?

Informativo 714 – Crime ambiental: absolvição de pessoa física e responsabilidade penal de pessoa jurídica – 1. É admissível a condenação de pessoa jurídica pela prática de crime ambiental, ainda que absolvidas as pessoas físicas ocupantes de cargo de presidência ou de direção do órgão responsável pela prática criminosa. Com base nesse entendimento, a 1.ª Turma, por maioria, conheceu, em parte, de recurso extraordinário e, nessa parte, deu-lhe provimento para cassar o acórdão recorrido. Neste, a imputação aos dirigentes responsáveis pelas condutas incriminadas (Lei 9.605/98, art. 54) teria sido excluída e, por isso, trancada a ação penal relativamente à pessoa jurídica. Em preliminar, a Turma, por maioria, decidiu não apreciar a prescrição da ação penal, porquanto ausentes elementos para sua aferição. Pontuou-se que o presente recurso originara-se de mandado de segurança impetrado para trancar ação penal em face de responsabilização, por crime ambiental, de pessoa jurídica. Enfatizou-se que a problemática da prescrição não estaria em debate, e apenas fora aventada em razão da demora no julgamento. Assinalou-se que caberia ao magistrado, nos autos da ação penal, pronunciar-se sobre essa questão. Vencidos os Ministros Marco Aurélio e Luiz Fux, que reconheciam a prescrição. O Min. Marco Aurélio considerava a data do recebimento da denúncia como fator interruptivo da prescrição. Destacava que não poderia interpretar a norma de modo a prejudicar aquele a quem visaria beneficiar. Consignava que a lei não exigiria a publicação da denúncia, apenas o seu recebimento e, quer considerada a data de seu recebimento ou de sua devolução ao cartório, a prescrição já teria incidido. RE 548.181/PR, rel. Min. Rosa Weber, de 06.08.2013.

Crime ambiental: absolvição de pessoa física e responsabilidade penal de pessoa jurídica – 2. **No mérito, anotou-se que a tese do STJ, no sentido de que a persecução penal dos entes morais somente se poderia ocorrer se houvesse, concomitantemente, a descrição e imputação de uma ação humana individual, sem o que não seria admissível a responsabilização da pessoa jurídica, afrontaria o art. 225, § 3.º, da CF. Sublinhou-se que, ao se condicionar a imputabilidade da pessoa jurídica à da pessoa humana, estar-se-ia quase que a subordinar a responsabilização jurídico-criminal do ente moral à efetiva condenação da pessoa física. Ressaltou-se que, ainda que se concluísse que o legislador ordinário não estabelecera por completo os critérios de imputação da pessoa jurídica por crimes ambientais, não haveria como pretender transpor o paradigma de imputação das pessoas físicas aos entes coletivos.** Vencidos os Ministros Marco Aurélio e Luiz Fux, que negavam provimento ao extraordinário. Afirmavam que o art. 225, § 3.º, da CF não teria criado a responsabilidade penal da pessoa jurídica. Para o Min. Luiz Fux, a mencionada regra constitucional, ao afirmar que os ilícitos ambientais sujeitariam "os infratores, pessoas físicas ou jurídicas, a sanções penais e administrativas", teria apenas imposto sanções administrativas às pessoas jurídicas. Discorria, ainda, que o art. 5.º, XLV, da CF teria trazido o princípio da pessoalidade da pena, o que vedaria qualquer exegese a implicar a responsabilidade penal da pessoa jurídica. Por fim, reputava que a pena visaria à ressocialização, o que tornaria impossível o seu alcance em relação às pessoas jurídicas. **RE 548.181/PR, rel. Min. Rosa Weber, 06.08.2013.**

Importante!

Desta forma, nota-se que na atualidade tanto o STF quanto o STJ admitem a imputação de responsabilidade penal à pessoa jurídica sem a obrigatoriedade de imputação simultânea de crime ambiental a pessoa natural, adotando o **sistema de dupla imputação não necessariamente concomitante**.

Ademais, note-se que para ser responsabilizado **o representante legal de grande empresa deverá ter ingerência direta sobre o fato penalmente relevante, pois inexiste responsabilidade penal objetiva**, ante o Princípio Constitucional da Culpabilidade, uma vez que deverá haver nexo causal.

Interessantíssimo é o conteúdo da parte final do artigo 2.º, da Lei 9.605/1998, *litteris*:

> Art. 2.º Quem, de qualquer forma, concorre para a prática dos crimes previstos nesta Lei, incide nas penas a estes cominadas, na medida da sua culpabilidade, bem como o diretor, o administrador, o membro de conselho e de órgão técnico, o auditor, o gerente, o preposto ou mandatário de pessoa jurídica, *que, sabendo da conduta criminosa de outrem, deixar de impedir a sua prática, quando podia agir para evitá-la.*

Este dispositivo criou nova hipótese de **garantidor** para as pessoas naturais que mantenham vínculos com pessoa jurídica, a exemplo do artigo 13, § 2.º, do Código Penal, sendo possível a consumação de crimes ambientais omissivos impróprios (comissivos por omissão), ou seja, que exijam resultado naturalístico.

Logo, se uma das pessoas acima listadas sabia que um crime ambiental material iria se consumar, a exemplo do desmatamento ou da poluição irregular, mas queda-se inerte, quando podia agir para evitá-los, responderá por um crime comissivo pela simples omissão.

Importante!

No que concerne à ***competência*** **para julgamento dos crimes ambientais,** hoje a questão encontra-se pacificada na jurisprudência do STF e do STJ, sendo, **em regra, da *Justiça Estadual*, salvo se o delito for consumado contra bens, serviços ou interesse da União, de suas autarquias ou empresas públicas** (art. 109, inciso IV, da Constituição Federal), valendo lembrar que a Justiça Federal não tem competência para julgar contravenções penais.

Assim, considerando que a Lei 9.605/1998 não define a competência para o julgamento dos crimes ambientais, **o STJ resolveu cancelar a Súmula 91**, que previa a competência da Justiça Federal para processar e julgar os crimes praticados contra a fauna.

Qual o entendimento do STJ sobre o assunto?

1. A partir da edição da Lei n.º 9.605/1998, os delitos contra o meio ambiente passaram a ter disciplina própria, não se definindo, contudo, a Justiça competente para conhecer das respectivas ações penais, certamente em decorrência do contido nos artigos 23 e 24 da Constituição Federal, que estabelecem ser da competência comum da União, Estados, Distrito Federal e Municípios proteger o meio ambiente, preservando a fauna, bem como legislar concorrentemente sobre essas matérias. 2. **Deve ser verificado se o delito foi praticado em detrimento de bens, serviços ou interesse da União ou de suas entidades autárquicas**

ou empresas públicas, a teor do disposto no artigo 109, IV, da Carta Magna, de forma a firmar ou não a competência da Justiça Federal. 3. Tratando-se de suposta infração cometida em área particular, inexistente qualquer circunstância determinante de especial interesse da União, declara-se a competência da Justiça Estadual (STJ, CC 30.260, de 22.02.2006).

Caso o parágrafo único, do artigo 26, não tivesse sido vetado pelo Presidente da República, aí sim os crimes previstos na Lei 9.605/1998 seriam de competência da Justiça Federal, apenas se investindo de jurisdição federal a Justiça Estadual quando o município do local da consumação do crime não tivesse órgão da Justiça Federal.

Deveras, **também será de competência da Justiça Federal o julgamento dos crimes ambientais previstos em tratado internacional ratificado pelo Brasil quando, iniciada a execução no Brasil, o resultado tenha ou devesse ocorrer fora do país, assim como a recíproca** (art. 109, inciso V, da CF).

Outrossim, **os delitos ambientais cometidos a bordo de navios ou aeronaves também serão de competência da Justiça Federal**, a teor do art. 109, IX, da Constituição Federal. São exemplos de crimes ambientais de competência da **Justiça Federal:**

Qual o entendimento do STF e do STJ sobre o assunto?

A) Descartar resíduos tóxicos sobre rio que atravessa o Estado de Alagoas, pois é bem da União por cortar mais de um estado da federação **(STF, RE 454740/AL, rel. Min. Marco Aurélio, 28.4.2009).** Por outro lado, vale frisar que o STJ que "embora o delito tenha ocorrido em rio interestadual, na espécie, os danos ambientais decorrentes da prática da pesca predatória possuem apenas dimensão local, restringindo-se ao Município de Coromandel/MG, motivo pelo qual deve ser aplicada a regra da competência da jurisdição estadual" **(STJ, 3ª Seção, AgRg no CC 145487, de 28/9/2016);**

B) Crime de liberação, no meio ambiente, de organismos geneticamente modificados – plantação de soja transgênica/safra 2001. Prejuízo a interesses da União, porquanto há reflexos concretos da utilização desta tecnologia de plantio na Política Agrícola Nacional e na Balança Comercial de Exportação de nosso País **(STJ, CC 41.279, de 28.04.2004);**

C) Crime contra a fauna. Manutenção em cativeiro de espécies em extinção. IBAMA. Interesse de Autarquia Federal **(STJ, CC 37.137, *DJ* 14.04.2003).** No mesmo sentido o julgamento do CC 145875, 3ª Seção do STJ, de 10/8/2016:

"Assim sendo, o interesse a reger a atração da competência para a justiça federal não deve ser geral, mas específico. Seja dizer, é necessária a indicação de um animal cuja espécie esteja indicada na Lista Nacional de Espécies da Fauna Brasileira Ameaçada de Extinção, previsto na Instrução Normativa n. 3, de 27 de maio de 2003, do Ministério do Meio Ambiente;

D) Apuração de suposto crime ambiental ocorrido em área que passou a integrar parque nacional administrado pelo IBAMA **(STJ, CC 88.013, de 27.02.2008);**

E) Crime ambiental praticado em área de preservação permanente localizada às margens de rio cujo curso d'água banha mais de um Estado da Federação. Interesse da União caracterizado de acordo com a redação do art. 20, III, da Constituição Federal **(STJ, 55.130, de 28.02.2007);**

F) Delito em tese cometido no interior de área de proteção ambiental localizada no Entorno do Parque Nacional do Itatiaia, criado pelo Decreto 1.713/1937 **(STJ, CC 92.722, de 24.03.2010);**

G) A pretensa conduta criminosa contra o meio ambiente teria ocorrido em uma Zona de Amortecimento do Parque Nacional de Araucárias, que foi criada pela União **(STJ, CC 89.811, de 03.04.2008);**

H) PENAL E PROCESSO PENAL. CONFLITO NEGATIVO DE COMPETÊNCIA. **EXTRAÇÃO DE CASCALHO SEM AUTORIZAÇÃO. ART. 55 DA LEI 9.605/1998. PROPRIEDADE PRIVADA. IRRELEVÂNCIA. RECURSO MINERAL. BEM DA UNIÃO.** ART. 20, IX, DA CF. COMPETÊNCIA DA JUSTIÇA FEDERAL. ART. 109, IV, DA CF.

1. Cuidando-se de delito contra bem da União, explicitamente trazido no artigo 20 da Constituição Federal, mostra-se irrelevante o local de sua prática, pois onde o legislador constituinte não excepcionou, não cabe ao intérprete fazê-lo (STJ, CC 116.477, de 25.05.2011).

I) PENAL E PROCESSO PENAL. CONFLITO NEGATIVO DE COMPETÊNCIA. CRIME CONTRA O MEIO AMBIENTE. ART. 34, INCISO II, C/C ART. 29 DA LEI 9.605/1998. **PESCA PROIBIDA EM ÁREA ADJACENTE À ESTAÇÃO ECOLÓGICA DO TAIM/RS – UNIDADE DE CONSERVAÇÃO FEDERAL. OFENSA A BENS, SERVIÇOS OU INTERESSES DA UNIÃO**, SUAS AUTARQUIAS, OU EMPRESAS PÚBLICAS. COMPETÊNCIA DO **JUÍZO FEDERAL.**

1. Tendo sido o suposto delito cometido em área do entorno de Unidade de Conservação Federal, **vislumbra-se prejuízo à União, Autarquias Federais ou Empresas Públicas Federais,** motivo pelo qual o processamento e julgamento de crime contra a fauna competem à Justiça Estadual[58].

2. **Conflito conhecido e provido para declarar competente o Juízo Federal da 1.ª Vara de Rio Grande/RS, suscitado** (STJ, CC 115.282, de 08.06.2011).

58. Houve erro material do STJ ao se referir à Justiça Estadual.

J) CONFLITO DE COMPETÊNCIA. PENAL. CRIME CONTRA O MEIO AMBIENTE. PESCA COM PETRECHOS PROIBIDOS. ART. 34, INCISO II, DA LEI 9.605/1998. LAGOA SITUADA NO ENTORNO DE UNIDADE DE CONSERVAÇÃO FEDERAL. COMPETÊNCIA DO SUSCITADO. INEXISTÊNCIA DE LESÃO AO MEIO AMBIENTE. ATIPICIDADE MATERIAL DA CONDUTA. CONCESSÃO DE *HABEAS CORPUS* DE OFÍCIO PARA DETERMINAR O TRANCAMENTO DA AÇÃO PENAL.

1. A competência da Justiça Federal, expressa no art. 109, IV, da Carta Magna, restringe-se às hipóteses em que os crimes ambientais são perpetrados em detrimento de bens, serviços ou interesses da União, suas autarquias ou empresas públicas.
2. Delito em tese cometido no entorno da Estação Ecológica do Taim, unidade de conservação federal, criada pelo Decreto 92.963/1986.
3. Logo, sendo a área vizinha a outra submetida a regime especial (bem da União), compete à Justiça Federal processar e julgar o feito, nos termos do art. 109, inciso IV, da Carta Magna.
4. Considerando-se a inexistência de lesão ao meio ambiente (fauna aquática), tendo em vista que não foi apreendido com o acusado nenhum pescado, deve ser reconhecida a atipicidade material da conduta.
5. Conflito conhecido para declarar competente o Juízo Federal da 1.ª Vara de Rio Grande – RS, concedendo-se, de ofício, ordem de habeas corpus para trancar a ação penal (STJ, 100.852, 3.ª Seção, de 28.04.2010).

L) CONFLITO DE COMPETÊNCIA. INQUÉRITO POLICIAL. SUPOSTO CRIME AMBIENTAL PRATICADO EM ÁREA DE PROTEÇÃO AMBIENTAL, INSTITUÍDA POR DECRETO PRESIDENCIAL, SUJEITA À RESTRIÇÃO ADMINISTRATIVA AO USO DA PROPRIEDADE E A INCENTIVOS E INVESTIMENTOS DO GOVERNO FEDERAL. INTERESSE DA UNIÃO CARACTERIZADO. COMPETÊNCIA DA JUSTIÇA FEDERAL.

1. Crime ambiental, praticado em detrimento de bens, interesses ou serviços da União, conduz ao reconhecimento da competência da Justiça Federal. *In casu*, a suposta ocorrência de depósito indevido de terra em área de proteção ambiental da Bacia do Rio Paraíba do Sul, instituída por Decreto Presidencial, sujeita à restrição administrativa ao uso da propriedade e a incentivos e investimentos do Governo Federal, indica a competência da Justiça Federal.
2. Conflito conhecido para declarar competente o Juízo da 1.ª Vara Federal em Guarulhos da 19.ª Subseção Judiciária de São Paulo **(STJ, CC 109.707, de 14.04.2010)**.

M) **Rompimento da barragem em Brumadinho**. Crimes conexos de âmbitos federal e estadual. Interesse direto e específico da autarquia federal - Departamento Nacional de Produção Mineral - DNPM. **Competência da Justiça Federal**. Súmula 122/STJ. STJ, RHC 151.405-MG, Rel. Min. Olindo Menezes (Desembargador convocado do TRF 1ª Região), Sexta Turma, por unanimidade, julgado em 19/10/2021.

N) Quanto ao crime tipificado no art. 56 da Lei n. 9.605/1998, há interesse direto e específico da autarquia federal (DNPM) na conduta tipificada, pois a peça acusatória descreveu o absoluto descumprimento de diversas exigências da autarquia reguladora, atinentes à atividade de exploração mineral, inclusive a falta de apresentação do devido plano de fechamento da mina e da barragem, além de outras exigências previstas em normas do órgão federal, a fim de impedir a contaminação da água subterrânea por óleos, combustíveis e outros produtos tóxicos, evitar o lançamento de efluentes e corrigir a instabilidade de taludes de barragens de depósito de rejeitos. STJ, CC 178198, de 12/05/2021.

São exemplos de crimes ambientais de competência da **Justiça Estadual:**

Qual o entendimento do STF e do STJ sobre o assunto?

A) Tendo o crime de desmatamento ocorrido em propriedade particular, área que já pertenceu – hoje não mais – a Parque Estadual, não há se falar em lesão a bem da União. Ademais, como o delito não foi praticado em detrimento do IBAMA, que apenas fiscalizou a fazenda do réu, ausente prejuízo para a União **(STJ, CC 99.294, de 12.08.2009)**;

B) *Crime ambiental. Artigo 46, parágrafo único, da Lei n.º 9.605/1998. Transporte de madeira sem autorização do IBAMA, autarquia federal. Justiça comum estadual.* Hipótese em que não se configura a competência da Justiça Federal para o processo e julgamento do feito, nos termos do art. 109, inciso IV, da Carta Magna, porque o interesse da União, no caso, se manifesta de forma genérica ou indireta **(STF, RE 349.186, de 22.10.2002)**;

C) A proximidade da APA, por si só, não serve para determinar o interesse da União, visto que o Decreto 99.274/1990 estabelece tão somente que a atividade que possa causar dano na área situada num raio de 10 km da Unidade de Conservação ficará sujeita às normas editadas pelo CONAMA, o que não significa que a referida área será tratada como a própria Unidade de Conservação, tampouco que haverá interesse direto da União sobre ela. O fato de o IBAMA ser responsável pela administração e a fiscalização da APA, conforme entendimento desta Corte Superior, não atrai, por si só, a competência da Justiça Federal, notadamente no caso em que a edificação foi erguida fora da APA, sendo cancelado o Enunciado 91/STJ, que dispunha que 'compete à Justiça Federal processar e julgar os crimes praticados contra a fauna **(STJ, HC 38.649, de 25.04.2006)**;

D) Consoante iterativa jurisprudência do Superior Tribunal de Justiça compete à Justiça Estadual o processo e julgamento de feito que objetive a apuração de possível crime ambiental, consistente na extração de areia sem a devida autorização do órgão competente, quando perpetrado em propriedade particular. *In casu*, não restou demonstrada a existência de eventual lesão a bens, serviços ou interesses da União, a ensejar a atração da competência da Justiça Federal **(STJ, AgRg no CC 30.932/SP, *DJ* 05.05.2003)**;

E) "O mero fato de índio figurar como autor do delito ambiental, sem nenhuma conotação especial, não enseja o deslocamento da causa para a Justiça Federal, conforme enunciado da Súmula 140/STJ" **(STJ, CC 93.120, 3.ª Seção, de 09.06.2010)**;

F) Quando a área desmatada era particular à época do delito, e, posteriormente, transformada em área de preservação por Decreto Presidencial, a competência para processar e julgar a causa é da Justiça Estadual, perpetuando-se a jurisdição **(STJ, CC 99.541, 3.ª Seção, de 37.10.2010)**;

G) "CONFLITO NEGATIVO DE COMPETÊNCIA. CRIME AMBIENTAL. APREENSÃO DE ESPÉCIMES DA FAUNA SILVESTRE SEM A DEVIDA LICENÇA DO ÓRGÃO COMPETENTE. AUSÊNCIA DE INTERESSE DIRETO DA UNIÃO. COMPETÊNCIA DA JUSTIÇA ESTADUAL. 1. A preservação do meio ambiente é matéria de competência comum da União, dos Estados, do Distrito Federal e dos Municípios, nos termos do art. 23, incisos VI e VII, da Constituição Federal. 2. A Justiça Federal somente será competente para processar e julgar crimes ambientais quando caracterizada lesão a bens, serviços ou interesses da União, de suas autarquias ou empresas públicas, em conformidade com o art. 109, inciso IV, da Carta Magna. 3. Na hipótese, verifica-se que o Juízo Estadual declinou de sua competência tão somente pelo fato de o auto de infração ter sido lavrado pelo IBAMA, circunstância que se justifica em razão da competência comum da União para apurar possível crime ambiental, não sendo suficiente, todavia, por si só, para atrair a competência da Justiça Federal" **(STJ, CC 113.345, de 22.08.2012)**;

H) "RECURSO ORDINÁRIO EM *HABEAS CORPUS*. 1. CRIME AMBIENTAL. ART. 46. DA LEI Nº 9.605/98. INSERÇÃO DE DADOS FALSOS EM SISTEMA ESTADUAL DE CONTROLE DE MOVIMENTAÇÃO DE PRODUTO FLORESTAL (EXTRAÇÃO IRREGULAR DE MADEIRA). 2. COMPETÊNCIA DA JUSTIÇA ESTADUAL. 3. RECURSO PROVIDO. 1. A proteção ao meio ambiente é matéria de competência comum da União, Estados, Distrito Federal e dos Municípios, nos termos do art. 23, inciso VI, da Constituição Federal. Inexistindo dispositivo expresso, constitucional ou legal, sobre qual a Justiça competente quanto aos crimes ambientais, tem-se, em regra, que o processo e o julgamento desses crimes é da competência da Justiça Comum Estadual. 2. A caracterização da fraude na inserção de dados inseridos no sistema SISFLORA/PA – sistema eletrônico de controle de dados ambiental mantido e organizado pelo Estado do Pará –, cujo objetivo era a obtenção de guias florestais para dar aparência de legalidade à atividade ilícita de extração de madeira, representa apenas violação reflexa aos bens, serviços e interesses da União, não atraindo, assim, a competência da Justiça Federal para julgar o feito, pois não caracterizada a violação ao art. 109, IV, da Constituição Federal" **(STJ, RHC 35.551, de 11/06/2013).**

De índole civil ou mesmo administrativa, disposição interessante para a proteção ao meio ambiente é a contida no artigo 4.º, da Lei 9.605/1998:

> **Art. 4.º Poderá ser desconsiderada a pessoa jurídica sempre que sua personalidade for obstáculo ao ressarcimento de prejuízos causados à qualidade do meio ambiente.**

Em que pese se tratar de lei predominantemente criminal, cuida-se de uma hipótese de **desconsideração da personalidade jurídica**, em que se poderá declarar a ineficácia episódica da personalidade notadamente nas ações reparatórias dos danos ambientais.

O artigo 133 e seguintes do CPC/2015 instituiu um incidente processual para a desconsideração da personalidade jurídica, a ser instaurado a pedido da parte ou do Ministério Público, quando lhe couber intervir no processo, aplicável à desconsideração inversa da personalidade jurídica.

O incidente de desconsideração é cabível em todas as fases do processo de conhecimento, no cumprimento de sentença e na execução fundada em título executivo extrajudicial, sendo dispensado quando a desconsideração da personalidade jurídica for requerida na petição inicial, hipótese em que será citado o sócio ou a pessoa jurídica.

Instaurado o incidente, o sócio ou a pessoa jurídica será citado para manifestar-se e requerer as provas cabíveis no prazo de 15 dias e, concluída a instrução, se necessária, o incidente será resolvido por decisão interlocutória.

Uma vez acolhido o pedido de desconsideração, a alienação ou a oneração de bens, havida em fraude de execução, será ineficaz em relação ao requerente.

É certo que a Lei 9.605/1998 forma um microssistema jurídico, apenas se aplicando as disposições do CP e CPP subsidiariamente (artigo 79, da Lei 9.605/1998).

Existem regras especiais para a dosimetria da sanção penal, presentes na Lei 9.605/1998, que se juntam às circunstâncias do art. 59 do Código Penal, utilizadas na primeira fase na dosimetria:

> Art. 6.º Para imposição e gradação da penalidade, a autoridade competente observará:
>
> I – a gravidade do fato, tendo em vista os motivos da infração e suas consequências para a saúde pública e para o meio ambiente;
>
> II – os antecedentes do infrator quanto ao cumprimento da legislação de interesse ambiental;
>
> III – a situação econômica do infrator, no caso de multa.

As penas restritivas de direito para **pessoas físicas** estão previstas no artigo 8.º, da Lei 9.605/1998, **inovando-se** com relação ao Código Penal ao arrolar a ***suspensão parcial ou total de atividades e o recolhimento domiciliar***, e não se prevendo a **limitação de fim de semana e a perda de bens e valores**:

> Art. 8.º As penas restritivas de direito são:
>
> I – prestação de serviços à comunidade;
>
> II – interdição temporária de direitos;
>
> III – suspensão parcial ou total de atividades;
>
> IV – prestação pecuniária;
>
> V – recolhimento domiciliar.

As referidas penas alternativas foram adaptadas para melhor servir ao meio ambiente. A **prestação de serviços à comunidade** consiste na atribuição ao condenado de tarefas gratuitas junto a parques e jardins públicos e unidades de conservação, e, no caso de dano da coisa particular, pública ou tombada, na restauração desta, se possível.

Já a **interdição temporária de direitos** é dividida nas seguintes modalidades:

- proibição de o condenado contratar com o Poder Público, de receber incentivos fiscais ou quaisquer outros benefícios;
- proibição de participar de licitações, pelo prazo de cinco anos, no caso de crimes dolosos, e de três anos, no de crimes culposos.

A **suspensão de atividades** será aplicada quando estas não estiverem obedecendo às prescrições legais, a exemplo do desenvolvimento de atividade impactante sem licença ambiental ou em desconformidade com a obtida.

Já a **prestação pecuniária** consistirá no pagamento em dinheiro à vítima ou à entidade pública ou privada com fim social, de importância, fixada pelo juiz, não inferior a um salário-mínimo nem superior a trezentos e sessenta salários mínimos, sendo o valor pago deduzido do montante de eventual reparação civil a que for condenado o infrator.

Por fim, o **recolhimento domiciliar** baseia-se na autodisciplina e senso de responsabilidade do condenado, que deverá, sem vigilância, trabalhar, frequentar curso ou exercer atividade autorizada, permanecendo recolhido nos dias e horários de folga em residência ou em qualquer local destinado a sua moradia habitual, conforme estabelecido na sentença condenatória.

Para as pessoas jurídicas, o artigo 21 da Lei de Crimes Ambientais prevê as sanções de **multa, restritiva de direitos e prestação de serviços à comunidade**, como se esta última não fosse uma espécie da segunda.

Com propriedade, a multa será calculada segundo os critérios do Código Penal que, revelando-se ineficaz, ainda que aplicada no valor máximo, poderá ser aumentada até três vezes, tendo em vista o valor da vantagem econômica auferida.

Já a prestação de serviços à comunidade consistirá no custeio de programas e de projetos ambientais, na execução de obras de recuperação de áreas degradadas, na manutenção de espaços públicos ou em contribuições a entidades ambientais ou culturais públicas.

Por sua vez, o artigo 22 lista as espécies de penas restritivas de direitos:

> Art. 22. As penas restritivas de direitos da pessoa jurídica são:
>
> I – suspensão parcial ou total de atividades;
>
> II – interdição temporária de estabelecimento, obra ou atividade;
>
> III – proibição de contratar com o Poder Público, bem como dele obter subsídios, subvenções ou doações.

A suspensão de atividades será aplicada quando estas não estiverem obedecendo às disposições legais ou regulamentares, relativas à proteção do meio ambiente.

A interdição será aplicada quando o estabelecimento, obra ou atividade estiver funcionando sem a devida autorização, ou em desacordo com a concedida, ou com violação de disposição legal ou regulamentar.

A proibição de contratar com o Poder Público e dele obter subsídios, subvenções ou doações não poderá exceder o prazo de dez anos.

Verificada a ocorrência de um delito contra o meio ambiente, a autoridade policial deverá promover a apreensão dos produtos e dos instrumentos do crime, mediante a lavratura do respectivo auto de apreensão, na forma do artigo 25, da Lei 9.605/1998.

Se possível a sua readaptação, os animais serão libertados em seu *habitat.* Como em muitas hipóteses essa medida não será possível, pois o animal não conseguirá sobreviver com a sua reinserção natural, deverão ser entregues a jardins zoológicos, fundações ou entidades assemelhadas, desde que fiquem sob a responsabilidade de técnicos habilitados.

Com o advento da Lei 13.052/2014, a norma ficou clara ao priorizar a libertação dos animais em seu hábitat natural e, se não for possível por questões sanitárias (a nova norma deveria ter dito por questões ecológicas), serão entregues a jardins zoológicos, fundações ou entidades assemelhadas, para guarda e cuidados sob a responsabilidade de técnicos habilitados.

Normalmente os animais são os produtos dos crimes ambientais contra a fauna, mas excepcionalmente poderão figurar como instrumentos do delito, a exemplo de cães utilizados para a prática da caça clandestina.

Em razão do *periculum in mora*, na hipótese de produtos perecíveis ou madeiras, serão estes avaliados e doados a instituições científicas, hospitalares, penais e outras com fins beneficentes.

Com o advento da Lei 13.052/2014, o artigo 25 passou a prever que o órgão autuante zelará para que os animais sejam mantidos em condições adequadas de acondicionamento e transporte que garantam o seu bem-estar físico até a sua entrega a jardins zoológicos, fundações ou entidades assemelhadas.

Por outro lado, os produtos e subprodutos da fauna não perecíveis serão destruídos (se não for possível o seu aproveitamento) ou doados a instituições científicas, culturais ou educacionais.

Ademais, os instrumentos utilizados na prática da infração serão vendidos, garantida a sua descaracterização por meio da reciclagem, a exemplo do que ocorre com as motosserras, em que os motores poderão ser utilizados em cadeiras de rodas em favor de pessoas portadoras de necessidades especiais.

Vale salientar que o perdimento dos instrumentos e produtos do crime em favor da União é um efeito automático da sentença penal condenatória, na forma do artigo 91, do Código Penal, ressalvado o direito do lesado ou de terceiro de boa-fé.

A peculiaridade da Lei Ambiental é que todos os instrumentos utilizados para a prática da infração penal contra o meio ambiente serão alvo de perdimento, enquanto a regra geral adotada pelo Código Penal apenas abarca os instrumentos que consistam em coisas cujo fabrico, alienação, uso, porte ou detenção constitua fato ilícito.

A pessoa jurídica constituída ou utilizada, preponderantemente, com o fim de permitir, facilitar ou ocultar a prática de crime definido nesta Lei terá decretada sua liquidação forçada, seu patrimônio será considerado instrumento do crime e como tal perdido em favor do Fundo Penitenciário Nacional.

Conquanto não listada expressamente como sanção, o artigo 24 permite a liquidação forçada da pessoa jurídica, quando foi constituída preponderantemente para praticar delitos ambientais, sendo o patrimônio considerado instrumento do crime.

Há quem entenda que é efeito secundário da sentença condenatória, equivalente à "morte civil", sendo para parte da doutrina inconstitucional.

Crê-se que é regra válida, pois a Constituição Federal possibilita a extinção de associações após a coisa julgada (art. 5.º, inciso XIX). Além disso, a vedação a penas cruéis apenas se volta às pessoas físicas, e não às pessoas jurídicas.

Qual o entendimento do STJ sobre o assunto?

De acordo com o STJ, "a Lei Ambiental previu para as pessoas jurídicas penas autônomas de multas, de prestação de serviços à comunidade, restritivas de direitos, **liquidação forçada** e desconsideração da pessoa jurídica, todas adaptadas à sua natureza jurídica" (passagem do REsp 610114, de 17.11.2005).

Foram criadas circunstâncias agravantes e atenuantes específicas a serem utilizadas na segunda fase da dosimetria da pena:

> **Art. 14. São circunstâncias que atenuam a pena:**
>
> I – baixo grau de instrução ou escolaridade do agente;
>
> II – arrependimento do infrator, manifestado pela espontânea reparação do dano, ou limitação significativa da degradação ambiental causada;
>
> III – comunicação prévia pelo agente do perigo iminente de degradação ambiental;
>
> IV – colaboração com os agentes encarregados da vigilância e do controle ambiental.
>
> **Art. 15. São circunstâncias que agravam a pena, quando não constituem ou qualificam o crime:**
>
> I – reincidência nos crimes de natureza ambiental;
>
> II – ter o agente cometido a infração:
>
> a) para obter vantagem pecuniária;
>
> b) coagindo outrem para a execução material da infração;
>
> c) afetando ou expondo a perigo, de maneira grave, a saúde pública ou o meio ambiente;
>
> d) concorrendo para danos à propriedade alheia;
>
> e) atingindo áreas de unidades de conservação ou áreas sujeitas, por ato do Poder Público, a regime especial de uso;
>
> f) atingindo áreas urbanas ou quaisquer assentamentos humanos;
>
> g) em período de defeso à fauna;
>
> h) em domingos ou feriados;
>
> i) à noite;

j) em épocas de seca ou inundações;

l) no interior do espaço territorial especialmente protegido;

m) com o emprego de métodos cruéis para abate ou captura de animais;

n) mediante fraude ou abuso de confiança;

o) mediante abuso do direito de licença, permissão ou autorização ambiental;

p) no interesse de pessoa jurídica mantida, total ou parcialmente, por verbas públicas ou beneficiada por incentivos fiscais;

q) atingindo espécies ameaçadas, listadas em relatórios oficiais das autoridades competentes;

r) facilitada por funcionário público no exercício de suas funções.

Em razão do seu extenso rol, entende-se que estas agravantes afastam as previstas no Código Penal. O mesmo ocorre com as circunstâncias atenuantes, à exceção da cláusula aberta insculpida no artigo 66, do Código Penal, em que se prevê que a pena poderá ser ainda atenuada em razão de circunstância relevante, anterior ou posterior ao crime, embora não prevista expressamente em lei.

De sua vez, o ***sursis*** (suspensão condicional da pena) também tem regra especial, pois será cabível quando a pena privativa de liberdade não for superior a **três anos**:

> Art. 16. Nos crimes previstos nesta Lei, a suspensão condicional da pena pode ser aplicada nos casos de condenação a pena privativa de liberdade não superior a três anos.

De acordo com o artigo 77, do Código Penal, em regra, observadas outras condições, será cabível o *sursis* se a condenação em pena privativa de liberdade não ultrapassar a dois anos.

Importante!

A ação penal será de **iniciativa pública incondicionada**, em todos os crimes previstos na Lei 9.605/1998, nos termos do artigo 26, tendo em conta que a coletividade sempre será afetada por um delito ambiental, pois a preservação ambiental é bem difuso, em que pese poder afetar de maneira direta um grupo de pessoas.

Existem regras especiais para a suspensão condicional do processo (art. 28), também conhecida impropriamente como *sursis* processual.

Transcreve-se o dispositivo:

> Art. 28. As disposições do art. 89 da Lei n.º 9.099, de 26 de setembro de 1995, aplicam-se aos crimes de menor potencial ofensivo definidos nesta Lei, com as seguintes modificações:
>
> I – a declaração de extinção de punibilidade, de que trata o § 5.º do artigo referido no *caput*, dependerá de laudo de constatação de reparação do dano ambiental, ressalvada a impossibilidade prevista no inciso I do § 1.º do mesmo artigo;
>
> II – na hipótese de o laudo de constatação comprovar não ter sido completa a reparação, o prazo de suspensão do processo será prorrogado, até o período máximo previsto no artigo referido no *caput*, acrescido de mais um ano, com suspensão do prazo da prescrição;
>
> III – no período de prorrogação, não se aplicarão as condições dos incisos II, III e IV do § 1.º do artigo mencionado no *caput*;
>
> IV – findo o prazo de prorrogação, proceder-se-á à lavratura de novo laudo de constatação de reparação do dano ambiental, podendo, conforme seu resultado, ser novamente prorrogado o período de suspensão, até o máximo previsto no inciso II deste artigo, observado o disposto no inciso III;
>
> V – esgotado o prazo máximo de prorrogação, a declaração de extinção de punibilidade dependerá de laudo de constatação que comprove ter o acusado tomado as providências necessárias à reparação integral do dano.

Entre outros requisitos, é certo que o artigo 89, da Lei 9.099/1995, prevê a possibilidade da concessão da suspensão condicional do processo nos crimes cuja pena mínima não ultrapasse um ano. Contudo, de maneira confusa, o artigo 28, da Lei 9.605/1998, prevê a aplicabilidade desse instituto aos crimes de menor potencial ofensivo, o que dificulta a exegese do dispositivo.

Ademais disso, **a extinção da punibilidade após o período de prova depende da reparação do dano ambiental**, conforme atestado em laudo de constatação, **salvo impossibilidade comprovada de fazê-lo.**

Caso o delito ambiental seja de menor potencial ofensivo, a proposta de aplicação de pena restritiva de direitos (transação penal), prevista no artigo 76, da Lei 9.099/1995, tem um requisito especial previsto no artigo 27, da Lei 9.605/1998, que é a prévia composição do dano ambiental, salvo em casos de comprovada impossibilidade.

O artigo 7.º, da Lei 9.605/1998, seguiu **quase** a mesma sistemática do Código Penal, prevendo a substituição da pena privativa de liberdade pela restritiva de direitos nos delitos culposos ou dolosos **com pena inferior a quatro anos**, caso as circunstâncias sejam favoráveis.

Há uma sutil diferença porque a substituição prevista no artigo 44, I, do CP, menciona pena privativa de liberdade não superior a quatro anos.

Ou seja, uma pena privativa de liberdade de exatos quatro anos não poderá ser convertida em restritiva de direitos à luz do artigo 7.º, da Lei 9.605/1998, o que não ocorre nos crimes que não sejam ambientais.

Nos moldes do artigo 20, da Lei 9.605/1998, a sentença condenatória, sempre que possível, deverá fixar o valor mínimo para a reparação dos danos causados, quer para o eventual ofendido direto ou para a coletividade em geral.

O Princípio da Insignificância ou Bagatela tem o condão de excluir a tipicidade material da conduta formalmente descrita como infração penal, em razão da inexpressiva lesão a bem juridicamente tutelado por norma penal.

Em que pese a grande controvérsia a respeito, nos crimes ambientais vem-se aceitando a sua aplicação, *conforme precedentes do STJ*, mas é preciso muito cuidado em razão da sinergia dos danos ambientais.

Qual o entendimento do STJ sobre o assunto?

1. O princípio da insignificância, que está diretamente ligado aos postulados da fragmentariedade e intervenção mínima do Estado em matéria penal, tem sido acolhido pelo magistério doutrinário e jurisprudencial tanto desta Corte, quanto do colendo Supremo Tribunal Federal, como causa supralegal de tipicidade. Vale dizer, uma conduta que se subsuma perfeitamente ao modelo abstrato previsto na legislação penal pode vir a ser considerada atípica por força deste postulado. 2. Entretanto, é imprescindível que a aplicação do referido princípio se dê de forma prudente e criteriosa, razão pela qual é necessária a presença de certos elementos, tais como (I) a mínima ofensividade da conduta do agente; (II) a ausência total de periculosidade

social da ação; (III) o ínfimo grau de reprovabilidade do comportamento e (IV) a inexpressividade da lesão jurídica ocasionada, consoante já assentado pelo colendo Pretório Excelso (HC 84.412/SP, Rel. Min. CELSO DE MELLO, *DJU* 19.04.04). **3. Para incidir a norma penal incriminadora, é indispensável que a pesca com equipamentos proibidos possa, efetivamente, causar risco às espécies ou ao ecossistema; nada disso, todavia, se verifica no caso concreto, em que dois pescadores, utilizando-se de somente uma rede - rede esta considerada ilegal porque superior em 50 centímetros ao limite legalmente estabelecido, como registrado no aresto –, tinham retirado da represa apenas 2 quilogramas de peixes, de espécie diversas.** 4. Evidente a atipicidade material da conduta, pela desnecessidade de movimentar a máquina estatal, com todas as implicações conhecidas, para apurar conduta desimportante para o Direito Penal, por não representar ofensa a qualquer bem jurídico tutelado pela Lei Ambiental **(STJ, HC 112.840, de 23.03.2010)**.

Ainda de acordo com o STJ (HC 238.344, de 15.08.2013), "não obstante seja possível a aplicação do princípio da insignificância aos tipos penais que tutelam a proteção do meio ambiente, a depender do grau de reprovabilidade, relevância da periculosidade social e ofensividade da conduta cometida pelo agente, **tal aferição deve ser realizada com cautela, dada a fundamentalidade do direito ao meio ambiente ecologicamente equilibrado, inerente às presentes e futuras gerações (princípio da equidade intergeracional)**".

Em tipos penais, a tutela é assim dividida no Capítulo V:

- **Crimes contra a Fauna (Seção I)** - Artigos 29/37;
- **Contra a Flora (Seção II)** - Artigos 38/53;
- **Poluição e outros Crimes Ambientais (Seção III)** - Artigos 54/61;
- **Contra o Ordenamento Urbano e o Patrimônio Cultural (Seção IV)** - Artigos 62/65;
- **Contra a Administração Ambiental (Seção V)** - Artigos 66/69-A.

Como não poderia deixar de ser nesta área, em que pese o Princípio da Estrita Legalidade, o legislador utilizou inúmeros conceitos jurídicos indeterminados que em Direito Penal são chamados de **elementos normativos do tipo**, pois é nítido o caráter interdisciplinar do Direito Ambiental.

Além disso, por serem abertos, muitos tipos precisam ser complementados por outros atos (**normas penais em branco ou descontinuidade normativo-típica**), que normalmente são produzidos pelo Poder Executivo (normas penais em branco heterogêneas), uma vez que não é possível a especificação pela lei ante as peculiaridades de cada situação concreta, a exemplo do delito capitulado no artigo 34[59], em que é preciso um ato regulamentar para indicar o local ou período proibido para a pesca.

Com propriedade, em muitos casos não há outra saída para a tipificação dos delitos ambientais, em que o legislador instituiu uma descontinuidade normativo-típica, exigindo-se os complementos por atos do Poder Executivo, a quem cabe exercer tipicamente a função administrativa de proteção ao meio ambiente.

Todavia, uma questão deve ser ponderada. Se é certo que ninguém pode se escusar de cumprir a lei alegando que a desconhece – conforme disposto no artigo 3.º, da Lei de Introdução ao Código Civil, aplicável a todo o ordenamento jurídico nacional, em decorrência de uma ficção jurídica que busca garantir a efetividade da legislação –, crê-se que esse dispositivo deve ser aplicado com reservas aos atos do Poder Público que não sejam lei em sentido estrito, no caso os complementos às normais penais em branco contidas de maneira esparsa na Lei 9.605/1998.

Deveras, deve haver uma presunção relativa de conhecimento desses complementos heterogêneos, facultando-se ao agente demonstrar que realmente não tinha ciência da ilicitude de sua conduta (erro de proibição).

Como exemplo, cite-se o período de vedação da pesca em razão da reprodução dos peixes. Esse período normalmente é fixado anualmente com variações, por inúmeros atos da Administração Pública ambiental, às vezes variando em um mesmo rio, a depender da localização. São dezenas ou até centenas de atos todos os anos!

Logo, se uma pessoa é flagrada pescando no primeiro dia da proibição e comprova que no ano anterior a proibição ainda não estava vigente naquele mesmo dia, não tendo sido veiculado na imprensa o novo

59. Art. 34. Pescar em período no qual a pesca seja proibida ou em lugares interditados por órgão competente:

Pena – detenção de um ano a três anos ou multa, ou ambas as penas cumulativamente.

período anual, não é razoável que se puna o agente. A interpretação do Direito não pode conduzir a absurdos.

Considera-se **pesca para fins penais** todo ato tendente a retirar, extrair, coletar, apanhar, apreender ou capturar espécimes dos grupos dos peixes, crustáceos, moluscos e vegetais hidróbios, suscetíveis ou não de aproveitamento econômico, ressalvadas as espécies ameaçadas de extinção, constantes nas listas oficiais da fauna e da flora, na forma do artigo 30, da Lei 9.605/1998.

Por seu turno, boa parte dos delitos é de menor potencial ofensivo, existindo **figuras culposas nos artigos 38, 40, 41, 49, 54, 62, 67 e 68** da Lei 9.605/1998. Poucos delitos não se sujeitam a substituição da pena privativa de liberdade pela restritiva de direitos (a partir de quatro anos), a exemplo dos artigos 35 e 40. Existem crimes de dano e de perigo, sendo que estes devem ser privilegiados ante o caráter irreparável dos danos ambientais, em regra, à luz do Princípio da Prevenção.

Sempre a coletividade será sujeito passivo dos crimes ambientais, mesmo que o delito afete diretamente algum membro da sociedade, a exemplo do desmatamento ilegal de floresta particular.

Importante!

Existem causas **excludentes de ilicitude** no que concerne ao **abate de animais**, previstas no artigo 37, da Lei 9.605/1998:

- Em estado de necessidade, para saciar a fome do agente ou de sua família;
- Para proteger lavouras, pomares e rebanhos da ação predatória ou destruidora de animais, desde que legal e expressamente autorizado pela autoridade competente;
- Por ser nocivo o animal, desde que assim caracterizado pelo órgão competente.

Vários crimes ambientais não exigem efetivo dano ambiental para a sua consumação, sendo classificados como **delitos de perigo**, em observância ao *Princípio da Prevenção*, pois é preciso se antecipar às ações lesivas mais agressivas ao ambiente, tipificando a mera ameaça ao bem ambiental protegido pela norma penal incriminadora, ante o caráter irreparável *in natura* que tradicionalmente marca o dano ambiental, a exemplo dos delitos dos artigos 34, 52 e 60, da Lei 9.605/1998.

Vale registrar que, mesmo em se tratando de delitos ambientais materiais, o Ministério Público poderá ajuizar a denúncia durante o trâmite do processo administrativo no órgão ambiental, não sendo a conclusão da atuação administrativa condição de procedibilidade da ação penal, em razão da independência das instâncias de responsabilização ambiental.

Qual o entendimento do STJ sobre o assunto?

CRIMES CONTRA O MEIO AMBIENTE (ARTIGOS 39 E 40 DA LEI 9.605/1998). ALEGADA FALTA DE JUSTA CAUSA PARA A PERSECUÇÃO PENAL. DESNECESSIDADE DE CONCLUSÃO DO PROCESSO ADMINISTRATIVO PARA O OFERECIMENTO DA DENÚNCIA. INDEPENDÊNCIA ENTRE AS ESFERAS ADMINISTRATIVA E CRIMINAL. CONSTRANGIMENTO ILEGAL INEXISTENTE. 1. O trancamento de ação penal na via do *habeas corpus* é medida excepcional, só admitida quando restar provada, inequivocamente, sem a necessidade de exame valorativo do conjunto fático ou probatório, a atipicidade da conduta, a ocorrência de causa extintiva da punibilidade, ou, ainda, a ausência de indícios de autoria ou de prova da materialidade do delito. Precedentes. **2. No caso dos autos, muito embora os crimes ambientais pelos quais o paciente foi acusado (artigos 39 e 40 da Lei 9.605/1998) sejam materiais, dependendo da ocorrência de dano para que possam se caracterizar, não há dúvidas de que o Ministério Público não precisa aguardar a conclusão do processo administrativo instaurado junto ao IBAMA para deflagrar a respectiva ação penal.**

3. Isso porque as esferas administrativa e penal são independentes, razão pela qual o Parquet, dispondo de elementos mínimos para oferecer a denúncia, pode fazê-lo, prescindindo-se da apuração dos fatos pelo órgão administrativo competente. 4. Eventual celebração de termo de ajustamento de conduta não impede a persecução criminal, repercutindo apenas na dosimetria da eventual pena a ser cominada ao autor do ilícito ambiental. Precedentes (HC 160.525, de 05.03.2013).

Qual o entendimento do STJ sobre o assunto?

O cumprimento de Termo de Ajustamento de Conduta deve ser regido pelo Código Florestal vigente à época da celebração do acordo. REsp 1.802.754-SP, Rel. Min. Herman Benjamin, Segunda Turma, por unanimidade, julgado em 08/10/2019, DJe 11/09/2020.

DOS CRIMES CONTRA A FAUNA

Os crimes contra a fauna estão previstos no Capítulo V, Seção I, da Lei 9.605/1998. O delito capitulado no **artigo 29**, da Lei 9.605/1998, protege genericamente os animais integrantes da fauna silvestre, assim considerados todos aqueles pertencentes às espécies nativas, migratórias e quaisquer outras, aquáticas ou terrestres, que tenham todo ou parte de seu ciclo de vida ocorrendo dentro dos limites do território brasileiro, ou águas jurisdicionais brasileiras, *não se aplicando aos atos de pesca*:

TIPICIDADE	PENA
Matar, perseguir, caçar, apanhar, utilizar espécimes da fauna silvestre, nativos ou em rota migratória, sem a devida permissão, licença ou autorização da autoridade competente, ou em desacordo com a obtida	Detenção de seis meses a um ano, e multa

Foi prevista a possibilidade de concessão de perdão judicial na hipótese de guarda doméstica de espécie silvestre não considerada ameaçada de extinção, bem como uma causa de aumento até o triplo da pena, no caso de exercício de caça profissional.

Por sua vez, o **artigo 30** objetiva proteger os anfíbios e os répteis:

TIPICIDADE	PENA
Exportar para o exterior peles e couros de anfíbios e répteis em bruto, sem a autorização da autoridade ambiental competente	Reclusão, de um a três anos, e multa

Já o **artigo 31** tem o desiderato de manter o equilíbrio dos ecossistemas brasileiros, que poderá estar ameaçado com a inserção não autorizada de um animal exótico (de outro ecossistema):

TIPICIDADE	PENA
Introduzir espécime animal no País, sem parecer técnico oficial favorável e licença expedida por autoridade competente	Detenção, de três meses a um ano, e multa

O **artigo 32** visa à proteção de todos os animais vertebrados contra os maus-tratos ou mesmo a morte, tendo em vista se tratarem de seres vivos que sentem dor:

TIPICIDADE	PENA
Praticar ato de abuso, maus-tratos, ferir ou mutilar animais silvestres, domésticos ou domesticados, nativos ou exóticos	Detenção, de três meses a um ano, e multa

Vale frisar que estão sujeitos à mesma pena quem realiza experiência dolorosa ou cruel em animal vivo, ainda que para fins didáticos ou científicos, quando existirem recursos alternativos, assim como a morte do animal elevará a pena de um sexto a um terço.

No entanto, o Superior Tribunal de Justiça vem amenizando a imposição legal, pois possui precedente que assegura a manutenção da guarda doméstica de animal silvestre sem autorização ambiental, desde que de boa-fé e com bons cuidados.

Qual o entendimento do STJ sobre o assunto?

Informativo 550– DIREITO AMBIENTAL. POSSE IRREGULAR DE ANIMAIS SILVESTRES POR LONGO PERÍODO DE TEMPO. **O particular que, por mais de vinte anos, manteve adequadamente, sem indício de maus-tratos, duas aves silvestres em ambiente doméstico pode permanecer na posse dos animais.** Nesse caso específico, aplicar o art. 1.º da Lei 5.197/1967 ("Os animais de quaisquer espécies, em qualquer fase do seu desenvolvimento e que vivem naturalmente fora do cativeiro, constituindo a fauna silvestre, bem como seus ninhos, abrigos e criadouros naturais são propriedades do Estado, sendo proibida a sua utilização, perseguição, destruição, caça ou apanha") e o art. 25 da Lei 9.605/1998 ("Verificada a infração, serão apreendidos seus produtos e instrumentos, lavrando-se os respectivos autos") equivaleria à negação da sua finalidade, que não é decorrência do princípio da legalidade, mas uma inerência dele. A legislação deve buscar a efetiva proteção dos animais.

Assim, seria desarrazoado determinar a apreensão dos animais para duvidosa reintegração ao seu *habitat* e seria difícil identificar qualquer vantagem em transferir a posse para um órgão da Administração Pública. Ademais, no âmbito criminal, o art. 29, § 2.º, da Lei 9.605/1998 expressamente prevê que "no caso de guarda doméstica de espécie silvestre não considerada ameaçada de extinção, pode o juiz, considerando as circunstâncias, deixar de aplicar a pena". Precedente citado: REsp 1.084.347-RS, Segunda Turma, DJe 30/9/2010. **REsp 1.425.943-RN, Rel. Min. Herman Benjamin, julgado em 02.09.2014.**

Por força da **Lei 14.064/2020**, quando se tratar de cão ou gato, a pena para as condutas descritas será de reclusão, de 2 (dois) a 5 (cinco) anos, multa e proibição da guarda, tendo, portanto, sido criado um **tipo qualificado**.

Por força da **Lei 14.228/2021**, ficou vedada a eliminação da vida de cães e de gatos pelos órgãos de controle de zoonoses, canis públicos e estabelecimentos oficiais congêneres, com exceção da eutanásia nos casos de males, doenças graves ou enfermidades infectocontagiosas incuráveis que coloquem em risco a saúde humana e a de outros animais, sob pena de tipificação do delito do artigo 32 da Lei 9.605/98.

Qual o entendimento do STF sobre o assunto?

É inconstitucional a interpretação da legislação federal que possibilita o abate imediato de animais apreendidos em situação de maus-tratos.

Essa exegese — proposta por órgãos administrativos e adotada por autoridades judiciais — ofende normas materiais da Constituição Federal (CF), em especial o art. 225, § 1º, VII, que impõe a proteção à fauna e proíbe qualquer espécie de maus-tratos aos animais.

Embora sejam relevantes, os problemas estruturais e financeiros, mencionados nas decisões judiciais e nas manifestações administrativas, não autorizam o abate, e sim o uso de instrumentos descritos na legislação infraconstitucional, como a soltura em habitat natural ou em cativeiros, a doação a entidades especializadas ou a pessoas habilitadas e, inclusive, o leilão. A finalidade das normas protetivas não autoriza concluir que os animais devam ser resgatados de situações de maus-tratos para, logo em seguida, serem abatidos.

As decisões judiciais e as interpretações administrativas que justificam o abate preferencial e imediato desses animais violam também o princípio da legalidade (CF, art. 37, **caput**). Isso, porque inexiste autorização legal expressa que possibilite o abate no caso específico de apreensão em situação de maus-tratos, conforme se observa da literalidade do art. 25, §§ 1º e 2º, combinado com o art. 32 da Lei 9.605/1998 (Lei dos Crimes Ambientais), bem assim dos arts. 101, 102 e 103 do Decreto 6.514/2008.

Com base nesse entendimento, o Plenário, por unanimidade, julgou procedente o pedido formulado em arguição de descumprimento de preceito fundamental para declarar a ilegitimidade da interpretação dos arts. 25, §§ 1º e 2º da Lei 9.605/1998, bem como dos artigos 101, 102 e 103 do Decreto 6.514/2008 e demais normas infraconstitucionais, que autorizem o abate de animais apreendidos em situação de maus-tratos. ADPF 640 MC-Ref/DF, relator Min. Gilmar Mendes, julgamento virtual finalizado em 17.9.2021 (sexta-feira), às 23:59.

O **artigo 33** veicula um delito de poluição bem específico que tem o desiderato de proteger os espécimes da fauna aquática:

TIPICIDADE	PENA
Provocar, pela emissão de efluentes ou carreamento de materiais, o perecimento de espécimes da fauna aquática existentes em rios, lagos, açudes, lagoas, baías ou águas jurisdicionais brasileiras	Detenção, de um a três anos, ou multa, ou ambas cumulativamente

Já o **artigo 34** busca punir a pesca praticada em locais ou períodos proibidos (normalmente durante o período de reprodução), sendo necessário um complemento do Poder Público para o fechamento do tipo (norma penal em branco), pois o dispositivo não especifica o impedimento da pesca:

TIPICIDADE	PENA
Pescar em período no qual a pesca seja proibida ou em lugares interditados por órgão competente	Detenção de um ano a três anos ou multa, ou ambas as penas cumulativamente

Qual o entendimento do STJ sobre o assunto?

O STJ que "embora o delito tenha ocorrido em rio interestadual, na espécie, os danos ambientais decorrentes da prática da pesca predatória possuem apenas dimensão local, restringindo-se ao Município de Coromandel/MG, motivo pelo qual deve ser aplicada a regra da competência da jurisdição estadual" (3ª Seção, AgRg no CC 145487, de 28/9/2016).

Vale ressaltar que, de acordo com o artigo 36, da Lei 9.605/1998, para efeitos criminais, "considera-se pesca todo ***ato tendente*** a retirar, extrair, coletar, apanhar, apreender ou capturar espécimes dos grupos dos peixes, crustáceos, moluscos e vegetais hidróbios, suscetíveis ou não de aproveitamento econômico, ressalvadas as espécies ameaçadas de extinção, constantes nas listas oficiais da fauna e da flora".

Assim, a tentativa de retirada de vegetais da água, peixes, moluscos e crustáceos é suficiente para que haja a consumação do crime do artigo 34, da Lei 9.605/1998, razão pela qual ele não admite tentativa (delito de atentado ou empreendimento).

De seu turno, o **artigo 35** pune mais gravemente a pesca promovida com o manejo de explosivos ou substâncias tóxicas, em razão da maior lesividade ambiental:

TIPICIDADE	PENA
Pescar mediante a utilização de: I – explosivos ou substâncias que, em contato com a água, produzam efeito semelhante; II – substâncias tóxicas, ou outro meio proibido pela autoridade competente	Reclusão de um ano a cinco anos

Por fim, o **artigo 37** prevê hipóteses de exclusão da ilicitude da conduta nos crimes ambientais, **não sendo considerado delito contra o meio ambiente** o abate de animais quando realizado:

- Em estado de necessidade, para saciar a fome do agente ou de sua família;
- Para proteger lavouras, pomares e rebanhos da ação predatória ou destruidora de animais, desde que legal e expressamente autorizado pela autoridade competente;
- Por ser nocivo o animal, desde que assim caracterizado pelo órgão competente.

DOS CRIMES CONTRA A FLORA

Os crimes contra a flora estão previstos no Capítulo V, Seção II, da Lei 9.605/1998. O **artigo 38** confere proteção penal às florestas situadas em APP, ou seja, as vegetações arbóreas densas das áreas dos artigos 4.º e 6.º do Código Florestal de 2012:

TIPICIDADE	PENA
Destruir ou danificar floresta considerada de preservação permanente, mesmo que em formação, ou utilizá-la com infringência das normas de proteção	Detenção, de um a três anos, ou multa, ou ambas as penas cumulativamente

Ainda é prevista a modalidade culposa (dano culposo), com pena reduzida à metade.

Já o **artigo 38-A**, inserido pela Lei 11.428/2006, é específico para a **proteção do Bioma Mata Atlântica**. Em decorrência do Princípio da Intervenção Mínima, o artigo 38-A, da Lei 11.428/2006, apenas protege a Mata Atlântica primária e secundária em estado avançado e médio de regeneração:

TIPICIDADE	PENA
Destruir ou danificar vegetação primária ou secundária, em estágio avançado ou médio de regeneração, do Bioma Mata Atlântica, ou utilizá-la com infringência das normas de proteção	Detenção, de 1 (um) a 3 (três) anos, ou multa, ou ambas as penas cumulativamente

Ainda é prevista a modalidade culposa (dano culposo), com pena reduzida à metade.

Já o **artigo 39**, da Lei 9.605/1998, é específico para a proteção de árvores situadas em florestas de preservação permanente, sendo especial com relação ao tipo do artigo 38:

TIPICIDADE	PENA
Cortar árvores em floresta considerada de preservação permanente, sem permissão da autoridade competente	Detenção, de um a três anos, ou multa, ou ambas as penas cumulativamente

Os **artigos 40 e 40-A** protegem as unidades de conservação, tanto as de *proteção integral* (Estações Ecológicas, Reservas Biológicas, Parques Nacionais, Monumentos Naturais e Refúgios de Vida Silvestre) quanto as de **uso sustentável** (Áreas de Proteção Ambiental, Áreas de Relevante Interesse Ecológico, Florestas Nacionais, Reservas Extrativistas, Reservas de Fauna, Reservas de Desenvolvimento Sustentável e Reservas Particulares do Patrimônio Natural).

TIPICIDADE	PENA
Causar dano direto ou indireto às Unidades de Conservação e às áreas de que trata o art. 27 do Decreto 99.274, de 6 de junho de 1990, independentemente de sua localização	Reclusão, de um a cinco anos

Ainda é prevista a modalidade culposa (dano culposo), com pena reduzida à metade.

O **artigo 41** tem o propósito de tutelar as matas e florestas contra os incêndios causados dolosamente, sendo que o delito admite modalidade culposa, mas com pena de detenção de seis meses a um ano, e multa:

TIPICIDADE	PENA
Provocar incêndio em floresta ou em demais formas de vegetação: **(Redação dada pela Lei nº 14.944, de 2024)**	Reclusão, de dois a quatro anos, e multa

Com o advento da Lei 14.944/2024, as demais formas de vegetação passaram a contar com a tutela penal diante da ampliação do lastro protetivo do tipo, para incêndios a contar de 01/08/2024.

Já o **artigo 42** criminaliza a conduta daqueles que soltam, fabricam, transportam ou vendem balões, pois há um elevado risco de incêndio tanto em áreas urbanas quanto em rurais:

TIPICIDADE	PENA
Fabricar, vender, transportar ou soltar balões que possam provocar incêndios nas florestas e demais formas de vegetação, em áreas urbanas ou qualquer tipo de assentamento humano	Detenção de um a três anos ou multa, ou ambas as penas cumulativamente

O delito do **artigo 43** foi vetado.

Por sua vez, o **artigo 44** contempla um tipo especial de extração de recursos minerais desautorizada, mas apenas em áreas públicas ou de preservação permanente:

TIPICIDADE	PENA
Extrair de florestas de domínio público ou consideradas de preservação permanente, sem prévia autorização, pedra, areia, cal ou qualquer espécie de minerais	Detenção, de seis meses a um ano, e multa

O **artigo 45** objetiva evitar que as madeiras mais nobres sejam transformadas em carvão, mas ainda não tem aplicabilidade, pois inexiste na atualidade um ato do Pode Público listando as madeiras de lei:

TIPICIDADE	PENA
Cortar ou transformar em carvão madeira de lei, assim classificada por ato do Poder Público, para fins industriais, energéticos ou para qualquer outra exploração, econômica ou não, em desacordo com as determinações legais	Reclusão, de um a dois anos, e multa

Já o **artigo 46** criminaliza a conduza daqueles que recebem, adquirem, vendem, compram, guardam ou transportam produtos de origem vegetal não beneficiados, especialmente a madeira, sem a licença ou autorização ambiental:

TIPICIDADE	PENA
Receber ou adquirir, para fins comerciais ou industriais, madeira, lenha, carvão e outros produtos de origem vegetal, sem exigir a exibição de licença do vendedor, outorgada pela autoridade competente, e sem munir-se da via que deverá acompanhar o produto até final beneficiamento. Incorre nas mesmas penas quem vende, expõe à venda, tem em depósito, transporta ou guarda madeira, lenha, carvão e outros produtos de origem vegetal, sem licença válida para todo o tempo da viagem ou do armazenamento, outorgada pela autoridade competente.	Detenção, de seis meses a um ano, e multa

O crime do **artigo 47** foi vetado.

O delito do **artigo 48** criminaliza a conduta daqueles que impedem ou dificultam a regeneração natural da vegetação de maneira clandestina, a exemplo da construção de prédio ou do lançamento de sementes na área em que poderia ocorrer a regeneração:

TIPICIDADE	PENA
Impedir ou dificultar a regeneração natural de florestas e demais formas de vegetação	Detenção, de seis meses a um ano, e multa

O crime do **artigo 49** objetiva proteger as plantas de ornamentação. Entende-se que tipificar essa conduta viola o caráter fragmentário do Direito Penal e o Princípio da Proporcionalidade, especialmente por existir uma modalidade culposa (pena de um a seis meses, ou multa) sendo um exagero do legislador:

TIPICIDADE	PENA
Destruir, danificar, lesar ou maltratar, por qualquer modo ou meio, plantas de ornamentação de logradouros públicos ou em propriedade privada alheia	Detenção, de três meses a um ano, ou multa, ou ambas as penas cumulativamente

Por seu turno, no **artigo 50** o legislador objetivou proteger florestas que fixam dunas ou mangues, mas não houve definição do que é "objeto de especial preservação":

TIPICIDADE	PENA
Destruir ou danificar florestas nativas ou plantadas ou vegetação fixadora de dunas, protetora de mangues, objeto de especial preservação	Detenção, de três meses a um ano, e multa

O **artigo 50-A** foi inserido através da Lei 11.284/2006 e objetiva a proteção de florestas públicas especialmente na Amazônia:

TIPICIDADE	PENA
Desmatar, explorar economicamente ou degradar floresta, plantada ou nativa, em terras de domínio público ou devolutas, sem autorização do órgão competente	Reclusão de 2 (dois) a 4 (quatro) anos e multa

De efeito, há uma causa de aumento de pena para os desmatamentos acima de 1.000 ha, de um ano para cada milhar de hectare desmatado.

Por sua vez, ainda foi prevista uma excludente especial de ilicitude, não sendo crime a conduta praticada quando necessária à subsistência imediata pessoal do agente ou de sua família.

Qual o entendimento do STJ sobre o assunto?

A proteção pública e notória da Amazônia Legal afasta a alegação de inépcia da denúncia por ausência de indicação da norma complementar para a tipificação do crime ambiental previsto no art. 50-A da Lei n. 9.605/1998. *AgRg no AREsp 2.710.097-RR, Rel. Ministro Ribeiro Dantas, Quinta Turma, por unanimidade, julgado em 4/2/2025.*

O **artigo 51** criminaliza a conduta daqueles que comercializam motosserras ou as utilizam em vegetação sem autorização ou licença ambiental:

TIPICIDADE	PENA
Comercializar motosserra ou utilizá-la em florestas e nas demais formas de vegetação, sem licença ou registro da autoridade competente	Detenção, de três meses a um ano, e multa.

No **artigo 52** foi cristalizado um delito de perigo, pois a mera ameaça às unidades de conservação foi criminalizada através da seguinte conduta:

TIPICIDADE	PENA
Penetrar em Unidades de Conservação conduzindo substâncias ou instrumentos próprios para caça ou para exploração de produtos ou subprodutos florestais, sem licença da autoridade competente	Detenção, de seis meses a um ano, e multa

Finalmente, o **artigo 53** instituiu causas de aumento de pena para os crimes contra a flora de um sexto a um terço, que apenas serão aplicadas quanto não constituírem ou qualificarem os delitos para que não haja *bis in idem*:

- Do fato resulta a diminuição de águas naturais, a erosão do solo ou a modificação do regime climático;
- O crime é cometido: no período de queda das sementes; no período de formação de vegetações; contra espécies raras ou ameaçadas de extinção, ainda que a ameaça ocorra somente no local da infração; em época de seca ou inundação; durante a noite, em domingo ou feriado.

DOS CRIMES DE POLUIÇÃO E OUTROS CRIMES AMBIENTAIS

O crime de poluição e outros delitos contra o ambiente estão previstos no Capítulo V, Seção III, da Lei 9.605/1998. Já no **artigo 54** foi capitulado um dos crimes ambientais mais importantes, o de poluição.

Por óbvio, apenas será considerada criminosa a poluição ilícita, ou seja, a que não está amparada em licenciamento ambiental ou é promovida em desconformidade com a licença ou autorização ambiental obtida.

Ademais, apenas a poluição mais grave foi tipificada, em quatro núcleos alternativos do tipo penal:

TIPICIDADE	PENA
Causar poluição de qualquer natureza em níveis tais que resultem ou possam resultar em danos à saúde humana, ou que provoquem a mortandade de animais ou a destruição significativa da flora	Reclusão, de um a quatro anos, e multa

Qual o entendimento do STJ sobre o assunto?

Existia controvérsia no STJ sobre a necessidade de perícia oficial para demonstrar a tipicidade da conduta deste delito. A 3ª Seção, no julgamento do EREsp 1.417.279-SC, Rel. Min. Joel Ilan Paciornik, por unanimidade, julgado em 11/04/2018, decidiu que o delito previsto na primeira parte do artigo 54 da Lei n. 9.605/1998 possui **natureza formal**, sendo suficiente a potencialidade de dano à saúde humana para configuração da conduta delitiva: "Cinge-se a controvérsia a saber se é necessária a realização de perícia técnica para a comprovação do dano efetivo à saúde humana no que tange à caracterização de crime ambiental consubstanciado em causar poluição de qualquer natureza. Quanto ao ponto, o acórdão embargado entendeu que "o delito previsto na primeira parte do art. 54 da Lei n. 9.605/1998 exige prova do risco de dano, sendo insuficiente para configurar a conduta delitiva a mera potencialidade de dano à saúde humana". Já para o acórdão paradigma, "o delito previsto na primeira parte do artigo 54, da Lei n. 9.605/1998, possui natureza formal, porquanto o risco, a potencialidade de dano à saúde humana, é suficiente para configurar a conduta delitiva, não se exigindo, portanto, resultado naturalístico e, consequentemente, a realização de perícia" (AgRg no REsp 1.418.795-SC, Rel. Ministro Marco Aurélio Bellize, Rel. para acórdão Regina Helena Costa, Quinta Turma, DJe 7/8/2014). **Deve prevalecer o entendimento do**

acórdão paradigma e nos casos em que forem reconhecidas a autoria e a materialidade da conduta descrita no art. 54, § 2º, V, da Lei n. 9.605/1998, a potencialidade de dano à saúde humana é suficiente para configuração da conduta delitiva, haja vista a natureza formal do crime, não se exigindo, portanto, a realização de perícia" (Informativo STJ 624).

Qual o entendimento do STJ sobre o assunto?

As condutas delituosas previstas nos artigos 54, § 1º, I, II, III e IV e § 3º e 56, § 1º, I e II, c/c 58, I, da Lei n. 9.605/1998, que se resumem na ação de causar poluição ambiental que provoque danos à população e ao próprio ambiente, em desacordo com as exigências estabelecidas na legislação de proteção, e na omissão em adotar medidas de precaução nos casos de risco de dano grave ou irreversível ao ecossistema, são de natureza permanente, para fins de aferição da prescrição. AgRg no REsp 1.847.097-PA, Rel. Min. Joel Ilan Paciornik, Quinta Turma, por unanimidade, julgado em 05/03/2020, DJe 13/03/2020

Qual o entendimento do STJ sobre o assunto?

Em situação mais gravosa, o STJ admitiu a **poluição sonora** como hipótese de tipificação do delito do artigo 54 da Lei 9.605/98, inclusive o classificando como **crime de perigo abstrato**, dispensando prova pericial: "O Tribunal estadual desclassificou a conduta do art. 54, *caput*, da Lei n. 9.605/1998 (poluição sonora) para a prevista no art. 42 do Decreto Lei n. 3.688/1941 (contravenção de perturbação) essencialmente porque não realizada prova técnica para comprovação do dano ou da probabilidade do dano à saúde dos moradores locais, embora constatado que houve elevação sonora acima da fixada em regulamentação específica.

Contudo, referido entendimento não encontra amparo na jurisprudência do STJ, pois o crime do art. 54, *caput*, da Lei n. 9.605/1998, primeira parte, se trata de **crime formal, de perigo abstrato**, prescindindo de prova pericial para constatação de poluição que possa resultar em danos à saúde humana diante do desrespeito às regras de emissão sonora.

Nessa linha, nos termos do entendimento desta Corte, "1. A emissão de som, quando em desacordo com os padrões estabelecidos, provocará a degradação da qualidade ambiental. 2. A conduta narrada na denúncia mostra-se plenamente adequada à descrição típica constante no art. 54, *caput*, e § 2º, I, da Lei n. 9.605/1998, c/c o art. 3º, III, da Lei n. 6.938/1981, **pois descreve**

a emissão pela pessoa jurídica de ruídos acima dos padrões estabelecidos pela NBR 10.151, causando, por conseguinte, prejuízos à saúde humana, consoante preconiza a Resolução do Conama n. 01/1990." (AgRg no REsp 1.442.333/RS, Rel. Ministro Sebastião Reis Júnior, Sexta Turma, DJe de 27/6/2016).

Desse modo, no caso, diante do comprovado desrespeito às regras de emissão sonora constatado pelas instâncias ordinárias em decorrência de levantamento de ruídos ambiental, indevida a desclassificação operada pelo Tribunal *a quo* com fundamento na falta de realização de prova técnica para comprovação do dano ou da probabilidade do dano à saúde dos moradores locais". *AgRg no REsp 2.130.764-MG, Rel. Ministro Joel Ilan Paciornik, Quinta Turma, por unanimidade, julgado em 16/9/2024, DJe 18/9/2024.*

Esta infração penal ainda admite a modalidade culposa, com pena de detenção, de seis meses a um ano, e multa. Ainda foi previsto o delito de *poluição qualificada* pelo maior desvalor do resultado:

TIPICIDADE	PENA
Se o crime: tornar uma área, urbana ou rural, imprópria para a ocupação humana; causar poluição atmosférica que provoque a retirada, ainda que momentânea, dos habitantes das áreas afetadas, ou que cause danos diretos à saúde da população; causar poluição hídrica que torne necessária a interrupção do abastecimento público de água de uma comunidade; dificultar ou impedir o uso público das praias; ocorrer por lançamento de resíduos sólidos, líquidos ou gasosos, ou detritos, óleos ou substâncias oleosas, em desacordo com as exigências estabelecidas em leis ou regulamentos	Reclusão, de um a cinco anos

Existe também um tipo *omissivo formal* com a mesma pena do tipo qualificado para quem deixar de adotar, quando assim o exigir a autoridade competente, medidas de precaução em caso de risco de dano ambiental grave ou irreversível.

De sua vez, colaciona-se abaixo a conduta criminalizada e as penas dos demais delitos capitulados na Seção III:

ARTIGO	TIPICIDADE	PENA
55	Executar pesquisa, lavra ou extração de recursos minerais sem a competente autorização, permissão, concessão ou licença, ou em desacordo com a obtida Nas mesmas penas incorre quem deixa de recuperar a área pesquisada ou explorada, nos termos da autorização, permissão, licença, concessão ou determinação do órgão competente	Detenção, de seis meses a um ano, e multa
56	Produzir, processar, embalar, importar, exportar, comercializar, fornecer, transportar, armazenar, guardar, ter em depósito ou usar produto ou substância tóxica, perigosa ou nociva à saúde humana ou ao meio ambiente, em desacordo com as exigências estabelecidas em leis ou nos seus regulamentos	Reclusão, de um a quatro anos, e multa
	Modalidade culposa	Detenção, de seis meses a um ano, e multa
60	Construir, reformar, ampliar, instalar ou fazer funcionar, em qualquer parte do território nacional, estabelecimentos, obras ou serviços potencialmente poluidores, sem licença ou autorização dos órgãos ambientais competentes, ou contrariando as normas legais e regulamentares pertinentes	Detenção, de um a seis meses, ou multa, ou ambas as penas cumulativamente
61	Disseminar doença ou praga ou espécies que possam causar dano à agricultura, à pecuária, à fauna, à flora ou aos ecossistemas	Reclusão, de um a quatro anos, e multa

Qual o entendimento do STJ sobre o assunto?

Embora os recursos minerais sejam originariamente bens da União, a atual posição do STJ prevê que este delito do **artigo 55 da Lei 9.605/98 é de competência da Justiça Estadual**, mas, apenas pela conexão com o delito do artigo 2º da Lei 8.176/91, será atraído para a Justiça Federal: "A denúncia relata a prática dos crimes previstos nos arts. 55 da Lei n. 9.605/98 e 2º da Lei n. 8.176/91, este de competência da Justiça Federal, aquele de competência da Justiça Estadual. A conexão entre ambas as condutas impõe o processamento do feito perante a Justiça Federal, a teor do que preceitua a Súmula n. 122 do STJ (RHC 50160 / MG, de 16/9/2014).

Qual o entendimento do STJ sobre o assunto?

Para o Superior Tribunal de Justiça, no julgamento do *Habeas Corpus* 147.541, de 16.12.2010, "para a caracterização do delito previsto no art. 60 da Lei 9.605/1998, a poluição gerada deve ter a capacidade de, ao menos, poder causar danos à saúde humana".

Vale frisar que os crimes ambientais dos **artigos 57 e 59** foram vetados pelo Presidente da República. Já o **artigo 58** instituiu causas de aumento de pena para os crimes ambientais da Seção III:

- De um sexto a um terço, se resulta dano irreversível à flora ou ao meio ambiente em geral;
- De um terço até a metade, se resulta lesão corporal de natureza grave em outrem;
- Até o dobro, se resultar a morte de outrem.

DOS CRIMES CONTRA O ORDENAMENTO URBANO E O PATRIMÔNIO CULTURAL

Na Seção IV foram protegidos pela norma penal os bens integrantes do meio ambiente cultural e artificial:

ARTIGO	TIPICIDADE	PENA
62	Destruir, inutilizar ou deteriorar: bem especialmente protegido por lei, ato administrativo ou decisão judicial; arquivo, registro, museu, biblioteca, pinacoteca, instalação científica ou similar protegido por lei, ato administrativo ou decisão judicial	Reclusão, de um a três anos, e multa

ARTIGO	TIPICIDADE	PENA
62	Modalidade culposa	De seis meses a um ano de detenção, sem prejuízo da multa
63	Alterar o aspecto ou estrutura de edificação ou local especialmente protegido por lei, ato administrativo ou decisão judicial, em razão de seu valor paisagístico, ecológico, turístico, artístico, histórico, cultural, religioso, arqueológico, etnográfico ou monumental, sem autorização da autoridade competente ou em desacordo com a concedida	Reclusão, de um a três anos, e multa
64	Promover construção em solo não edificável, ou no seu entorno, assim considerado em razão de seu valor paisagístico, ecológico, artístico, turístico, histórico, cultural, religioso, arqueológico, etnográfico ou monumental, sem autorização da autoridade competente ou em desacordo com a concedida	Detenção, de seis meses a um ano, e multa
65	Pichar ou por outro meio conspurcar edificação ou monumento urbano	Detenção, de 3 (três) meses a 1 (um) ano, e multa
	Se o ato for realizado em monumento ou coisa tombada em virtude do seu valor artístico, arqueológico ou histórico Tipo qualificado	Pena de 6 (seis) meses a 1 (um) ano de detenção e multa

Qual o entendimento do STJ sobre o assunto?

O delito de causar dano em unidade de conservação (art. 40 da Lei n. 9.605/1998) pode ser absorvido pelo delito de construir em solo que, por seu valor ecológico, não é edificável (art. 64 da Lei n. 9.605/1998). REsp 1.925.717-SC, Rel. Min. Ribeiro Dantas, Quinta Turma, por unanimidade, julgado em 25/05/2021, DJe 28/05/2021.

Vale frisar que a Lei 12.248/2011, que alterou a redação do artigo 65, da Lei 9.605/1998, passou a prever que não constitui crime a prática de grafite realizada com o objetivo de valorizar o patrimônio público ou privado mediante manifestação artística, desde que consentida pelo proprietário e, quando couber, pelo locatário ou arrendatário do bem privado e, no caso de bem público, com a autorização do órgão competente e a observância das posturas municipais e das normas editadas pelos órgãos governamentais responsáveis pela preservação e conservação do patrimônio histórico e artístico nacional.

Mesmo antes dessa inovação, o grafite artístico com autorização do Poder Público ou do proprietário do bem não constituía crime ambiental, pois a ilicitude da conduta era excluída pelo exercício regular do direito, pois admitida pelo ordenamento jurídico.

DOS CRIMES CONTRA A ADMINISTRAÇÃO AMBIENTAL

Na Seção V foram capitulados os delitos praticados contra a Administração Pública Ambiental:

ARTIGO	TIPICIDADE	PENA
66	Fazer o funcionário público afirmação falsa ou enganosa, omitir a verdade, sonegar informações ou dados técnico-científicos em procedimentos de autorização ou de licenciamento ambiental	Reclusão, de um a três anos, e multa
67	Conceder o funcionário público licença, autorização ou permissão em desacordo com as normas ambientais, para as atividades, obras ou serviços cuja realização depende de ato autorizativo do Poder Público	Detenção, de um a três anos, e multa
67	Modalidade culposa	De três meses a um ano de detenção, sem prejuízo da multa
68	Deixar, aquele que tiver o dever legal ou contratual de fazê-lo, de cumprir obrigação de relevante interesse ambiental	Detenção, de um a três anos, e multa
	Modalidade culposa	De três meses a um ano, sem prejuízo da multa

ARTIGO	TIPICIDADE	PENA
69	Obstar ou dificultar a ação fiscalizadora do Poder Público no trato de questões ambientais	Detenção, de um a três anos, e multa
69-A	Elaborar ou apresentar, no licenciamento, concessão florestal ou qualquer outro procedimento administrativo, estudo, laudo ou relatório ambiental total ou parcialmente falso ou enganoso, inclusive por omissão	Reclusão, de 3 (três) a 6 (seis) anos, e multa
69-A	Modalidade culposa	Detenção, de 1 (um) a 3 (três) anos
	Se há dano significativo ao meio ambiente, em decorrência do uso da informação falsa, incompleta ou enganosa	Aumento de pena de 1/3 a 2/3

1.11. SISTEMA NACIONAL DA UNIDADES DE CONSERVAÇÃO

As unidades de conservação constituem mais uma modalidade de espaços ambientais territoriais especialmente protegidos a serem instituídos pelo Poder Público.

O seu regramento atual está consignado pela Lei 9.985/2000, que aprovou o SNUC – Sistema Nacional de Unidades de Conservação da Natureza, regulamentado parcialmente pelo Decreto 4.340/2002, prevendo **doze modalidades de unidades de conservação** que serão vistas nos itens seguintes, repartidas em dois grandes grupos.

Contudo, antes da promulgação da Lei do SNUC, alguns desses espaços territoriais já existiam em nosso ordenamento jurídico, mas de maneira esparsa na legislação ambiental, a exemplo das áreas de proteção ambiental e das estações ecológicas, já tratadas pela Lei 6.902/1981, bem como das florestas nacionais (art. 5.º, *b*, da Lei 4.771/1965 – antigo Código Florestal).

No Brasil, em 1937, a primeira unidade de conservação instituída oficialmente foi o Parque Nacional de Itatiaia, mediante a edição do Decreto 1.713, subscrito por Getúlio Vargas.

Mundialmente, os EUA foram os pioneiros, ao criarem o Parque Nacional de Yellowstone, em 1872, conhecido das crianças por ser a moradia do *Urso Zé Colmeia*.

De acordo com o artigo 2.º, inciso I, da Lei 9.985/2000, **unidade de conservação** *é o* "espaço territorial e seus recursos ambientais, incluindo as águas jurisdicionais, com as características naturais relevantes, legalmente instituído pelo Poder Público, com objetivos de conservação e limites definidos, sob regime especial de administração, ao qual se aplicam garantias adequadas de proteção".

Esse conceito abarca as unidades de conservação de todas as entidades políticas, sendo possível a inclusão na área da unidade de conservação do **subsolo e do espaço aéreo**, sempre que influírem na estabilidade do ecossistema.

Importante!

As unidades de conservação poderão ser **criadas** por ato do Poder Público **(lei ou decreto), mas apenas extintas ou reduzidas por lei**, nos termos do art. 225, § 1.º, III, da Constituição Federal.

No caso da RPPN (reserva particular do patrimônio natural), espécie de unidade de conservação do grupo de uso sustentável, é possível a sua criação por portaria do órgão ambiental, após celebração Termo de Compromisso averbado à margem da inscrição no Registro Público de Imóveis, nos termos do artigo 2.º do Decreto 5.746/2006.

Outrossim, **a desafetação de uma unidade de conservação também depende de lei**, mesmo que a mesma tenha sido instituída por decreto, consistindo no ato da Administração Pública que altera o regime jurídico de um bem público, que passará a integrar a classe dominial.

Inclusive, a **desafetação de unidade de conservação por medida provisória é inconstitucional**, mesmo que esta seja convertida em lei, pois a precariedade de uma MP não é compatível com a exigência constitucional de lei, que já passou pelo crivo do Poder Legislativo.

Qual o entendimento do STF sobre o assunto?

O Plenário, em conclusão de julgamento, conheceu em parte de ação direta e, nessa parte, julgou procedente o pedido para, sem pronunciamento de nulidade, **declarar a inconstitucionalidade da Medida Provisória 558/2012, convertida na Lei 12.678/2012**.

A ação direta foi conhecida apenas na parte em que aponta violação dos artigos 62 e 225, § 1º, III, da Constituição Federal (CF) (1), relativamente às alterações de limites de parques e florestas nacionais, de área de proteção ambiental e de unidades de conservação, as quais foram promovidas com o objetivo de construção de usinas hidrelétricas (Informativo 873).

Quanto ao aspecto formal, o Tribunal reafirmou a possibilidade, ainda que em caráter excepcional, de declaração de inconstitucionalidade de medidas provisórias quando se afigure evidente o abuso do poder de legislar pelo Chefe do Executivo, em razão da indubitável ausência dos requisitos constitucionais de relevância e urgência.

Asseverou que não ficou demonstrado, de forma satisfatória, a presença dos mencionados requisitos. À época da edição da medida provisória, os empreendimentos hidrelétricos que justificariam a desafetação das áreas protegidas ainda dependiam de licenciamentos ambientais, nos quais deveriam ser analisados os impactos e avaliada a conveniência e escolha dos sítios a serem efetivamente alagados.

Reconheceu a impossibilidade de diminuição ou supressão de espaços territoriais especialmente protegidos por meio de medida provisória. A proteção ao meio ambiente é um limite material implícito à edição de medida provisória, ainda que não conste expressamente do elenco das limitações previstas no art. 62, § 1º, da CF (2).

Ademais, normas que importem diminuição da proteção ao meio ambiente equilibrado só podem ser editadas por meio de lei formal, com amplo debate parlamentar e participação da sociedade civil e dos órgão e instituições de proteção ambiental, como forma de assegurar o direito de todos ao meio ambiente ecologicamente equilibrado. A adoção de medida provisória nessas hipóteses possui evidente potencial de causar prejuízos irreversíveis ao meio ambiente na eventualidade de não ser convertida em lei.

Sob o prisma material, o Colegiado considerou que a norma impugnada contrariou o princípio da proibição de retrocesso socioambiental. Isso porque as alterações legislativas atingiram o núcleo essencial do direito fundamental ao meio ambiente ecologicamente equilibrado (art. 225 da CF).

Enfatizou, ainda, que a aplicação do princípio da proibição do retrocesso socioambiental não pode engessar a ação legislativa e administrativa, sendo forçoso admitir certa margem de discricionariedade às autoridades públicas em matéria ambiental (ADI 4.350/DF). **ADI 4717/DF, rel. Min. Cármen Lúcia, julgamento em 5.4.2018. (ADI-4717).**

As unidades de conservação poderão ser compostas por áreas públicas ou particulares, a depender da modalidade. Caso o Poder Público institua uma UC pública em área particular, salvo se o particular fizer a doação do espaço, será necessária a sua desapropriação, na modalidade utilidade pública, nos termos do Decreto-lei 3.365/1941 (art. 5.º, alínea *k*), devendo ser indenizada em pecúnia a terra nua e a cobertura florística explorável, e não em títulos públicos, pois essa intervenção estatal supressiva da propriedade é não sancionatória.

Frise-se que o artigo 45, da Lei do SNUC, exclui da indenização as espécies arbóreas declaradas imunes ao corte, os lucros cessantes, os juros compostos e as áreas que não tenham prova inequívoca do domínio anterior à criação da unidade de conservação.

Também será possível a desapropriação de áreas públicas, caso uma entidade política de maior abrangência territorial resolva criar UC em área de outra.

Importante!

A criação de uma unidade de conservação deverá ser precedida de **estudos técnicos** e de **consulta pública** que permitam identificar a localização, a dimensão e os limites mais adequados para a unidade, sendo **dispensável** este último requisito para as **estações ecológicas e reservas biológicas**, pois foi presumido legalmente o interesse público.

Conquanto **não seja vinculante**, à míngua de previsão legal que lhe dê essa força, a consulta pública não poderá ser dispensada, sob pena invalidade do ato de criação.

Qual o entendimento do STF sobre o assunto?

Quando da edição do Decreto de 27.02.2001, a Lei n.º 9.985/2000 não havia sido regulamentada. A sua regulamentação só foi implementada em 22 de agosto de 2002, com a edição do Decreto n.º 4.340/2002. **O processo de criação e ampliação das unidades de conservação deve ser precedido da regulamentação da lei, de estudos técnicos e de consulta pública. O parecer emitido pelo Conselho Consultivo do Parque não pode substituir a consulta exigida na lei.** O Conselho não tem poderes para representar a população local. Concedida a segurança, ressalvada a possibilidade da edição de novo decreto (MS 24.184, de 13.08.2003).

A ampliação dos limites territoriais de unidade de conservação também necessita de consulta pública e estudos técnicos no que concerne ao *acréscimo* proposto.

Qual o entendimento do STF sobre o assunto?

Unidade de conservação. Estação ecológica. **Ampliação dos limites originais na medida do acréscimo**, mediante decreto do Presidente da República. Inadmissibilidade. Falta de estudos técnicos e de consulta pública. Requisitos prévios não satisfeitos. Nulidade do ato pronunciada. Ofensa a direito líquido e certo. Concessão do mandado de segurança. Inteligência do art. 66, §§ 2.º e 6.º, da Lei 9.985/2000. Votos vencidos. **A ampliação dos limites de estação ecológica, sem alteração dos limites originais, exceto pelo acréscimo proposto, não pode ser feita sem observância dos requisitos prévios de estudos técnicos e consulta pública** (MS 24.665, de 01.12.2004).

Qual o entendimento do STF sobre o assunto?

De acordo com o STF, "o § 2.º do art. 22 da Lei nº 9.985/2000 não exige que os estudos técnicos estejam concluídos por ocasião das consultas públicas, mas, tão somente, por ocasião da criação da própria unidade de conservação" (MS 26.189 AgR, de 06.03.2013).

O **SNUC – Sistema Nacional de Unidades de Conservação**, instituído pela Lei 9.985/2000, é **constituído pelo conjunto das unidades de conservação federais, distritais, estaduais e municipais**, objetivando manter a diversidade biológica, através da preservação e restauração da diversidade dos ecossistemas naturais e da proteção das espécies ameaçadas de extinção, alcançando o tão sonhado desenvolvimento sustentável.

São órgãos responsáveis pela gestão do SNUC:

A) **órgão consultivo e deliberativo**: Conselho Nacional do Meio Ambiente – CONAMA;

B) **órgão central**: Ministério do Meio Ambiente (MMA);

C) **órgãos executores**: Instituto Chico Mendes de Conservação e Biodiversidade – ICMBIO e o Instituto Brasileiro do Meio Ambiente e dos Recursos Naturais Renováveis IBAMA, este em caráter supletivo; órgãos estaduais, distritais e municipais.

Importante!

As unidades de conservação se dividem em dois grandes grupos: ***Unidades de Proteção Integral*** e ***Unidades de Uso Sustentável***.

Nas ***Unidades de Proteção Integral*** deverá ser observada a manutenção dos ecossistemas livres de alterações causadas por interferência humana, **se admitido, em regra, apenas o uso indireto dos seus atributos naturais.**

Ou seja, nesse grupo o objetivo básico é preservar a natureza, sendo admitido apenas o uso indireto (aquele que não envolve consumo, coleta, dano ou destruição dos recursos naturais) dos seus recursos naturais, com exceção dos casos previstos nesta Lei, sendo consideradas como zona rural para os efeitos legais.

Importante!

Integram o grupo das *unidades de proteção integral*: 1) **estação ecológica;** 2) **reserva biológica;** 3) **parque nacional;** 4) **monumento natural**; 5) **refúgio da vida silvestre**.

1. **Estação ecológica (ESEC)** – é a UC que se destina à preservação da natureza e à realização de pesquisas científicas, sendo de propriedade pública, proibida a visitação pública, exceto para fins educativos (art. 9.º, §§ 1.º, 2.º e 3.º).
2. **Reserva biológica (REBIO)** – é a UC que tem como objetivo a preservação integral da biota e demais atributos naturais existentes, sem a interferência humana direta, sendo de propriedade pública, proibida a visitação pública, exceto para fins educativos. Poderá haver pesquisa científica, se autorizada (art. 10, §§ 1.º a 3.º).
3. **Parque nacional (PN)** – é a UC de propriedade pública que tem o fito de preservar os ecossistemas naturais de grande relevância ecológica e beleza cênica, podendo haver pesquisas e atividades educativas, se autorizadas, bem como turismo ecológico (art. 11, §§ 1.º a 3.º). Será chamado de parque estadual, distrital ou municipal, se instituído pelas respectivas entidades políticas.
4. **Monumento natural (MONAT)** – é a UC que busca preservar sítios naturais raros, singulares ou de grande beleza cênica,

admitida a visitação pública, podendo a área ser pública ou particular, se compatível (art. 12, §§ 1.º a 3.º).

5. **Refúgio da vida silvestre (RVS)** – é a UC que tenta preservar ambientes naturais típicos de reprodução de espécies ou comunidades da flora local e da fauna residente ou migratória, podendo a área ser pública ou particular, se compatível, admitidas a visitação pública e as pesquisas científicas, se autorizadas (art. 13, §§ 1.º a 4.º).

Nas ***Unidades de Uso Sustentável*** dar-se-á a exploração do ambiente de maneira a garantir a perenidade dos recursos ambientais renováveis e dos processos ecológicos, mantendo a biodiversidade e os demais atributos ecológicos, de forma socialmente justa e economicamente viável.

O seu objetivo básico é compatibilizar a conservação da natureza com o uso sustentável de parcela dos seus recursos naturais.

Importante!

Compõem o grupo das *unidades de uso sustentável*: 1) **Área de proteção Ambiental**; 2) **Área de relevante interesse ecológico**; 3) **Floresta nacional**; 4) **Reserva extrativista**; 5) **Reserva da fauna**; 6) **Reserva de desenvolvimento sustentável**; 7) **Reserva particular do patrimônio natural.**

1. **Área de proteção ambiental (APA)** – é a UC que poderá ser formada por áreas públicas ou particulares, em geral extensas, com certo grau de ocupação humana, com atributos bióticos, abióticos ou mesmo culturais, visando proteger a diversidade biológica, disciplinar o processo de ocupação e assegurar a sustentabilidade do uso dos recursos (art. 15, §§ 1.º a 5.º).

2. **Área de relevante interesse ecológico (ARIE)** – é a UC que poderá ser formada por áreas públicas ou particulares, em geral de pouca extensão, com pouca ou nenhuma ocupação humana, com características naturais extraordinárias ou que abriga exemplares raros da biota regional, visando a manter ecossistemas naturais de importância regional ou local (art. 16, §§ 1.º a 2.º).

3. **Floresta nacional (FLONA)** – é a UC de propriedade pública, composta por uma área coberta de vegetação predominantemente nativa, com o objetivo de manter o uso sustentável dos

recursos e desenvolver a pesquisa científica, sendo permitida a ocupação por populações tradicionais (art. 17, §§ 1.º a 6.º).

4. **Reserva Extrativista (RESEX)** – é a UC de propriedade pública, utilizada pelas populações extrativistas tradicionais como condição de sobrevivência, que têm o uso concedido pelo Poder Público via contrato, podendo haver agricultura e criação de animais de pequeno porte, sendo permitidas a visitação pública e a pesquisa, proibidas a exploração de recursos minerais e a caça amadorística ou profissional (art. 18, §§ 1.º a 7.º).
5. **Reserva da fauna (REFAU)** – é a UC de propriedade pública, composta por área natural com animais nativos, adequada ao estudo científico, ligada ao manejo dos recursos faunísticos, permitida a visitação pública e proibida a caça amadorística ou profissional (art. 19, §§ 1.º a 4.º).
6. **Reserva de desenvolvimento sustentável (RDS)** – é a UC de propriedade pública, composta por área natural e que abriga populações tradicionais, cuja existência baseia-se em sistemas sustentáveis de exploração transmitidos por gerações, protegendo a natureza, permitidas a visitação pública e a pesquisa. Essas populações tradicionais terão direito ao uso concedido da área ocupada através de contrato com o Poder Público (art. 20, §§ 1.º a 6.º).
7. **Reserva particular do patrimônio natural (RPPN)** – é a UC de propriedade privada, gravada com perpetuidade, com o objetivo de conservar a diversidade biológica, apenas sendo permitidas a pesquisa e a visitação. Ressalte-se que esta modalidade, apesar de ser formalmente considerada como de uso sustentável, tem o regime jurídico de proteção integral, pois o inciso III do § 2.º do art. 21 da Lei 9.985/2000, foi vetado pelo Presidente porque previa o extrativismo na área (art. 21, §§ 1.º a 3.º).

O STF firmou que é incompatível buscar a realização de reforma agrária em área onde foi constituída reserva extrativista, sendo correto o entendimento da Suprema Corte, pois a RESEX, de propriedade pública (devendo ser feita a desapropriação por utilidade pública das áreas privadas, acaso existentes), busca garantir a sustentabilidade do uso dos recursos naturais em favor dos povos tradicionais habitantes, que possuem direito ao contrato de concessão de uso da área, não se revelando pertinente a reforma agrária.

Qual o entendimento do STF sobre o assunto?

"Reserva extrativista. Conflito de interesse. Coletivo *versus* individual. Ante o estabelecido no art. 225 da CF, conflito entre os interesses individual e coletivo resolve-se a favor deste último. (...) **Não coabitam o mesmo teto, sob o ângulo constitucional, reserva extrativista e reforma agrária.**" (**MS 25.284, rel. min. Marco Aurélio**, julgamento em 17-6-2010, Plenário, *DJE* de 13-8-2010.)

As unidades de conservação constam de rol taxativo, *exceto* se, a critério do CONAMA, as unidades de conservação estaduais, distritais ou municipais tenham características não contempladas nas categorias listadas na Lei do SNUC, conforme estatuído no parágrafo único, do artigo 6.º, do citado diploma.

Diga-se que a transformação de uma unidade de conservação de uso sustentável em proteção integral poderá ser feita pelo mesmo instrumento de criação (lei ou decreto), mas a recíproca só poderá se dar por lei, uma vez realizada a consulta pública.

Importante!

As unidades de conservação terão uma **zona de amortecimento** para a sua proteção, **exceto a Área de Proteção Ambiental (APA) e a Reserva Particular do Patrimônio Natural (RPPN)**, na forma do artigo 25, da Lei do SNUC, composta por seu entorno, onde as atividades humanas estarão sujeitas a normas e restrições específicas, visando preservar o espaço especialmente protegido.

É definida pelo artigo 2.º, inciso XVIII, da Lei do SNUC, como "o entorno de uma unidade de conservação, onde as atividades humanas estão sujeitas a normas e restrições específicas, com o propósito de minimizar os impactos negativos sobre a unidade".

Essas zonas de amortecimento serão fixadas no ato de criação da unidade de conservação ou ulteriormente, sendo que deverão ser ouvidos previamente os proprietários ou possuidores afetados, pois terão uma restrição ao uso da propriedade ou posse. A Lei 9.985/2000 não definiu o tamanho da zona de amortecimento, o que deverá ser feito casuisticamente.

De sua vez, ainda foram previstos os **corredores ecológicos**, que são "porções de ecossistemas naturais ou seminaturais, que ligam unidades de conservação, possibilitando entre elas o fluxo de genes e o movimento da biota, facilitando a dispersão de espécies e a recolonização de áreas degradadas, bem como a manutenção de populações que demandem para a sua sobrevivência de áreas com extensão maior do que aquela das unidades individuais".

Um conjunto de unidades de conservação de categorias diferentes ou não, próximas, justapostas ou sobrepostas, e outras áreas protegidas públicas ou privadas formam um **mosaico**, que exige gestão integrada (artigo 26, da Lei do SNUC).

Importante!

As unidades de conservação terão um **plano de manejo** aprovado pelo órgão ambiental, no prazo de cinco anos após a sua criação, em que será especificado de maneira *vinculante* todo o regime jurídico-ambiental a que se sujeitará a área, a exemplo da visitação, pesquisa e uso dos recursos, observados os parâmetros legais.

É conceituado legalmente como o "documento técnico mediante o qual, com fundamento nos objetivos gerais de uma unidade de conservação, se estabelece o seu zoneamento e as normas que devem presidir o uso da área e o manejo dos recursos naturais, inclusive a implantação das estruturas físicas necessárias à gestão da unidade".

O referido documento deverá abarcar toda a área da unidade, bem como a zona de amortecimento e os corredores ecológicos, sendo garantida a participação das populações residentes na sua aprovação, quando se tratar de Reservas Extrativistas, das Reservas de Desenvolvimento Sustentável, das Áreas de Proteção Ambiental e, quando couber, das Florestas Nacionais e das Áreas de Relevante Interesse Ecológico, pois em todas estas unidades há previsão de ocupação humana, realizando o Princípio da Participação Comunitária ou Cidadã.

Antes da criação de uma UC, será possível a instituição de **limitações administrativas provisórias** durante o trâmite dos estudos técnicos, **com prazo de até sete meses**, *improrrogável*, a fim de proteger cautelarmente a área, se houver risco de dano grave aos recursos naturais ali existentes, vedado o corte raso da vegetação nativa, salvo atividades agropecuárias, obras públicas ou outras atividades econômicas já em desenvolvimento licenciadas.

Poderá ser cobrada **taxa de visitação** quando se tratar de unidade de conservação de **proteção integral**, cujos recursos deverão ser aplicados nas áreas (artigo 35, da Lei do SNUC). Contudo, não foram definidos pressupostos básicos para a cobrança de um tributo pela lei, a exemplo da base de cálculo, alíquota e sujeitos ativo/passivo.

Com o advento da Lei 13.668/2018, poderão ser **concedidos serviços, áreas ou instalações** de unidades de conservação federais para a exploração de atividades de visitação voltadas à educação ambiental, à preservação e conservação do meio ambiente, ao turismo ecológico, à interpretação ambiental e à recreação em contato com a natureza, precedidos ou não da execução de obras de infraestrutura, mediante procedimento licitatório regido pela Lei nº 8.987, de 13 de fevereiro de 1995.

O edital da licitação poderá prever o custeio pelo contratado de ações e serviços de apoio à conservação, à proteção e à gestão da unidade de conservação, além do fornecimento de número predefinido de gratuidades ao Instituto Chico Mendes e de encargos acessórios, desde que os custos decorrentes dos encargos previstos no edital sejam considerados nos estudos elaborados para aferir a viabilidade econômica do modelo de uso público pretendido.

O ato autorizativo exarado pelo órgão gestor da unidade de conservação para a instalação e operação das atividades dispensa, com a anuência do Ibama, outras licenças e autorizações relacionadas ao controle ambiental a cargo de outros órgãos integrantes do Sistema Nacional de Meio Ambiente (Sisnama), exceto quando os impactos ambientais decorrentes dessas atividades forem considerados significativos ou ultrapassarem os limites territoriais da zona de amortecimento.

Ressalte-se que as unidades de conservação, em vez de serem geridas pelo Poder Público, também poderão ser por entidades integrantes do terceiro setor, especificamente as **organizações da sociedade civil de interesse público (OSCIPs)**, previsão legal que aparenta ser inconstitucional, pois importa em delegação do poder de polícia, que é atividade estatal indelegável, porquanto não se vislumbra como administrar uma UC sem exercer essa prerrogativa estatal.

Nos casos de atividades em UC que causem significativo impacto ambiental, de acordo com a literalidade original do artigo 36, da Lei do

SNUC, o poluidor **era** obrigado a aplicar **pelo menos 0,5% dos custos totais do empreendimento** para apoiar a manutenção de unidades de conservação de proteção integral, sendo uma **espécie de indenização ou compensação por impacto ambiental**, em decorrência do *Princípio do Poluidor-pagador e do usuário pagador*.

Nesse sentido, a boa doutrina de ERIKA BECHARA (2009, p. 194-195):

> Pelo entendimento que temos da compensação ambiental, fazemos coro à corrente que sustenta ser ela uma **reparação de danos ambientais futuros**, ou seja, uma **reparação antecipada** ou **ex ante**, devida em virtude de danos não mitigáveis/não evitáveis, identificados antes mesmo de sua ocorrência concreta, quando do licenciamento ambiental da atividade.

Importante!

Todavia, **apesar de o STF ter declarado a validade dessa indenização ambiental em controle abstrato de constitucionalidade, pronunciou a inconstitucionalidade com redução de texto da expressão "não pode ser inferior a meio por cento dos custos totais previstos para a implantação do empreendimento", constante do § 1.º, do artigo 36, da Lei 9.985/2000.**

Qual o entendimento do STF sobre o assunto?

Ação Direta de Inconstitucionalidade. Art. 36 e seus §§ 1.º, 2.º e 3.º da Lei n.º 9.985, de 18 de julho de 2000. Constitucionalidade da compensação devida pela implantação de empreendimentos de significativo impacto ambiental. Inconstitucionalidade parcial do § 1.º do art. 36. 1. O compartilhamento-compensação ambiental de que trata o art. 36 da Lei n.º 9.985/2000 não ofende o princípio da legalidade, dado haver sido a própria lei que previu o modo de financiamento dos gastos com as unidades de conservação da natureza. De igual forma, não há violação ao princípio da separação dos Poderes, por não se tratar de delegação do Poder Legislativo para o Executivo impor deveres aos administrados. 2. Compete ao órgão licenciador fixar o *quantum* da compensação, de acordo com a compostura do impacto ambiental a ser dimensionado no relatório – EIA/RIMA. 3. O art. 36 da Lei n.º 9.985/2000 densifica o princípio usuário-pagador, este a significar um mecanismo de assunção partilhada da responsabilidade social pelos custos ambientais derivados da atividade econômica. 4. **Inexistente desrespeito ao postulado da razoabilidade. Compensação ambiental que se revela como instrumento adequado à defesa e preservação do**

meio ambiente para as presentes e futuras gerações, não havendo outro meio eficaz para atingir essa finalidade constitucional. Medida amplamente compensada pelos benefícios que sempre resultam de um meio ambiente ecologicamente garantido em sua higidez. 5. **Inconstitucionalidade da expressão 'não pode ser inferior a meio por cento dos custos totais previstos para a implantação do empreendimento', no § 1.º do art. 36 da Lei n.º 9.985/2000. O valor da compensação-compartilhamento é de ser fixado proporcionalmente ao impacto ambiental, após estudo em que se assegurem o contraditório e a ampla defesa. Prescindibilidade da fixação de percentual sobre os custos do empreendimento.** 6. Ação parcialmente procedente **(ADI 3.378, de 31.10.2007).**

Assim, **foi invalidado apenas o piso de 0,5% da compensação ambiental a ser calculado sobre o valor total do empreendimento**, que deverá ser proporcional ao dano causado, podendo agora ser inferior ao citado percentual.

Isso porque o instituto da compensação por significativo ambiental foi validado pela Suprema Corte, pois possui previsão legal e realiza o Princípio do Usuário-pagador, sendo uma forma de reequilibrar uma situação degradante do ambiente, pois os recursos serão revertidos à proteção ambiental a fim de compensar o dano ambiental.

Cabe ao órgão ambiental licenciador competente definir as unidades de conservação a serem beneficiadas, considerando as propostas apresentadas no EIA/RIMA e ouvido o empreendedor, podendo inclusive ser contemplada a criação de novas unidades de conservação.

No entanto, quando o empreendimento afetar unidade de conservação específica ou sua zona de amortecimento, o licenciamento só poderá ser concedido mediante autorização do órgão responsável por sua administração, e a unidade afetada, mesmo que não pertencente ao Grupo de Proteção Integral, deverá ser uma das beneficiárias da compensação definida neste artigo.

Por seu turno, os critérios para a fixação do *quantum* nas unidades de conservação federais foram instituídos pelo Decreto 6.848/2009. Com o novo regulamento, as regras básicas para o cálculo do valor da compensação ambiental são as seguintes:

A) Somente serão considerados os impactos negativos (uma única vez) com base no EIA-RIMA;

B) Não serão incluídos no cálculo da compensação ambiental os investimentos referentes aos planos, projetos e programas exigidos no procedimento de licenciamento ambiental para mitigação de impactos, bem como os encargos e custos incidentes sobre o financiamento do empreendimento, inclusive os relativos às garantias, e os custos com apólices e prêmios de seguros pessoais e reais.

O Grau de Impacto variará de 0% a 0,5% dos custos totais do empreendimento, ou seja, **agora há um teto de 0,5% que não existia antes**, o que revela um verdadeiro *retrocesso ambiental*, pois a compensação deveria ser proporcional ao impacto, inexistindo essa limitação na Lei 9.985/2000, o que demonstra que o ato regulamentar inovou em prejuízo das unidades de conservação.

Na esfera federal, caberá ao IBAMA elaborar esse cálculo, que posteriormente decidirá sobre a destinação dos recursos, observado o regramento do artigo 33, do Decreto 4.340/2002, ouvido o ICMBio.

Por força da Lei 13.668/2018, ficou o Instituto Chico Mendes e demais órgãos executores do Sistema Nacional de Unidades de Conservação da Natureza autorizados a **selecionar instituição financeira oficial, dispensada a licitação**, para criar e administrar fundo privado a ser integralizado com recursos oriundos da compensação ambiental de que trata o art. 36 da Lei nº 9.985, de 18 de julho de 2000, destinados às unidades de conservação instituídas pela União, cabendo à instituição financeira oficial contratada a responsabilidade pela execução, direta ou indireta, e pela gestão centralizada dos recursos de compensação ambiental destinados às unidades de conservação instituídas pela União e poderá, para a execução indireta, firmar contrato com instituições financeiras oficiais regionais.

Os valores devidos a título de compensação ambiental serão **atualizados** pelo Índice Nacional de Preços ao Consumidor Amplo Especial **(IPCA-E)** a partir da data de fixação da compensação ambiental pelo órgão licenciador.

Ademais, em regra, não será permitida a introdução em UC de espécies não autóctones (não originárias da unidade de conservação), **salvo nas APAs, FLONAs, RESEXs e RDSs, se houver previsão no plano de manejo**.

Outrossim, a autorização de pesquisas científicas dependerá da prévia autorização do gestor da UC, salvo em área de proteção ambiental ou em reserva particular do patrimônio natural.

Há permissivo legal para que os gestores das unidades de conservação recebam doações nacionais ou estrangeiras de qualquer natureza, com ou sem encargos, para auxiliar na implantação, gestão e manutenção do espaço.

As unidades de conservação criadas anteriormente à vigência da Lei 9.985/2000 e que não pertençam a nenhuma categoria listada, deverão ser reavaliadas em até dois anos para o seu reenquadramento, a exemplo dos hortos florestais e jardins botânicos.

A Lei 9.985/2000 ainda previu as **reservas da biosfera,** que constituem um modelo internacional ambiental de gestão integrada da UNESCO (Programa "O Homem e a Biosfera – MAB"), participativa e sustentável dos recursos naturais, podendo ser de domínio público ou privado[60], devendo ter um Conselho Deliberativo.

Poderão ser constituídas por uma ou várias áreas núcleo, uma ou várias zonas de amortecimentos, uma ou várias zonas de transição ou mesmo por unidades de conservação. Ou seja, tem um conteúdo largo.

No **Brasil**, a UNESCO já reconheceu as seguintes reservas da biosfera: **Mata Atlântica** (1991), **Cerrado** (1993), **Cinturão Verde da cidade de São Paulo** (1994), **Pantanal Mato-Grossense** (2000) **Caatinga** (2001), **Amazônia Central** (2001) e **Serra do Espinhaço** (2005).

60. Vide artigo 41, da Lei 9.985/2000.

CAPÍTULO 2

ATOS REGULAMENTARES ESPECÍFICOS DA ADMINISTRAÇÃO PÚBLICA SOBRE A SUSTENTABILIDADE

2.1. INTRODUÇÃO

Este Capítulo objetiva estudar as medidas que vêm sendo tomadas pela Administração Pública para construir um Estado brasileiro sustentável, ao adotar boas práticas de sustentabilidade tanto nas relações internas, quanto nas licitações e contratações com terceiros ao exigir condutas favoráveis à proteção ambiental.

Um instrumento de implantação que aos poucos vem sendo utilizado mundialmente para se atingir o ideal da sustentabilidade é o **pagamento pelos serviços ambientais**, pois imprescindíveis à manutenção da vida na Terra, sendo um dos principais exemplos o mercado de créditos de carbono instituído pelo Protocolo de Kyoto, estudado no Capítulo sobre Direito Internacional Ambiental, sendo consectário do **Princípio do Protetor-recebedor**.

De acordo com o Vocabulário Básico de Recursos Naturais e do Meio Ambiente do IBGE, entende-se por serviços ambientais: "conceito associado a tentativa de valoração dos benefícios ambientais que a manutenção de áreas naturais pouco alteradas pela ação humana traz para o conjunto da sociedade. Entre os serviços ambientais mais importantes estão a produção de água de boa qualidade, a depuração e a descontaminação natural de águas servidas (esgotos) no ambiente, a produção de oxigênio e a absorção de gases tóxicos pela vegetação, a manutenção de estoques de predadores de pragas agrícolas, de polinizadores, de exemplares silvestres de organismos utilizados pelo homem (fonte de genes usados em programas de melhoramento genético), a proteção do solo contra a erosão, a manutenção dos ciclos biogeoquímicos etc. Os serviços ambientais são imprescindíveis à manutenção da vida na Terra".

É cada vez mais difundida a denominada economia verde, assim considerada a que adota métodos produtivos menos impactantes ao ambiente com o propósito de realizar um verdadeiro desenvolvimento sustentável.

O PNUMA – Programa das Nações Unidas para o Meio Ambiente define **economia verde** como uma economia que resulta em melhoria do bem-estar da humanidade e igualdade social, ao mesmo tempo em que reduz significativamente riscos ambientais e escassez ecológica.

Em outras palavras, uma economia verde pode ser considerada como tendo baixa emissão de carbono, é eficiente em seu uso de recursos e socialmente inclusiva. Em uma economia verde, o crescimento de renda e de emprego deve ser impulsionado por investimentos públicos e privados que reduzem as emissões de carbono e poluição e aumentam a eficiência energética e o uso de recursos, e previnem perdas de biodiversidade e serviços ecossistêmicos. Esses investimentos precisam ser gerados e apoiados por gastos públicos específicos, reformas políticas e mudanças na regulamentação. O caminho do desenvolvimento deve manter, aprimorar e, quando possível, reconstruir capital natural como um bem econômico crítico e como uma fonte de benefícios públicos, principalmente para a população carente cujo sustento e segurança dependem da natureza[1].

Ainda de acordo com o PNUMA, o conceito de uma "economia verde" não substitui desenvolvimento sustentável, mas hoje em dia existe um crescente reconhecimento de que a realização da sustentabilidade se baseia quase que inteiramente na obtenção do modelo certo de economia. Décadas de criação de uma nova riqueza através de um modelo de "economia marrom" não lidaram de modo substancial com a marginalização social e o esgotamento de recursos, e ainda estamos longe de atingir os Objetivos de Desenvolvimento do Milênio. A sustentabilidade continua sendo um objetivo vital a longo prazo, mas é preciso tornar a economia mais verde para chegarmos lá.

1. PNUMA, 2011, Caminhos para o Desenvolvimento Sustentável e a Erradicação da Pobreza – Síntese para Tomadores de Decisão, www.unep.org/greeneconomy.

Para se fazer a transição para uma economia verde são necessárias algumas condições facilitadoras específicas. Essas condições facilitadoras consistem de um pano de fundo de regulamentos nacionais, políticas, subsídios e incentivos, mercado internacional e infraestrutura legal e protocolos comerciais e de apoio. No momento, as condições facilitadoras incentivam e têm um peso grande na predominante economia marrom que, entre outras coisas, depende excessivamente da energia proveniente dos combustíveis fósseis[2].

Uma **economia verde** valorizará e investirá no capital natural; será primordial para a diminuição da pobreza; gerará empregos e melhorará a igualdade social; substituirá os combustíveis fósseis por energias renováveis e tecnologias de baixa emissão de carbono; promoverá o uso eficiente de recursos e energia; oferecerá um estilo de vida urbano mais sustentável e uma mobilidade com baixa emissão de carbono e, com o passar do tempo, crescerá mais rapidamente do que a economia marrom, enquanto mantém e restabelece o capital natural.

A adoção de regras de proteção ambiental nas licitações, a redução, reutilização e reciclagem dos resíduos sólidos, a redução no consumo de água e de energia, a aquisição de produtos e contratação de serviços com menor impacto ambiental são apenas algumas boas práticas ecológicas adotadas pelo Poder Público e que refletem positivamente no setor privado.

Assim, a partir do momento em que a Administração Pública, quer em suas relações internas, quer nas externas, adota e exige a adoção de práticas sustentáveis, esta postura acaba refletindo positivamente em toda a sociedade objetivando fomentar um desenvolvimento econômico sustentável.

Ademais, o objetivo é abordar regras vinculantes ou não obrigatórias constituídas pela Administração Pública para a adoção de práticas sustentáveis na gestão da coisa pública, considerando que o Poder Público como um todo é o maior consumidor de bens e serviços no Brasil.

2.2. LICITAÇÕES E CONTRATAÇÕES SUSTENTÁVEIS

A Administração Pública em toda a sua globalidade é a principal consumidora de bens e serviços no Brasil e, como regra, a celebração

2. PNUMA, 2011, Caminhos para o Desenvolvimento Sustentável e a Erradicação da Pobreza – Síntese para Tomadores de Decisão, www.unep.org/greeneconomy.

de contratos administrativos exige a prévia realização do processo administrativo de licitação em que será escolhida a melhor proposta para a contratação com o Poder Público.

Logo, a partir do momento em que a União, os estados, o Distrito Federal, os municípios, suas autarquias, fundações, empresas públicas e sociedades de economia mista exigirem como pressuposto de contratação ou como dever contratual a adoção pela empresa contratada de práticas mais favoráveis à proteção do meio ambiente teremos a efetivação de uma licitação sustentável, que se preocupa com o impacto ambiental das atividades administrativas, inclusive das empresas contratadas pelo Poder Público.

Isso forçará ao setor privado que pretenda contratar com a Administração Pública a adoção de práticas de sustentabilidade na gestão da sua atividade empresarial, sob pena de não conseguir êxito no procedimento licitatório.

Conforme bem pontuado pelo então Ministro do Meio Ambiente na apresentação da Agenda Ambiental da Administração Pública (A3P), Carlos Minc,

> A Administração Pública, como grande consumidora de bens e serviços, como cumpridora responsável das políticas públicas e com o poder de compra que possui por meio das licitações, precisa dar o exemplo das boas práticas nas atividades que lhe cabem. Desta forma, o material que compõe esta cartilha foi especialmente elaborado para os gestores públicos federais, estaduais e municipais com o intuito de auxiliá-los no processo de inserção da responsabilidade socioambiental e da sustentabilidade em tais atividades.
>
> O grande desafio consiste em transpor o discurso meramente teórico e concretizar a boa intenção num compromisso sólido, já que a adoção de princípios sustentáveis na gestão pública exige mudanças de atitudes e de práticas. Para que isso ocorra, se fazem necessárias a cooperação e união de esforços visando minimizar os impactos sociais e ambientais advindos das ações cotidianas atinentes à Administração Pública.
>
> Nesse sentido, o Ministério do Meio Ambiente criou o programa Agenda Ambiental na Administração Pública (A3P), uma ação que busca a construção de uma nova cultura institucional nos órgãos e entidades públicos. A A3P tem como objetivo estimular os gestores públicos a incorporar princípios e critérios de gestão

socioambiental em suas atividades rotineiras, levando à economia de recursos naturais e à redução de gastos institucionais por meio do uso racional dos bens públicos, da gestão adequada dos resíduos, da licitação sustentável e da promoção da sensibilização, capacitação e qualidade de vida no ambiente de trabalho.

A sustentabilidade no âmbito governamental tem sido cada vez mais um diferencial da nova gestão pública, onde os administradores passam a ser os principais agentes de mudança. Simples e pequenas ações realizadas diariamente, como por exemplo, o uso eficiente da água e da energia, a coleta seletiva, o consumo responsável de produtos e serviços, entre outros, contribuem para este processo.

Cada um pode fazer a sua parte nas atividades cotidianas, seja no trabalho, em casa, no escritório, na rua, na escola e em outros locais. Portanto, mãos à obra! A A3P começa por você!

De acordo com o Ministério do Planejamento[3],

> O grande potencial do poder público como agente de transformação rumo ao consumo mais sustentável está se tornando evidente. Isso porque os governos detêm um grande poder de compra: os gastos públicos podem representar entre 15% e 30% do PIB (Produto Interno Bruto) de um determinado país. Esses gastos podem orientar os mercados a inovarem e se tornarem mais sustentáveis, e com isso proporcionarem o crescimento da economia verde e mais inclusiva.
>
> Ao adotar novos conceitos e critérios nas compras públicas e exercer sua responsabilidade como grande consumidor, principalmente pelo poder de compra e análise dos possíveis impactos relacionados, o poder público pode impulsionar o desenvolvimento nacional sustentável. Pode induzir e ampliar a oferta de produtos mais sustentáveis pelo mercado.
>
> Além de impulsionar o consumo sustentável, os governos podem fomentar a inovação, desempenhando um papel importante no desenvolvimento e disseminação de novas tecnologias.
>
> A empresa é o motor da inovação, mas os governos precisam fornecer sinais claros e estáveis de mercado, operando em parceria para fazer isso acontecer. As tecnologias podem ser caras e os investimentos precisam ser compensados e incentivados.

3. http://cpsustentaveis.planejamento.gov.br/compras-e-inovacao.

> Os governos podem tornar esses investimentos mais viáveis, por meio de instrumentos econômicos e fiscais.
>
> O Poder Público tem papel fundamental tanto de fomento de um mercado inovador e mais sustentável quanto de educação, mobilização e conscientização da sociedade de um modo geral.
>
> Otimizar processos internos e promover um desenvolvimento mais sustentável por meio do poder de compra governamental é uma questão estratégica, que além do potencial de fomentar um mercado inovador e de menor impacto, aborda questões emergentes e urgentes como: a mudança climática; o consumo excessivo que não considera a capacidade de suporte do planeta; a busca por menor desigualdade socioeconômica e a melhoria da qualidade de vida em um mundo cada vez mais urbanizado.

O exemplo normativo pioneiro se deu na Lei 11.284/2016, que disciplina o contrato administrativo de licitação na modalidade concorrência para as concessões de florestas públicas, pois adotados critérios ecológicos para o certame.

De acordo com o seu artigo 19, além de outros requisitos previstos na revogada Lei nº 8.666, de 21 de junho de 1993, exige-se para habilitação nas licitações de concessão florestal a comprovação de ausência de: I – débitos inscritos na dívida ativa relativos a infração ambiental nos órgãos competentes integrantes do Sisnama; II – decisões condenatórias, com trânsito em julgado, em ações penais relativas a crime contra o meio ambiente ou a ordem tributária ou a crime previdenciário, observada a reabilitação de que trata o art. 93 do Decreto-Lei nº 2.848, de 7 de dezembro de 1940 – Código Penal.

Já o artigo 26 previu que, no julgamento da licitação, a melhor proposta será considerada em razão da combinação dos seguintes critérios: I – o maior preço ofertado como pagamento ao poder concedente pela outorga da concessão florestal; **II – a melhor técnica, considerando: a) o menor impacto ambiental; b) os maiores benefícios sociais diretos; c) a maior eficiência; d) a maior agregação de valor ao produto ou serviço florestal na região da concessão.**

Nesse sentido, coube à Lei 12.349/2010, que alterou o artigo 3º da Lei 8.666/93, que trata das licitações e contratos administrativos, **inserir o desenvolvimento sustentável como objetivo da licitação:**

> "Art. 3.º - A licitação destina-se a garantir a observância do princípio constitucional da isonomia, a seleção da proposta mais

vantajosa para a administração e a promoção do desenvolvimento nacional sustentável e será processada e julgada em estrita conformidade com os princípios básicos da legalidade, da impessoalidade, da moralidade, da igualdade, da publicidade, da probidade administrativa, da vinculação ao instrumento convocatório, do julgamento objetivo e dos que lhes são correlatos".

No **Regime Diferenciado de Contratações (RDC)**[4], regido pela Lei 12.462/2011, o desenvolvimento nacional sustentável é princípio a ser observado.

Posteriormente, com o advento da Nova Lei de Licitações (**Lei 14.133/2021**), foi previsto que é objetivo da licitação incentivar a inovação e o **desenvolvimento nacional sustentável**. Ademais, na sua aplicação, serão observados os princípios da legalidade, da impessoalidade, da moralidade, da publicidade, da eficiência, do interesse público, da probidade administrativa, da igualdade, do planejamento, da transparência, da eficácia, da segregação de funções, da motivação, da

---

4. Art. 1º É instituído o Regime Diferenciado de Contratações Públicas (RDC), aplicável exclusivamente às licitações e contratos necessários à realização:

I - dos Jogos Olímpicos e Paraolímpicos de 2016, constantes da Carteira de Projetos Olímpicos a ser definida pela Autoridade Pública Olímpica (APO); e

II - da Copa das Confederações da Federação Internacional de Futebol Associação - Fifa 2013 e da Copa do Mundo Fifa 2014, definidos pelo Grupo Executivo - Gecopa 2014 do Comitê Gestor instituído para definir, aprovar e supervisionar as ações previstas no Plano Estratégico das Ações do Governo Brasileiro para a realização da Copa do Mundo Fifa 2014 - CGCOPA 2014, restringindo-se, no caso de obras públicas, às constantes da matriz de responsabilidades celebrada entre a União, Estados, Distrito Federal e Municípios;

III - de obras de infraestrutura e de contratação de serviços para os aeroportos das capitais dos Estados da Federação distantes até 350 km (trezentos e cinquenta quilômetros) das cidades sedes dos mundiais referidos nos incisos I e II.

IV - das ações integrantes do Programa de Aceleração do Crescimento (PAC)

V - das obras e serviços de engenharia no âmbito do Sistema Único de Saúde - SUS. (Incluído pela Lei nº 12.745, de 2012) VI - das obras e serviços de engenharia para construção, ampliação e reforma e administração de estabelecimentos penais e de unidades de atendimento socioeducativo;

VII - das ações no âmbito da segurança pública;

VIII - das obras e serviços de engenharia, relacionadas a melhorias na mobilidade urbana ou ampliação de infraestrutura logística; e

IX - dos contratos a que se refere o art. 47-A.

X - das ações em órgãos e entidades dedicados à ciência, à tecnologia e à inovação.

vinculação ao edital, do julgamento objetivo, da segurança jurídica, da razoabilidade, da competitividade, da proporcionalidade, da celeridade, da economicidade e do **desenvolvimento nacional sustentável**, assim como as disposições do Decreto-Lei nº 4.657, de 4 de setembro de 1942 (Lei de Introdução às Normas do Direito Brasileiro).

Outrossim, o seu artigo 144 prevê que à contratação de obras, fornecimentos e serviços, inclusive de engenharia, poderá ser estabelecida remuneração variável vinculada ao desempenho do contratado, com base em metas, padrões de qualidade, **critérios de sustentabilidade ambiental** e prazos de entrega definidos no edital de licitação e no contrato.

De efeito, trata-se de regulamentação do artigo 170, inciso VI, da Constituição, que prevê a Defesa do Meio Ambiente como princípio da Ordem Econômica, inclusive mediante tratamento diferenciado conforme o impacto ambiental dos produtos e serviços e de seus processos de elaboração e prestação.

Por sua vez, de acordo com o sítio do Ministério do Meio Ambiente[5],

> A Constituição Federal, art. 37, inciso XXI, prevê para a Administração Pública a obrigatoriedade de licitar. Esse artigo foi regulamentado pela Lei nº 8.666, de 21 de junho de 1993, que estabeleceu normas gerais sobre licitações e contratos administrativos pertinentes a obras, serviços, inclusive de publicidade, compras, alienações e locações no âmbito dos Poderes da União, dos Estados, do Distrito Federal e dos Municípios.
>
> A licitação é o procedimento administrativo formal em que a Administração Pública convoca, mediante condições estabelecidas em ato próprio (edital ou convite), empresas interessadas na apresentação de propostas para o oferecimento de bens e serviços.
>
> A licitação objetiva garantir a observância do princípio constitucional da isonomia e selecionar a proposta mais vantajosa para a Administração, de maneira a assegurar oportunidade igual a todos os interessados e possibilitar o comparecimento ao certame do maior número possível de concorrentes, fato que favorece o próprio interesse público.

---

5. http://www.mma.gov.br/responsabilidade-socioambiental/a3p/eixos-tematicos/item/526.

O procedimento de licitação objetiva permitir que a Administração contrate aqueles que reúnam as condições necessárias para o atendimento do interesse público, levando em consideração aspectos relacionados à capacidade técnica e econômico-financeira do licitante, à qualidade do produto e ao valor do objeto.

Há algumas diferentes modalidades de licitação, porém todas se dão com a apresentação das propostas de cada participante, sendo vencedor aquele que, tendo seus produtos as especificações requeridas, apresente o produto ou serviço cujo preço, por fim, seja o menor dentre as propostas.

O que é Licitação Sustentável?

Segundo o art. 3º da Lei nº 8.666/1993, Licitação Sustentável é aquela que destina-se a garantir a observância do princípio constitucional da isonomia, a seleção da proposta mais vantajosa para a administração e a promoção do desenvolvimento nacional sustentável... (Redação dada pela Lei nº 12.349, de 2010).

Nesse sentido, pode-se dizer que a licitação sustentável é o procedimento administrativo formal que contribui para a promoção do desenvolvimento nacional sustentável, mediante a inserção de critérios sociais, ambientais e econômicos nas aquisições de bens, contratações de serviços e execução de obras.

De uma maneira geral, trata-se da utilização do poder de compra do setor público para gerar benefícios econômicos e socioambientais.

Por que realizar compras e licitações sustentáveis?

As compras e licitações sustentáveis possuem um papel estratégico para os órgãos públicos e, quando adequadamente realizadas promovem a sustentabilidade nas atividades públicas. Para tanto, é fundamental que os compradores públicos saibam delimitar corretamente as necessidades da sua instituição e conheçam a legislação aplicável e características dos bens e serviços que poderão ser adquiridos.

O governo brasileiro despende anualmente mais de 600 bilhões de reais com a aquisição de bens e contratações de serviços (15% do PIB). Nesse sentido, direcionar o poder de compra do setor público para a aquisição de produtos e serviços com critérios de sustentabilidade implica na geração de benefícios socioambientais e na redução de impactos ambientais, ao mesmo tempo em que induz e promove o mercado de bens e serviços sustentáveis.

> A decisão de se realizar uma licitação sustentável não implica, necessariamente, em maiores gastos de recursos financeiros. Isso porque nem sempre a proposta vantajosa é a de menor preço e também porque deve-se considerar no processo de aquisição de bens e contratações de serviços, dentre outros aspectos, os seguintes:
>
> a) Custos ao longo de todo o ciclo de vida: É essencial ter em conta os custos de um produto ou serviço ao longo de toda a sua vida útil – preço de compra, custos de utilização e manutenção, custos de eliminação.
>
> b) Eficiência: as compras e licitações sustentáveis permitem satisfazer as necessidades da administração pública mediante a utilização mais eficiente dos recursos e com menor impacto socioambiental.
>
> c) Compras compartilhadas: por meio da criação de centrais de compras é possível utilizar produtos inovadores e ambientalmente adequados sem aumentar os gastos públicos.
>
> d) Redução de impactos ambientais e problemas de saúde: grande parte dos problemas ambientais e de saúde a nível local é influenciada pela qualidade dos produtos consumidos e dos serviços que são prestados.
>
> e) Desenvolvimento e Inovação: o consumo de produtos mais sustentáveis pelo poder público pode estimular os mercados e fornecedores a desenvolverem abordagens inovadoras e a aumentarem a competitividade da indústria nacional e local.

Assim, ao considerar as melhores práticas ambientais na aquisição de bens e contratação de serviços na licitação, o legislador regulamentou a regra constitucional que determina um tratamento mais favorável aos agentes da economia que atuam com uma maior responsabilidade ambiental, que devem ter critérios mais favoráveis nos certames públicos.

De efeito, na licitação, em igualdade de condições, **como critério de desempate**, será assegurada preferência, sucessivamente, aos bens e serviços: produzidos no País; produzidos ou prestados por empresas brasileiras; produzidos ou prestados por empresas que invistam em pesquisa e no desenvolvimento de tecnologia no País; produzidos ou prestados por empresas que comprovem cumprimento de reserva de cargos prevista em lei para pessoa com deficiência ou para reabilitado da Previdência Social e que atendam às regras de acessibilidade previstas na legislação.

Outrossim, nos processos de licitação, poderá ser estabelecida **margem de preferência** para produtos manufaturados e para serviços nacionais que atendam a normas técnicas brasileiras e bens e serviços produzidos ou prestados por empresas que comprovem cumprimento de reserva de cargos prevista em lei para pessoa com deficiência ou para reabilitado da Previdência Social e que atendam às regras de acessibilidade previstas na legislação.

Em regulamentação à cláusula geral de promoção do desenvolvimento sustentável inserida no artigo 3º da Lei de Licitações e Contratos Administrativos, a Presidência da República editou o **Decreto 7.746/2012**, que aprovou critérios e práticas para a promoção do desenvolvimento nacional sustentável nas contratações realizadas pela administração pública federal e institui a Comissão Interministerial de Sustentabilidade na Administração Pública – CISAP.

Vale registrar que o Decreto 7.746/2012 foi modificado pelo Decreto 9.178/2017, sofrendo um interessante aperfeiçoamento.

De efeito, ainda com base no texto originário do artigo 2º do Decreto 7.746/12, a administração pública federal direta, autárquica e fundacional e as empresas estatais dependentes ***poderão*** adquirir bens e contratar serviços e obras considerando **critérios e práticas de sustentabilidade objetivamente definidos no instrumento convocatório**, sendo que a adoção de critérios e práticas de sustentabilidade deverá ser justificada nos autos e **preservar o caráter competitivo do certame**.

No entanto, o artigo 3º da Lei 8.666/93 não criava discricionariedade para a Administração Pública para a adoção de práticas de sustentabilidade nas licitações e contratos administrativos, tendo sido substituído o "poderão" por norma impositiva a partir de 180 dias após a publicação do Decreto 9.178/2017 (publicado em 24/10/2017). Da mesma forma, a Nova Lei de Licitações (**Lei 14.133/2021**) prevê que é objetivo da licitação incentivar a inovação e o **desenvolvimento nacional sustentável.**

De acordo com o novel artigo 2º, "na aquisição de bens e na contratação de serviços e obras, a administração pública federal direta, autárquica e fundacional e as empresas estatais dependentes **adotarão critérios e práticas sustentáveis** nos instrumentos convocatórios, observado o disposto neste Decreto".

A adequação da especificação do objeto da contratação e das obrigações da contratada aos critérios e às práticas de sustentabilidade será justificada nos autos, resguardado o caráter competitivo do certame.

A administração pública federal direta, autárquica e fundacional e as empresas estatais dependentes poderão exigir no instrumento convocatório para a aquisição de bens que estes sejam constituídos por **material renovável, reciclado, atóxico ou biodegradável**, entre outros critérios de sustentabilidade.

Sobre o tema, colaciona-se decisão do Tribunal de Contas da União:

> **Acórdão 6047/2015 Segunda Câmara** (Pedido de Reexame, Relator Ministro Raimundo Carreiro)
>
> Licitação. Habilitação técnica. Licença ambiental
>
> A exigência de regularidade ambiental como critério de qualificação técnica **é** legal, desde que não represente discriminação injustificada entre os licitantes, uma vez que objetiva garantir o cumprimento da obrigação contratual e **é** essencial para que o objeto da licitação seja executado sem o comprometimento do meio ambiente.

Ademais, as especificações e demais exigências do projeto básico ou executivo para contratação de obras e serviços de engenharia devem ser elaboradas de modo a proporcionar a economia da manutenção e operacionalização da edificação e a redução do consumo de energia e água, por meio de tecnologias, práticas e materiais que reduzam o impacto ambiental.

Por sua vez, restou instituído um rol exemplificativo de **diretrizes de sustentabilidade**:

DIRETRIZES DE SUSTENTABILIDADE
– baixo impacto sobre recursos naturais como flora, fauna, ar, solo e água;
– preferência para materiais, tecnologias e matérias-primas de origem local;
– maior eficiência na utilização de recursos naturais como água e energia;

DIRETRIZES DE SUSTENTABILIDADE
– maior geração de empregos, preferencialmente com mão de obra local;
– maior vida útil e menor custo de manutenção do bem e da obra;
– uso de inovações que reduzam a pressão sobre recursos naturais;
– origem sustentável dos recursos naturais utilizados nos bens, nos serviços e nas obras
– utilização de produtos florestais madeireiros e não madeireiros originários de manejo florestal sustentável ou de reflorestamento.

De sua vez, a comprovação das exigências contidas no instrumento convocatório poderá ser feita mediante **certificação** emitida ou reconhecida por instituição pública oficial ou instituição credenciada, ou por qualquer outro meio definido no instrumento convocatório.

São exemplos de certificação ambiental as séries da ISO 9000 e 14000, sobre qualidade e proteção ambiental, tema que será estudado no item 1.9 desta Parte 1.

Em caso de inexistência da certificação verde, o instrumento convocatório estabelecerá que, após a seleção da proposta e antes da adjudicação do objeto, o contratante poderá realizar diligências para verificar a adequação do bem ou serviço às exigências do instrumento convocatório.

Caso o bem ou serviço seja considerado inadequado em relação às exigências do instrumento convocatório, o contratante deverá apresentar razões técnicas, assegurado o direito de manifestação do licitante vencedor.

Vale registrar que o Decreto 7.746/2012 impôs à Administração Pública federal direta, autárquica e fundacional e às empresas estatais dependentes a elaboração e implementação dos **Planos de Gestão de Logística Sustentável**, prevendo, no mínimo, a atualização do inventário de bens e materiais do órgão e identificação de similares de menor impacto ambiental para substituição; as práticas de sustentabilidade e de racionalização do uso de materiais e serviços; as responsabilidades, metodologia de implementação e avaliação do plano e as ações de divulgação, conscientização e capacitação.

Além de tudo isto, o Decreto 7.746/2012 constituiu a **Comissão Interministerial de Sustentabilidade na Administração Pública (CISAP)**, de natureza consultiva e caráter permanente, vinculada à Secretaria de Gestão do Ministério do Planejamento, Desenvolvimento e Gestão, com a finalidade de propor a implementação de critérios, práticas e ações de logística sustentável no âmbito da administração pública federal direta, autárquica e fundacional e das empresas estatais dependentes.

Infelizmente, em lamentável retrocesso na gestão ambiental, os artigos 9º/14 do Decreto 7.746/2012 foram revogados pelo Decreto 10.719/2019, extinguindo por conseguinte a CISAP.

No que tange à **Lei 14.133/2021 (Nova Lei de Licitações e Contratos Administrativos)**, o **desenvolvimento nacional sustentável** foi colocado como princípio informador (art. 5º), tendo o processo licitatório por objetivo incentivar a inovação e o desenvolvimento nacional sustentável (art. 11).

Ademais, na contratação de obras, fornecimentos e serviços, inclusive de engenharia, poderá ser estabelecida **remuneração variável** vinculada ao desempenho do contratado, com base em metas, padrões de qualidade, critérios de sustentabilidade ambiental e prazos de entrega definidos no edital de licitação e no contrato (art. 144).

Outrossim, as **licitações de obras e serviços de engenharia** devem respeitar, especialmente, as normas relativas à disposição final ambientalmente adequada dos resíduos sólidos gerados pelas obras contratadas; mitigação por condicionantes e compensação ambiental, que serão definidas no procedimento de licenciamento ambiental e utilização de produtos, de equipamentos e de serviços que, comprovadamente, favoreçam a redução do consumo de energia e de recursos naturais (art. 45).

É dispensável a licitação (art. 75) para contratação que tenha por objeto a coleta, processamento e comercialização de resíduos sólidos urbanos recicláveis ou reutilizáveis, em áreas com sistema de coleta seletiva de lixo, realizados por associações ou cooperativas formadas exclusivamente de pessoas físicas de baixa renda reconhecidas pelo poder público como catadores de materiais recicláveis, com o uso de equipamentos compatíveis com as normas técnicas, ambientais e de saúde pública.

O **estudo técnico preliminar** que caracterize o interesse público envolvido para a licitação deverá conter a descrição de possíveis impactos ambientais e respectivas medidas mitigadoras, incluídos requisitos de baixo consumo de energia e de outros recursos, bem como logística reversa para desfazimento e reciclagem de bens e refugos, quando aplicável (art. 18).

Como exemplo, as licitações e contratações administrativas perpetradas pelo **STF** deverão observar critérios de sustentabilidade na aquisição de bens, tais como a rastreabilidade e origem dos insumos de madeira, como itens de papelaria e mobiliário, a partir de fontes de manejo sustentável; a eficiência energética e nível de emissão de poluentes de máquinas e aparelhos consumidores de energia, veículos e prédios públicos; a eficácia e segurança dos produtos usados na limpeza e conservação de ambientes; as práticas de sustentabilidade na execução dos serviços; os critérios e práticas de sustentabilidade no projeto e execução de obras e serviços de engenharia e o emprego da logística reversa na destinação final de suprimentos de impressão, pilhas e baterias, pneus, lâmpadas, óleos lubrificantes, seus resíduos e embalagens, bem como produtos eletroeletrônicos e seus componentes, de acordo com a Política Nacional de Resíduos Sólidos, nos termos da Resolução STF 561/2015, que será estudada na Parte 2 desta obra.

As especificações para aquisição de bens, contratação de serviços e obras no **STJ** deverão conter critérios de sustentabilidade ambiental, considerando os processos de extração ou fabricação, transporte, utilização e descarte dos produtos e matérias-primas, sendo que, nas **licitações sustentáveis**, deverão ser estabelecidos **critérios de preferência** para as propostas que impliquem maior economia de energia, de água e de outros recursos naturais e a redução da emissão de gases de efeito estufa, nos moldes da Portaria 293/2012, que será estudada na Parte 2 desta obra, possuindo a Corte Superior um Guia de Licitações Sustentáveis, o que também ocorre com a **Justiça do Trabalho**.

Outros exemplos de compras sustentáveis podem ser extraídos da página do Ministério do Meio Ambiente[6]:

---

6. http://www.mma.gov.br/responsabilidade-socioambiental/a3p/eixos-tematicos/item/9031.

Compras Sustentáveis na prática

Neste tópico são apresentadas as experiências implementadas no âmbito do Ministério do Meio Ambiente e pelos parceiros da A3P para aquisição de bens e contratação de serviços com critérios de sustentabilidade.

Banco da Amazônia

Aquisição de equipamentos de auto-atendimento com a adoção do sistema de "*trade in*", onde as empresas desenvolvedoras dos equipamentos ficam com a responsabilidade do descarte do equipamento substituído, de forma segura e sustentável.

Câmara dos Deputados

A Câmara dos Deputados instituiu em 2011, o Ato da Mesa nº 4, o qual trata especificamente das Compras Públicas Sustentáveis, impondo aos gestores a observância dos critérios de sustentabilidade quando da elaboração dos seus editais. Assim, cumpre mencionar os seguintes certames:

- Na aquisição de lâmpadas, pilhas, pneus, óleos lubrificantes introduzimos as exigências da logística reversa com base na Lei nº 12.305/2010, bem como nas resoluções do Conama para cada produto.

- Na contratação de serviços de restaurante a exigência de um plano de monitoramento dos resíduos;

- Na aquisição de papel, é exigida a comprovação da origem florestal;

- Exigência com selo de economia de energia – PROCEL, para eletrodomésticos – ar condicionado, geladeiras.

- Na aquisição de madeira ou produtos derivados, a Câmara exige que empresa fornecedora atenda aos seguintes critérios:

I. Possuir credenciamento ou registro junto ao IBAMA;

II. Comprovar a procedência legal da madeira por meio da emissão de DOF (Documento de Origem Florestal), para o caso de fornecimento de madeiras de espécies nativas.

III. Comprovar que a madeira não foi colhida em áreas florestais onde ocorra violação dos direitos trabalhistas. Tal comprovação poderá ser feita por meio de declaração da licitante, certificação (a exemplo do CEFLOR – Certificação de Origem Florestal) ou relatório de auditoria independente (emitido pelas entidades credenciadas pelos órgãos governamentais competentes, habilitadas pelo INMETRO) e estará sujeita à verificação de sua validade pela Câmara dos Deputados.

- Aquisição de produtos que promovam a redução de gasto dos recursos hídricos por meio da instalação de sistemas e aquisição de instalações e equipamentos economizadores.

- Aquisição de computadores com critérios ambientais – TI verde.

- Exigências nos editais quanto à redução de embalagens.

- Solicitação das especificações constante das certificações ou qualquer outra prova que comprove os critérios exigidos no edital;

- Os projetos de arquitetura e demais projetos complementares para as obras e serviços da Câmara dos Deputados são elaborados segundo princípios de qualidade e sustentabilidade, como à redução do consumo de energia e água e à utilização de tecnologias e materiais com critérios de sustentabilidade, que minimizam os impactos ambientais.

- Locação de veículos biocombustível.

- Nos contratos de prestação de serviço de limpeza e conservação, a exigência quanto à promoção da coleta seletiva.

Eletrobrás/Eletronorte

Em todas as aquisições da empresa, nas plantas certificadas com a ISO 14.001 há o anexo correlato ao aspecto e impacto ambiental do fornecedor, e quando a Requisição de Compra é encaminhada sem este anexo, é imediatamente devolvida a área solicitante, preconizado no "***chek-list da RC***" item da Norma 9001, passível de auditoria interna e externa, tanto da NBR ISO 9001 quanto da NBR ISO 14001.

IFT-GO – Campus Rio Verde

Aquisição de madeira com certificado de regularidade.

IBRAM

Aquisição de sanitários móveis para serem instalados nos parques que são de responsabilidade do Instituto. Esses sanitários possuirão mecanismo de coleta de água da chuva e reuso da água destinada aos banheiros. A água dos banheiros é tratada e pode ser reutilizada na limpeza dos sanitários e para regar plantas, diminuindo o consumo de água. Os demais resíduos são também tratados e podem ser reutilizados. Os sanitários diminuem o consumo de água e a quantidade de resíduos gerados (processo em tramitação).

Outro exemplo pode ser extraído da 3ª edição do Guia Prático de Licitações Sustentáveis da AGU na contratação de obras de engenharia com geração de resíduos, devendo ser inseridos na minuta do contrato os seguintes deveres ambientais:

> "A Contratada deverá observar as diretrizes, critérios e procedimentos para a gestão dos resíduos da construção civil estabelecidos na Lei nº 12.305, de 2010 – Política Nacional de Resíduos Sólidos, Resolução nº 307, de 05/07/2002, do Conselho Nacional de Meio Ambiente – CONAMA, e Instrução Normativa SLTI/MPOG n° 1, de 19/01/2010, nos seguintes termos:
>
> a) O gerenciamento dos resíduos originários da contratação deverá obedecer às diretrizes técnicas e procedimentos do Plano Municipal de Gestão de Resíduos da Construção Civil, ou do Plano de Gerenciamento de Resíduos da Construção Civil apresentado ao órgão competente, conforme o caso;
>
> b) Nos termos dos artigos 3° e 10° da Resolução CONAMA n° 307, de 05/07/2002, a Contratada deverá providenciar a destinação ambientalmente adequada dos resíduos da construção civil originários da contratação, obedecendo, no que couber, aos seguintes procedimentos:
>
> b.1) resíduos Classe A (reutilizáveis ou recicláveis como agregados): deverão ser reutilizados ou reciclados na forma de agregados ou encaminhados a aterro de resíduos Classe A de reservação de material para usos futuros;
>
> b.2) resíduos Classe B (recicláveis para outras destinações): deverão ser reutilizados, reciclados ou encaminhados a áreas de armazenamento temporário, sendo dispostos de modo a permitir a sua utilização ou reciclagem futura;
>
> b.3) resíduos Classe C (para os quais não foram desenvolvidas tecnologias ou aplicações economicamente viáveis que permitam a sua reciclagem/recuperação): deverão ser armazenados, transportados e destinados em conformidade com as normas técnicas específicas;
>
> b.4) resíduos Classe D (perigosos, contaminados ou prejudiciais à saúde): deverão ser armazenados, transportados e destinados em conformidade com as normas técnicas específicas.

c) Em nenhuma hipótese a Contratada poderá dispor os resíduos originários da contratação aterros de resíduos domiciliares, áreas de "bota fora", encostas, corpos d´água, lotes vagos e áreas protegidas por Lei, bem como em áreas não licenciadas.

d) Para fins de fiscalização do fiel cumprimento do Plano Municipal de Gestão de Resíduos da Construção Civil, ou do Plano de Gerenciamento de Resíduos da Construção Civil, conforme o caso, a contratada comprovará, sob pena de multa, que todos os resíduos removidos estão acompanhados de Controle de Transporte de Resíduos, em conformidade com as normas da Agência Brasileira de Normas Técnicas – ABNT, ABNT NBR nºs 15.112, 15.113, 15.114, 15.115 e 15.116, de 2004."

Nota-se que no âmbito dos Poderes da União já existe uma grande atuação nas licitações e compras sustentáveis, conforme será estudado nos atos constantes da Parte 2 desta obra, mas que no âmbito estadual e municipal são ainda mínimas as práticas sustentáveis na Administração Pública, devendo esses entes federativos se conscientizar da sua responsabilidade socioambiental[7]:

Algumas razões para incluir critérios ambientais nas contratações públicas:

Em primeiro lugar, desenvolver uma política de contratações públicas que leve em consideração critérios de sustentabilidade, sendo que esta possui grande relevância por se tratar de um instrumento indutor que pode influenciar o mercado e os padrões de consumo. O setor público está entre os grandes consumidores do mercado, gastando cerca de 10 a 15% do PIB.

A licitação pública não é somente um procedimento administrativo que visa suprir a administração com bens, serviços e obras necessárias ao seu funcionamento. Deve ser orientada para implementar políticas públicas que induzam a um padrão de consumo e produção que atenda ao interesse público de uma sociedade mais justa e igualitária, sem comprometer o bem estar das gerações futuras.

As contratações públicas precisam incentivar o mercado nacional a ajustar-se à nova realidade da sustentabilidade que está se tornando o fator diferencial na competição internacional do século XXI.

7. http://cpsustentaveis.planejamento.gov.br/contratacoes-publicassustentaveis.

A segunda razão é que adquirir produtos de menor impacto ambiental representa obter a contratação mais vantajosa, ainda que eventualmente não seja o menor preço disponível no mercado quando comparado com o de produtos convencionais. Embora possam ser considerados similares, carecem de atributos fundamentais para atender ao interesse público da preservação do meio ambiente e do bem estar social. Esses são os objetivos maiores da atuação do Estado, conforme estabelece o art. 225 da Constituição Federal.

Produtos, serviços e obras de menor impacto ambiental, ainda que tenham um maior custo aparente no momento da contratação, são mais econômicos no longo prazo. Isso porque reduzem os gastos do Estado com políticas de reparação de danos ambientais, têm maior durabilidade, menor consumo de energia e materiais, e incentivam o surgimento de novos mercados e empregos verdes, gerando renda e aumento de arrecadação tributária.

A terceira razão é que a exigência de critérios ambientais, sociais e econômicos nas contratações públicas, confere coerência à atuação do comprador público relativamente ao dever do Estado de proteger o meio ambiente e fomentar o desenvolvimento econômico e social, integrando a atuação das áreas meio com as políticas implementadas pelas áreas fim.

O Estado, enquanto grande consumidor de bens, serviços e obras, deve dar o exemplo, sensibilizando os demais consumidores sobre as complicações ambientais e sociais associadas aos diferentes tipos de compras, reafirmando o comprometimento com empresas que possuam ética e boas práticas em relação ao meio ambiente e ao desenvolvimento econômico e social.

As contratações públicas sustentáveis podem abranger por exemplo a aquisição de computadores verdes, equipamento de escritório feitos de madeira certificada, papel reciclável, transporte público movido a energia mais limpa, alimentos orgânicos para as cantinas, eletricidade produzida por fontes de energia renováveis, sistemas de ar condicionado de acordo com as soluções ambientais de ponta, bem como a contratação de edifícios energeticamente eficientes.

A seleção da proposta mais vantajosa ao interesse público deve eleger os bens e serviços cujas características atendam a especificações adequadas, tanto em termos de qualidade e funcionalidade, quanto dos princípios e deveres do Estado definidos na Constituição Federal.

Assim, a Administração tem o dever de selecionar os bens, serviços e obras mais vantajosos, em sentido amplo, não abrangendo somente o preço, mas também a qualidade e a conformidade com o devedor do Estado de proteção ao meio ambiente.

Os primeiros passos importantes, na fase interna são:

1º Identificar os bens, serviços e obras mais adquiridos para analisar a viabilidade de adotar exigências de sustentabilidade nas licitações futuras, optando por produtos equivalentes que causem menor impacto ambiental e, que por exemplo, tenham maior eficiência energética. Também devem ser exigidas práticas sustentáveis nas execuções dos serviços e obras.

2º Verificar a disponibilidade no mercado e demonstrar ao mercado o aumento da demanda por produtos mais sustentáveis. Há grande oferta em relação a muitos produtos. Acesse o Portal de Compra do Governo Federal com Critérios de Sustentabilidade: CATMAT

3º Incluir gradativamente critérios ambientais, elaborando especificações técnicas claras e precisas dos produtos, bens e construções sustentáveis.

4º Incluir novos critérios nos editais de compras, serviços e obras.

5º Comunicar-se com outros gestores para trocar informações, pedir auxílio e sensibilizá-los.

2.3. REGRAS DE SUSTENTABILIDADE NO ESTATUTO DAS EMPRESAS ESTATAIS

Coube à Lei 13.303, de 30/6/2016, dispor sobre o estatuto jurídico da empresa pública, da sociedade de economia mista e de suas subsidiárias, no âmbito da União, dos Estados, do Distrito Federal e dos Municípios, passando a ser conhecida como o Estatuto das Estatais.

Neste item o nosso objetivo é apenas apresentar as regras de sustentabilidade ambiental constantes do Estatuto das Estatais, lembrando apenas que o Decreto 7.746/2012 já abarcava as empresas públicas e sociedades de economia mista, pois estabeleceu critérios, práticas e diretrizes gerais para a promoção do desenvolvimento nacional sustentável por meio das contratações realizadas pela administração pública federal direta, autárquica e fundacional e pelas empresas estatais dependentes.

De efeito, a empresa pública e a sociedade de economia mista **deverão**, nos termos da lei, adotar práticas de sustentabilidade ambiental e de responsabilidade social corporativa compatíveis com o mercado em que atuam[8].

Ademais, na contratação de obras e serviços, inclusive de **engenharia,** poderá ser estabelecida **remuneração variável vinculada ao desempenho do contratado**, com base em metas, padrões de qualidade, critérios de sustentabilidade ambiental e prazos de entrega definidos no instrumento convocatório e no contrato.

O **anteprojeto de engenharia**[9] **deverá conter parâmetros de adequação ao interesse público, à economia na utilização, à facilidade na execução, aos impactos ambientais** e à acessibilidade.

O **projeto básico**[10] **deve ser elaborado com base nas indicações dos estudos técnicos preliminares, que assegure a viabilidade técnica e o adequado tratamento do impacto ambiental do empreendimento** e que possibilite a avaliação do custo da obra e a definição dos métodos e do prazo de execução.

Na participação em sociedade empresarial em que a empresa pública, a sociedade de economia mista e suas subsidiárias não detenham o controle acionário, essas deverão adotar, no dever de fiscalizar, práticas de governança e controle proporcionais à relevância, à materialidade e aos riscos do negócio do qual são partícipes, considerando o relatório de cumprimento, nos negócios da sociedade, de condicionantes socioambientais estabelecidas pelos órgãos ambientais[11].

É **dispensável** a realização de **licitação** por empresas públicas e sociedades de economia mista na contratação de coleta, processamento e comercialização de resíduos sólidos urbanos recicláveis ou reutilizáveis, em áreas com sistema de coleta seletiva de lixo, efetuados por associações ou cooperativas formadas exclusivamente por pessoas físicas de

---

8. Artigo 27, §2º, da Lei 13.303/2016.
9. Peça técnica com todos os elementos de contornos necessários e fundamentais à elaboração do projeto básico.
10. Conjunto de elementos necessários e suficientes, com nível de precisão adequado, para caracterizar a obra ou o serviço, ou o complexo de obras ou de serviços objeto da licitação.
11. Artigo 1º, §7º, inciso VIII, da Lei 13.303/2016.

baixa renda que tenham como ocupação econômica a coleta de materiais recicláveis, com o uso de equipamentos compatíveis com as normas técnicas, ambientais e de saúde pública, nos termos do artigo 29, inciso XII, da Lei 13.303/2016.

Ademais, nas licitações abertas e contratações formadas pelas estatais deverá ser observada como diretriz de sustentabilidade a busca da maior vantagem competitiva para a empresa pública ou sociedade de economia mista, considerando custos e benefícios, diretos e indiretos, de natureza econômica, social **ou ambiental, inclusive os relativos à manutenção, ao desfazimento de bens e resíduos**, ao índice de depreciação econômica e a outros fatores de igual relevância, devendo ainda ser respeitadas as seguintes regras de proteção ambiental[12]:

> I - disposição final ambientalmente adequada dos resíduos sólidos gerados pelas obras contratadas;
>
> II - mitigação dos danos ambientais por meio de medidas condicionantes e de compensação ambiental, que serão definidas no procedimento de licenciamento ambiental;
>
> III - utilização de produtos, equipamentos e serviços que, comprovadamente, reduzam o consumo de energia e de recursos naturais;
>
> IV - avaliação de impactos de vizinhança, na forma da legislação urbanística;
>
> V - proteção do patrimônio cultural, histórico, arqueológico e imaterial, inclusive por meio da avaliação do impacto direto ou indireto causado por investimentos realizados por empresas públicas e sociedades de economia mista;
>
> VI - acessibilidade para pessoas com deficiência ou com mobilidade reduzida.

Por sua vez, a contratação a ser celebrada por empresa pública ou sociedade de economia mista da qual decorra impacto negativo sobre bens do **patrimônio cultural**, histórico, arqueológico e imaterial tombados dependerá de autorização da esfera de governo encarregada da proteção do respectivo patrimônio, devendo o impacto ser compensado por meio de medidas determinadas pelo dirigente máximo da empresa pública ou sociedade de economia mista, na forma da legislação aplicável.

12. Artigo 32, da Lei 13.303/2016.

De arremate, a empresa pública e a sociedade de economia mista, na licitação para aquisição de bens, poderão solicitar a **certificação** da qualidade do produto ou do processo de fabricação, inclusive sob o aspecto **ambiental**, por instituição previamente credenciada[13].

2.4. ROTULAGEM AMBIENTAL

A **rotulagem ambiental** pode ser definida como uma "certificação de que o produto em questão é apropriado ao uso que se propõe e apresenta menor impacto ambiental em relação a outros produtos comparáveis disponíveis no mercado. É conhecida também pelo nome de Selo Verde, sendo utilizada em vários países, inclusive no Brasil".[14]

Trata-se de uma tendência mundial. Na medida em que o setor público e o privado se conscientizam de que é necessário que todos cumpram a legislação ambiental, é natural que apenas desejem firmar negócios jurídicos com empresas que cumpram as leis ambientais, sendo que essa situação de legalidade será alvo de certificações públicas e privadas com reconhecimento.

O Decreto 7.746/2012, que regula as **licitações sustentáveis**, prevê que a comprovação das exigências contidas no instrumento convocatório poderá ser feita mediante **certificação** emitida ou reconhecida por instituição pública oficial ou instituição credenciada, ou por qualquer outro meio definido no instrumento convocatório.

Logo, a Administração Pública federal possui base normativa para exigir a rotulação ambiental como condição de habilitação nos certames e para firmas contratos administrativos.

Sobre o tema, colaciona-se decisão do Tribunal de Contas da União:

> **Acórdão 1375/2015 Plenário** (Representação, Relator Ministro Bruno Dantas)
>
> Licitação. Classificação. Certificação ambiental.
>
> É legítimo que as contratações da Administração Pública se adequem a novos parâmetros de sustentabilidade ambiental, ainda que com possíveis reflexos na economicidade da contratação. Deve constar expressamente dos processos de licitação motivação

13. Artigo 47, III, da Lei 13.303/2016.
14. Curso de Capacitação SUSTENTABILIDADE NA ADMINISTRAÇÃO PÚBLICA.

fundamentada que justifique a definição das exigências de caráter ambiental, as quais devem incidir sobre o objeto a ser contratado e não como critério de habilitação da empresa licitante.

No Brasil, a Associação Brasileira de Normas Técnicas - ABNT iniciou, em 1993, o Programa de Rotulagem Ambiental, ainda sob a influência da Rio 92. O estudo relativo a esse programa começou com uma pesquisa sobre os programas de rotulagem existentes no mundo para fornecer bases para a formulação de um modelo brasileiro. O modelo proposto segue o projeto de norma ISO 14024 - Rótulos e Declarações Ambientais - Rotulagem Ambiental Tipo I - Princípios e Procedimentos. Nesse modelo, que pressupõe uma estrutura participativa, onde todos os setores interessados podem manifestar seus interesses, os estudos são baseados na consideração do ciclo de vida do produto. A missão do programa é promover a redução dos impactos negativos relacionados a produtos e serviços[15].

2.5. AGENDA AMBIENTAL DA ADMINISTRAÇÃO PÚBLICA (A3P)

A A3P foi criada em 1999 como projeto do Ministério do Meio Ambiente, sendo instituído, dois anos depois, o Programa Agenda Ambiental da Administração Pública, conhecido pela sigla acima colocada. O seu objetivo é sensibilizar gestores públicos para a importância da questão ambiental, estimulando-os a incorporar princípios e critérios de gestão ambiental nas atividades rotineiras[16].

A A3P é um programa que busca incorporar os princípios da responsabilidade socioambiental nas atividades da Administração Pública, através do estímulo a determinadas ações que vão, desde uma mudança nos investimentos, compras e contratações de serviços pelo governo, passando pela sensibilização e capacitação dos servidores, pela gestão adequada dos recursos naturais utilizados e resíduos gerados, até a promoção da melhoria da qualidade de vida no ambiente de trabalho[17].

Objetiva orientar a adoção de práticas sustentáveis por todos os entes políticos, abarcando também os Poderes Legislativo e Judiciário, pois todos exercem em alguma medida as funções administrativas.

---

15. Curso de Capacitação SUSTENTABILIDADE NA ADMINISTRAÇÃO PÚBLICA.
16. Curso de Capacitação SUSTENTABILIDADE NA ADMINISTRAÇÃO PÚBLICA.
17. A3P, p. 34.

Conforme bem pontuado pelo então Ministro do Meio Ambiente na apresentação da A3P, Carlos Minc,

> A Administração Pública, como grande consumidora de bens e serviços, como cumpridora responsável das políticas públicas e com o poder de compra que possui por meio das licitações, precisa dar o exemplo das boas práticas nas atividades que lhe cabem. Desta forma, o material que compõe esta cartilha foi especialmente elaborado para os gestores públicos federais, estaduais e municipais com o intuito de auxiliá-los no processo de inserção da responsabilidade socioambiental e da sustentabilidade em tais atividades.
>
> O grande desafio consiste em transpor o discurso meramente teórico e concretizar a boa intenção num compromisso sólido, já que a adoção de princípios sustentáveis na gestão pública exige mudanças de atitudes e de práticas. Para que isso ocorra, se fazem necessárias a cooperação e união de esforços visando minimizar os impactos sociais e ambientais advindos das ações cotidianas atinentes à Administração Pública.
>
> Nesse sentido, o Ministério do Meio Ambiente criou o programa Agenda Ambiental na Administração Pública (A3P), uma ação que busca a construção de uma nova cultura institucional nos órgãos e entidades públicos. A A3P tem como objetivo estimular os gestores públicos a incorporar princípios e critérios de gestão socioambiental em suas atividades rotineiras, levando à economia de recursos naturais e à redução de gastos institucionais por meio do uso racional dos bens públicos, da gestão adequada dos resíduos, da licitação sustentável e da promoção da sensibilização, capacitação e qualidade de vida no ambiente de trabalho.
>
> A sustentabilidade no âmbito governamental tem sido cada vez mais um diferencial da nova gestão pública, onde os administradores passam a ser os principais agentes de mudança. Simples e pequenas ações realizadas diariamente, como por exemplo, o uso eficiente da água e da energia, a coleta seletiva, o consumo responsável de produtos e serviços, entre outros, contribuem para este processo.
>
> Cada um pode fazer a sua parte nas atividades cotidianas, seja no trabalho, em casa, no escritório, na rua, na escola e em outros locais. Portanto, mãos à obra! A A3P começa por você!

Conforme enuncia o Ministério do Meio Ambiente[18],

> A A3P é hoje o principal programa da administração pública de gestão socioambiental. Ele tem sido implementado por diversos órgãos e instituições públicas das três esferas de governo e no âmbito dos três poderes. Dado o seu caráter de modernidade e considerando os efeitos gerados com a sua implementação (economia de gastos e maior qualidade de vida, entre outros), o programa A3P tem sido utilizado como modelo de gestão socioambiental também pelo setor privado.
>
> A adoção da A3P pela administração pública significa a incorporação de práticas que, de um modo ou de outro, são cobradas pela sociedade.
>
> A3P é um programa do Ministério do Meio Ambiente criado como resposta da administração pública à necessidade de enfrentamento das graves questões ambientais. Era preciso pensar em como gastar menos energia para manter as instalações, como reduzir os gastos, como gerar o mínimo de rejeitos, como adquirir produtos que causassem menos danos ao meio ambiente, em suma, como implantar um programa de sustentabilidade na administração pública. Era preciso repensar os atuais padrões de produção e consumo do setor público e, em contrapartida, buscar estratégias que fossem inovadoras e, portanto, adotassem critérios, princípios e diretrizes sociais e ambientais. E, assim, surgiu a A3P.
>
> A A3P é mais que um programa de intenções. Ele motiva e oferece condições para que a administração pública, em todas as instâncias de governo – federal, estadual ou municipal – reflita, debata, e, por fim, adote iniciativas visando a sustentabilidade. A A3P atua para que a administração pública implemente uma política de Responsabilidade Socioambiental na forma de programas e projetos adequados ao órgão.
>
> Enquanto política de governo, a A3P sugere aos órgãos públicos que implementem uma agenda que contemple determinadas diretrizes socioambientais, organizadas em seis eixos temáticos:
>
> 1. *Uso racional dos recursos naturais e bens públicos*
> 2. *Gestão adequada dos resíduos gerados*
> 3. *Qualidade de vida no ambiente de trabalho*
> 4. *Sensibilização e capacitação do servidor*

18. www.mma.gov.br.

> *5. Licitações sustentáveis*
>
> *6. Compras sustentáveis.*
>
> Os eixos temáticos falam de uma administração pública devidamente inserida na modernidade, preocupada em ser mais eficiente nos serviços que oferece à sociedade, preocupada com a qualidade de vida de quem oferece esses serviços (no caso, o servidor), vigilante quanto aos recursos públicos gastos pela instituição.
>
> A A3P lida com padrões de produção e de consumo direcionados para o setor público. A agenda preconiza que o consumo na administração pública deve ser em menor quantidade, ter origem sustentável, gerar menos resíduos e não gerar impactos socioambientais negativos. Consequentemente, ao estabelecer critérios para as compras governamentais, algo que movimenta valores dentro da faixa de 10 a 15% do Produto Interno Bruto (PIB), a A3P exerce influência direta sobre o mercado. De fato, ao fixar padrões de sustentabilidade para o mercado, a A3P eleva para um novo patamar a qualidade do que o mercado oferece. E o ganho com esta mudança, claro, gera benefícios para toda sociedade.
>
> Por fim, a A3P deve ser vista como um instrumento de transformação do setor público para a adoção da sustentabilidade socioambiental com efeitos extremamente positivos para a sociedade.

As diretrizes da A3P se fundamentam nas recomendações do Capítulo IV da Agenda 21, que indica aos países o "estabelecimento de programas voltados ao exame dos padrões insustentáveis de produção e consumo e o desenvolvimento de políticas e estratégias nacionais de estímulo a mudanças nos padrões insustentáveis de consumo", no Princípio 8 da Declaração do Rio/92, que afirma que "os Estados devem reduzir e eliminar padrões insustentáveis de produção e consumo e promover políticas demográficas adequadas" e, ainda, na Declaração de Joanesburgo, que institui a "adoção do consumo sustentável como princípio basilar do desenvolvimento sustentável"[19].

IMPORTANTE

A A3P adota a **política dos 5 Rs:** Repensar, Reduzir, Reaproveitar, Reciclar e Recusar consumir produtos que gerem impactos socioambientais significativos:

---

19. A3P, p. 33.

- **Repensar** a necessidade de consumo e os padrões de produção e descarte adotados.
- **Reduzir** significa evitar os desperdícios, consumir menos produtos, preferindo aqueles que ofereçam menor potencial de geração de resíduos e tenham maior durabilidade.
- **Reaproveitar** é uma forma e evitar que vá para o lixo aquilo que não é lixo reaproveitando tudo o que estiver em bom estado. É ser criativo, inovador usando um produto de diferentes maneiras.
- **Reciclar** significa transformar materiais usados em matérias-primas para outros produtos por meio de processos industriais ou artesanais.
- **Recusar** possibilidades de consumo desnecessário e produtos que gerem impactos ambientais significativos[20].

No que concerne à reciclagem, coube à Resolução CONAMA 275/2001 estabelecer o código de cores para os diferentes tipos de resíduos, a ser adotado na identificação de coletores e transportadores, bem como nas campanhas informativas para a coleta seletiva:

- AZUL: papel/papelão;
- VERMELHO: plástico;
- VERDE: vidro;
- AMARELO: metal;
- PRETO: madeira;
- LARANJA: resíduos perigosos;
- BRANCO: resíduos ambulatoriais e de serviços de saúde;
- ROXO: resíduos radioativos;
- MARROM: resíduos orgânicos;
- CINZA: resíduo geral não reciclável ou misturado, ou contaminado não passível de separação.

20. A3P, p. 44.

Outrossim, a A3P se firma em **cinco eixos temáticos:**

1) Uso racional dos recursos naturais e bens públicos – Usar racionalmente os recursos naturais e bens públicos implica em usá-los de forma econômica e racional evitando o seu desperdício. Este eixo engloba o uso racional de energia, *água* e madeira além do consumo de papel, copos plásticos e outros materiais de expediente.

2) Gestão adequada dos resíduos gerados – A gestão adequada dos resíduos passa pela adoção da política dos 5 Rs: Repensar, Reduzir, Reutilizar, Reciclar e Recusar. Dessa forma deve-se primeiramente pensar em reduzir o consumo e combater o desperdício para só então destinar o resíduo gerado corretamente.

3) Qualidade de vida no ambiente de trabalho – A qualidade de vida no ambiente de trabalho visa facilitar e satisfazer as necessidades do trabalhador ao desenvolver suas atividades na organização através de ações para o desenvolvimento pessoal e profissional.

4) Sensibilização e capacitação de servidores – A sensibilização busca criar e consolidar a consciência cidadã da responsabilidade socioambiental nos servidores. O processo de capacitação contribui para o desenvolvimento de competências institucionais e individuais fornecendo oportunidade para os servidores desenvolverem atitudes para um melhor desempenho de suas atividades.

5) Licitações sustentáveis – A Administração Pública deve promover a responsabilidade socioambiental das suas compras. Licitações que levem *à* aquisição de produtos e serviços sustentáveis são importantes não só para a conservação do meio ambiente mas também apresentam uma melhor relação custo/benefício a médio ou longo prazo quando comparadas *às* que se valem do critério de menor preço.

A respeito do Banco de Boas Práticas da A3P, de acordo com o Ministério do Meio Ambiente, o

> Banco de Boas Práticas da Agenda Ambiental na Administração Pública A3P é um instrumento de registro e de divulgação interna e externa das melhores práticas na área de responsabilidade socioambiental de Órgãos e Instituições Parceiras da A3P. Os gestores são estimulados a documentar suas melhores práticas, possibilitando a troca de experiências, compartilhamento e enriquecimento mútuo.
>
> A finalidade do Banco de Boas Práticas é promover o compartilhamento e a socialização de capital intelectual público, num processo

de estímulo à interação virtual e presencial, para enriquecimento do conhecimento de interesse público e para o reconhecimento aos esforços de autoria de pessoas e equipes de trabalho[21].

Eis os projetos premiados em 2014:

Categoria: Gestão de Resíduos **1º lugar: Prefeitura de Ibirarema – SP** Projeto: Programa Municipal "Ibirarema Lixo Mínimo – Adote essa Ideia!" **2º lugar: Tribunal de Justiça de Santa Catarina** Projeto: Gestão, controle e destinação adequada de resíduos sólidos no Tribunal de Justiça de Santa Catarina (TJSC) **3º lugar: Furnas – Centrais Elétricas S.A.** Projeto: Programa de Reaproveitamento de Óleo Vegetal Categoria: Uso Sustentável dos Recursos Naturais **1º lugar: Casa da Moeda do Brasil** Projeto: Sistema de Reaproveitamento de Solução de Limpeza das Impressoras Calcográficas (Aquasave) **2º lugar: Prefeitura de Ibirarema – SP** Projeto: Programa Municipal "Habitação Sustentável" **3º lugar: Furnas – Centrais Elétricas S.A.** Projeto: Projeto de Implantação de Conversor Offshore para Geração de Eletricidade pelas Ondas do Mar Categoria: Inovação na Gestão Pública **1º lugar: Superior Tribunal de Justiça – STJ** Projeto: Consumo consciente – gestão mais racional **2º lugar: Tribunal Regional do Trabalho da 2ª Região** Projeto: Agentes socioambientais TRT-2 – Articuladores de uma gestão pública participativa, inovadora e eficiente **3º lugar: Prefeitura de Ibirarema – SP** Projeto: Programa municipal "Práticas de sustentabilidade na administração pública municipal" Categoria: Destaque da Rede A3P **Categoria: Gestão de resíduos: 1º lugar: Fundação Oswaldo Cruz – Fiocruz** Projeto: Gestão sustentável de resíduos perigosos em instituição de pesquisa em saúde pública **2º lugar: Prefeitura Municipal de Presidente Castello Branco** Projeto: Programa Castellense de Coleta Seletiva de Lixo **Categoria: Uso/Manejo Sustentável dos Recursos Naturais: 1º Secretaria da Receita Federal do Brasil – Coordenação-Geral de Tecnologia da Informação** Projeto: e-AssinaRFB – Solução para Assinatura de Documentos Digitais **Categoria: Inovação na Gestão Pública: 1º Prefeitura Municipal de Bragança Paulista – SP / Secretaria Municipal de Meio Ambiente** Projeto: Programa de Conciliação Socioambiental

As entidades e órgãos públicos que desejarem implementar a A3P devem seguir o seguinte caminho:

21. www.mma.gov.br.

A) **Criar uma comissão gestora**, conforme modelo que a instituiu no Ministério do Meio Ambiente;

B) Promover o **diagnóstico** que revele a situação ambiental do órgão nos seis eixos da A3P:

1) levantamento do consumo de recurso naturais;

2) levantamento dos principais bens adquiridos e serviços contratados pela instituição;

3) levantamento das obras realizadas;

4) levantamento das práticas de descarte adotadas pela instituição;

5) levantamento de práticas ambientais já adotadas, principalmente com relação ao descarte de resíduos;

6) levantamento das necessidades de capacitação, entre outras, conforme decisão da Comissão gestora.

Eis o modelo recomendado pelo Ministério do Meio Ambiente:

C) Elaborar um **Plano de Gestão Socioambiental**, que deve contemplar objetivos gerais e específicos, responsabilidades, prazos, medidas de monitoramento e recursos disponíveis.

D) Deverá ser promovida a **capacitação de servidores**.

E) Promover a **avaliação do projeto**, a fim de se criação um sistema de avaliação do Plano de Gestão Sustentável pela Comissão Gestora.

2.6. PORTARIA SEGES/ME Nº 8.678, DE 19 DE JULHO DE 2021 E PORTARIA SEGES/MGI Nº 5.376, DE 14 DE SETEMBRO DE 2023 (PLANO DE GESTÃO DE LOGÍSTICA SUSTENTÁVEL NA ADMINISTRAÇÃO PÚBLICA FEDERAL)

O artigo 16, do Decreto 7.746/2012 previu que a Administração Pública federal direta, autárquica e fundacional e as empresas estatais dependentes deverá elaborar e implementar Planos de Gestão de Logística Sustentável, prevendo, no mínimo:

> I – atualização do inventário de bens e materiais do órgão e identificação de similares de menor impacto ambiental para substituição;

II – práticas de sustentabilidade e de racionalização do uso de materiais e serviços;

III – responsabilidades, metodologia de implementação e avaliação do plano; e

IV – ações de divulgação, conscientização e capacitação.

Coube inicialmente à Instrução Normativa do Ministério do Planejamento, Orçamento e Gestão 10, de 12 de novembro de 2012 instituir regras para elaboração dos Planos de Gestão de Logística Sustentável (PLS), na Administração Pública Federal direta, autárquica, fundacional e nas empresas estatais dependentes.

Atualmente a regulação é dada pela Portaria Seges/ME nº 8.678, de 19 de julho de 2021, juntamente com a Portaria Seges/MGI nº 5.376, de 14 de setembro de 2023. Os órgãos e as entidades devem elaborar e implementar seu Plano Diretor de Logística Sustentável - PLS, de acordo com modelo de referência definido em ato da Secretaria de Gestão da Secretaria Especial de Desburocratização, Gestão e Governo Digital do Ministério da Economia.

Os critérios e práticas definidos pelo PLS deverão ser considerados para fins de definição:

I - da especificação do objeto a ser contratado;

II - das obrigações da contratada; ou

III - de requisito previsto em lei especial, de acordo com o disposto no inciso IV do caput do art. 67 da Lei nº 14.133, de 1º de abril de 2021.

Os PLS devem conter, no mínimo:

I - diretrizes para a gestão estratégica das contratações e da logística no âmbito do órgão ou entidade;

II - metodologia para aferição de custos indiretos, que poderão ser considerados na escolha da opção mais vantajosa à Administração, relacionados às despesas de manutenção, utilização, reposição, depreciação, tratamento de resíduos sólidos e impacto ambiental, entre outros fatores vinculados ao ciclo de vida do objeto contratado;

III - ações voltadas para:

a) promoção da racionalização e do consumo consciente de bens e serviços;

> b) racionalização da ocupação dos espaços físicos;
>
> c) identificação dos objetos de menor impacto ambiental;
>
> d) fomento à inovação no mercado;
>
> e) inclusão dos negócios de impacto nas contratações públicas; e
>
> f) divulgação, conscientização e capacitação acerca da logística sustentável;
>
> IV - responsabilidades dos atores envolvidos na elaboração, na execução, no monitoramento e na avaliação do PLS; e
>
> V - metodologia para implementação, monitoramento e avaliação do PLS.

O PLS deverá nortear a elaboração:

> I - do Plano de Contratações Anual;
>
> II - dos estudos técnicos preliminares; e
>
> III - dos anteprojetos, dos projetos básicos ou dos termos de referência de cada contratação.

O PLS será publicado no sítio eletrônico oficial do órgão ou entidade, devendo estar vinculado ao planejamento estratégico do órgão ou entidade, ou instrumento equivalente, e ao plano plurianual.

2.7. RESOLUÇÃO CNJ 400, DE 16 DE JUNHO DE 2021 ALTERADA PELA RESOLUÇÃO CNJ 550/2024

Coube inicialmente à Resolução 201/2015 do Conselho Nacional de Justiça dispor sobre a criação e competências das unidades ou núcleos socioambientais nos órgãos e conselhos do Poder Judiciário e implantação do respectivo Plano de Logística Sustentável (PLS-PJ).

No entanto, esta foi revogada pela **Resolução CNJ 400/2021, que aprovou política de sustentabilidade no âmbito do Poder Judiciário.**

Conforme sua previsão expressa, os órgãos do Poder Judiciário devem adotar modelos de gestão organizacional com processos estruturados que promovam a sustentabilidade, com base em ações ambientalmente corretas, economicamente viáveis e socialmente justas e inclusivas, culturalmente diversas e pautadas na integridade, em busca de um desenvolvimento nacional sustentável.

As ações ambientalmente corretas devem ter como objetivo a redução do impacto no meio ambiente, tendo como premissas a redução do consumo, o reaproveitamento e reciclagem de materiais, a revisão dos modelos de padrão de consumo e a análise do ciclo de vida dos produtos.

As ações economicamente viáveis devem buscar critérios de eficiência contínua dos gastos, levando em consideração a real necessidade da compra/contratação dentre as propostas mais vantajosas (análise custo-benefício) para sustentação da instituição, tendo em vista as inovações nos processos de trabalho.

As ações socialmente justas e inclusivas devem fomentar na instituição e em ações externas a adoção de comportamentos que promovam o equilíbrio e o bem-estar no ambiente de trabalho, por meio de atividades voltadas ao cuidado preventivo com a saúde, acessibilidade e inclusão social dos quadros de pessoal e auxiliar. As ações culturalmente diversas têm como objetivo respeitar a variedade e a convivência entre ideias, características, gêneros e regionalismos no ambiente de trabalho.

A atuação estratégica dos órgãos do Poder Judiciário nas ações judiciais ambientais deve primar pela proteção dos direitos intergeracionais ao meio ambiente, observadas as diretrizes estabelecidas na Resolução CNJ nº 433/2021.

Nos temas da diversidade, inclusão social e equidade, os órgãos do Poder Judiciário observarão os normativos específicos do CNJ que tratam das temáticas.

Para os fins da Resolução 400/2021, consideram-se:

> I – ações de sustentabilidade: práticas institucionais que tenham como objetivo a promoção de comportamentos éticos e que contribuam para o desenvolvimento ambiental, social, cultural e econômico, melhorando, simultaneamente, o meio ambiente e a qualidade de vida do quadro de pessoal e auxiliar do Poder Judiciário, da comunidade local e da sociedade como um todo;
>
> II – coleta seletiva: coleta de resíduos sólidos previamente separados conforme sua constituição ou composição com destinação ambientalmente adequada;
>
> III – coleta seletiva solidária: coleta dos resíduos recicláveis descartados, separados na fonte geradora, para destinação às associações e cooperativas de catadores de materiais recicláveis;

IV – contratações compartilhadas: aquisição conjunta de bens e serviços que geram menor impacto ambiental, maior inclusão social, consideram a dimensão cultural da sustentabilidade e a eficiência econômica, com ganho de escala, realizada por organizações públicas de diferentes setores ou entre unidades de uma mesma organização pública, visando fomentar a produção e o consumo sustentáveis no país;

V – critérios de sustentabilidade: parâmetros utilizados para avaliação e comparação de bens, materiais ou serviços em função do seu impacto ambiental, social e econômico;

VI – quadro de pessoal: magistrados(as) e servidores(as) efetivos, requisitados(as), cedidos(as) e comissionados(as) sem vínculo;

VII – quadro auxiliar: estagiários(as), terceirizados(as), juízes(as) leigos(as), trabalhadores(as) de serventias judiciais privatizadas, conciliadores(as), voluntários(as) e jovens aprendizes;

VIII – gestão documental: conjunto de procedimentos e operações técnicas para produção, tramitação, uso e avaliação de documentos, com vistas à sua guarda permanente ou eliminação, mediante o uso razoável de critérios de responsabilidade ambiental;

IX – logística sustentável: processo de coordenação do fluxo de materiais, de serviços e de informações, do fornecimento ao desfazimento, considerando o ambientalmente correto, o socialmente justo e o desenvolvimento econômico equilibrado;

X – material de consumo: todo material que, em razão de sua utilização, perde normalmente sua identidade física e/ou tem sua utilização limitada a 2 (dois) anos;

XI – órgãos do Poder Judiciário: conselhos e tribunais do Poder Judiciário;

XII – PLS-Jud: sistema informatizado para recebimento dos dados referentes aos Planos de Logística Sustentável dos órgãos do Poder Judiciário;

XIII – ponto de equilíbrio: quantidade ideal de recursos materiais necessários para execução das atividades desempenhadas por uma unidade de trabalho, sem prejuízo de sua eficiência;

XIV – práticas de racionalização: ações que tenham como objetivo a melhoria da qualidade do gasto público e o aperfeiçoamento contínuo na gestão dos processos de trabalho; e

XV – resíduos recicláveis descartados: materiais passíveis de retorno ao seu ciclo produtivo, rejeitados pelos órgãos do Poder Judiciário.

Foi mantida a determinação para que os órgãos do Poder Judiciário realizem a gestão do respectivo **Plano de Logística Sustentável (PLS).** O PLS será instituído por ato do Presidente do órgão do Poder Judiciário e publicado no sítio eletrônico do respectivo órgão.

O PLS é instrumento que se alinha à Estratégia Nacional do Judiciário, e aos Planos Estratégicos dos órgãos, com objetivos e responsabilidades definidas, indicadores, metas, prazos de execução, mecanismos de monitoramento e avaliação de resultados, que permite estabelecer e acompanhar práticas de sustentabilidade, racionalização e qualidade, que objetivem uma melhor eficiência do gasto público e da gestão dos processos de trabalho, considerando a visão sistêmica do órgão.

O PLS deverá ser composto, no mínimo:

I – por indicadores de desempenho relacionados aos seguintes temas:

a) uso eficiente de insumos, materiais e serviços;

b) energia elétrica;

c) água e esgoto;

d) gestão de resíduos;

e) qualidade de vida no ambiente de trabalho;

f) sensibilização e capacitação contínua do quadro de pessoal e, no que couber, do quadro auxiliar e, quando for o caso, de outras partes interessadas;

g) deslocamento de pessoal a serviço, bens e materiais, considerando todos os meios de transporte, com foco na redução de gastos e de emissões de substâncias poluentes;

h) obras de reformas e leiaute;

i) equidade e diversidade;

j) aquisições e contratações sustentáveis;

II – pela série histórica de gastos e consumos relativos aos indicadores de desempenho do PLS do órgão; (redação dada pela Resolução n. 550, de 3.4.2024)

> III – pelas metas alinhadas ao Plano Estratégico do órgão;
>
> IV – pela metodologia de implementação, de avaliação do plano e de monitoramento dos resultados;
>
> V – pela designação das unidades gestoras responsáveis pelo levantamento de dados, formulação de metas e execução das ações;
>
> VI – pela designação das unidades gestoras responsáveis pelo levantamento de dados, formulação e monitoramento de metas. (redação dada pela Resolução n. 550, de 3.4.2024)

Os resultados apurados relativos aos indicadores de desempenho e às ações do PLS devem ser avaliados pela Comissão Gestora do PLS, pelo menos uma vez ao ano, e devem compor o relatório de desempenho do PLS.

Um dos Tribunais que pioneiramente aprovaram o PLS-PJ foi do Tribunal de Justiça do Distrito Federal, que vem servindo de exemplo, conforme notícia divulgada no sítio do TJDF em Julho de 2015:

> Plano de logística sustentável desperta interesse de outros órgãos
>
> 21/07/2015 – 12h15
>
> O Plano de Logística Sustentável (PLS) do Tribunal de Justiça do Distrito Federal e Territórios (TJDFT) vem despertando o interesse de outros órgãos do Poder Judiciário. Tema da Resolução 201 do Conselho Nacional de Justiça (CNJ), o PLS é uma ferramenta do Planejamento Estratégico voltada ao aperfeiçoamento contínuo da gestão dos gastos e consumos dos órgãos.
>
> Na última semana, o juiz assessor da Presidência do Tribunal de Justiça do Estado do Espírito Santo (TJES), desembargador Fernando Ferosa, visitou o Tribunal para conhecer a prática de implantação do PLS. Na ocasião, conheceu as unidades de Planejamento Estratégico e Gestão Socioambiental. O magistrado considerou inovador e muito avançado o trabalho desenvolvido no âmbito do TJDFT, que foi motivo de visita também pelo Tribunal de Contas da União, Superior Tribunal de Justiça, Tribunal Regional do Trabalho da 3ª Região (MG) e Tribunais de Justiça de Tocantins, Pernambuco, Rio de Janeiro, Pará e Paraíba. O Tribunal do DF vem utilizando uma ferramenta informatizada de business intelligence, que captura em tempo real os dados gerados em qualquer tipo de plataforma, desde que parametrizados. Essa ferramenta e a experiência do órgão na área de planejamento estratégico e

gestão socioambiental permitiram ao TJDFT avançar na implantação do seu PLS.

O TJDFT já editou Portaria sobre a matéria (Portaria Conjunta 53/2015) e nomeou comitê gestor formado pelos titulares das áreas de planejamento, orçamento, predial, compras e gestão socioambiental, e presidido pelo secretário geral do órgão. Atualmente o PLS-TJDFT está na fase de coleta das metas de cada um dos indicadores de consumo e de qualidade de vida, a serem formuladas pelos gestores das unidades responsáveis. Esses também deverão propor iniciativas a serem postuladas para alcance das metas. O trabalho tem utilizado as ferramentas de planejamento da Casa.

O TJDFT vai monitorar também os consumos relativos à alteração de layouts e de materiais de escritório nas unidades onde vem sendo implantado o processo judicial eletrônico. O objetivo é a melhoria contínua do gasto público, com padrões sustentáveis para as compras, contratações e uso de materiais, minimizando o impacto socioambiental da atividade judicial.

A troca de boas práticas entre os órgãos do Poder Judiciário em relação ao PLS são uma orientação do CNJ, a fim de reduzir gastos na contratação de consultorias, somar esforços e agilizar os resultados práticos do Plano de Logística.

Fonte: TJDFT

Deve existir uma **unidade de sustentabilidade** com caráter permanente para assessorar o planejamento, a implementação, o monitoramento de metas anuais e a avaliação de indicadores de desempenho.

A unidade de sustentabilidade deve, preferencialmente, ser subordinada diretamente à Presidência, à Secretaria-Geral ou à Diretoria-Geral do órgão do Poder Judiciário. Deverá ser observada a seguinte lotação mínima na unidade de sustentabilidade:

I - 3 (três) servidores(as), nos tribunais que possuam mais de 5.000 servidores do quadro de pessoal;

II - 2 (dois) servidores(as), nos tribunais cuja quantidade de servidores seja inferior ao quantitativo mencionado no inciso I;

São competências da unidade de sustentabilidade:

I – elaborar o PLS em conjunto com as unidades gestoras responsáveis pela execução do PLS;

II – monitorar os indicadores e as metas do PLS;

III – elaborar, em conjunto com as unidades gestoras responsáveis pela execução do PLS, as ações constantes do plano de ações e monitorá-las;

IV – elaborar relatório de desempenho anual do PLS, conforme art.10- A; (redação dada pela Resolução n. 550, de 3.4.2024)

V – subsidiar a administração com informações que auxiliem a tomada de decisão sob o aspecto ambiental, econômico, social e cultural; (redação dada pela Resolução n. 550, de 3.4.2024)

VI – estimular a reflexão e a mudança dos padrões comportamentais quanto a aquisições, contratações, consumo e gestão documental dos órgãos do Poder Judiciário, bem como dos quadros de pessoal e auxiliar de cada instituição, em busca de posturas mais eficientes, eficazes, responsáveis e inclusivas;

VII – fomentar ações, com o apoio da Comissão Gestora do PLS e em conjunto com as unidades gestoras pela execução do PLS, que estimulem:

a) o aperfeiçoamento contínuo da qualidade do gasto público;

b) o uso sustentável de recursos naturais e bens públicos;

c) a redução do impacto negativo das atividades do órgão no meio ambiente com a adequada gestão dos resíduos gerados;

d) a promoção das contratações sustentáveis;

e) a gestão sustentável de documentos e materiais;

f) a sensibilização e capacitação do corpo funcional e de outras partes interessadas;

g) a qualidade de vida no ambiente de trabalho;

h) a promoção da equidade e da diversidade;

i) a inclusão social; e

j) a mitigação de emissões de gases de efeito estufa no âmbito do órgão do Poder Judiciário. (redação dada pela Resolução n. 550, de 3.4.2024)

A unidade de sustentabilidade deve buscar, incentivar e promover parcerias eficazes com outros tribunais, conselhos, entidades sem fins lucrativos e a sociedade civil, com foco na sustentabilidade, a fim de compartilhar experiências e estratégias relacionadas ao PLS e às compras e contratações.

A **Comissão Gestora do PLS** deverá ser presidida por um(a) magistrado(a) e composta por, no mínimo, 5 (cinco) servidores(as) titulares de unidade, abrangendo, necessariamente, as áreas de gestão estratégica, sustentabilidade e compras ou aquisições. São suas competências:

> I - deliberar sobre os indicadores e metas do PLS;
>
> II - avaliar e aprovar os relatórios de desempenho do PLS, elaborados pela unidade de sustentabilidade;
>
> III - propor a revisão do PLS; e
>
> IV - sugerir tarefas e iniciativas às unidades para o alcance das metas e realização das ações propostas no PLS.

As unidades envolvidas no processo de contratação, em interatividade com a unidade de sustentabilidade, devem incluir práticas de gestão sustentável, racionalização e consumo consciente, que compreendam, no que couber, as seguintes etapas:

> I - estudo e levantamento das alternativas à aquisição de produtos e serviços solicitados, considerando:
>
> a) a verificação da real necessidade de aquisição do produto e/ ou serviço, nas fases de elaboração do Plano Anual de Compras e Contratações;
>
> b) a análise da série histórica de consumo, na fase de atendimento às demandas, de forma a fomentar o alcance do ponto de equilíbrio;
>
> c) as inovações no mercado fornecedor; e
>
> d) o ciclo de vida do produto.
>
> II - a especificação ou alteração de especificação já existente do material ou serviço solicitado, em ferramenta de compras e de administração de material da instituição, observando os critérios e práticas de gestão sustentável;
>
> III - os possíveis impactos da aquisição ou contratação nas metas previstas para os indicadores monitorados pelo PLS do órgão;
>
> IV - as formas de descarte adequado do produto ao fim de sua vida útil, em observância à Política Nacional de Resíduos Sólidos, em especial o emprego da logística reversa na destinação final de suprimentos de impressão, pilhas e baterias, pneus, lâmpadas, óleos lubrificantes, seus resíduos e embalagens, bem como

produtos eletroeletrônicos e seus componentes, e resíduos de serviço de saúde, observadas as limitações de cada município;

V – adoção das compras compartilhadas com outros órgãos, visando à economicidade e às diretrizes legais de promoção do desenvolvimento nacional sustentável.

As aquisições e contratações efetuadas pelos órgãos do Poder Judiciário devem observar os critérios de sustentabilidade quanto aos bens, serviços e obras, inclusive na execução de reformas, na locação, aquisição e manutenção predial de bens imóveis, tais como:

I – rastreabilidade e origem dos insumos de madeira como itens de papelaria e mobiliário, a partir de fontes de manejo sustentável;

II – eficiência energética;

III – consumo racional de água;

IV – nível de emissão de poluentes e ruídos de veículos, máquinas e aparelhos consumidores de energia;

V – eficácia e segurança dos produtos usados na limpeza e conservação de ambientes;

VI – certificações orgânicas, fomento à produção local e à agricultura familiar na aquisição de gêneros alimentícios;

VII – eficácia e eficiência nos serviços de mobilidade, de vigilância e nos demais necessários ao apoio à atividade jurisdicional, considerando a relação custo/benefício da contratação; e

VIII – racionalidade e consumo consciente quanto aos bens materiais, assim como o acondicionamento adequado com a utilização de materiais recicláveis, considerando o menor volume possível nas embalagens e respectiva proteção no transporte e armazenamento.

Os órgãos do Poder Judiciário instituirão **guia de contratações sustentáveis**, com o objetivo de orientar a inclusão de critérios e práticas de sustentabilidade a serem observados na aquisição de bens e na contratação de obras e serviços.

É recomendável que os órgãos do Poder Judiciário cadastrem as boas práticas que resultaram em impacto positivo quanto aos aspectos ambientais, econômicos, sociais e culturais no Portal CNJ de **Boas Práticas**

do Poder Judiciário, conforme regulamento previsto na Portaria CNJ nº 140/2019.

Notícia publicada no sítio do Tribunal Regional Federal da 2ª Região em 25/7/2016 aponta práticas sustentáveis de sucesso já adotados no Poder Judiciário:

> **25/7/2016 – CNJ: Ações de sustentabilidade nos tribunais economizam recursos públicos. TRF2 economiza com energia elétrica R$ 1 milhão em doze meses**
>
> Tribunais de todo o país se movimentam para elaborar e implantar ações de sustentabilidade ambiental em cumprimento à Resolução 201/2015 do Conselho Nacional de Justiça (CNJ), que determina a criação de núcleos socioambientais e implantação do Plano de Logística Sustentável do Poder Judiciário (PLS). O objetivo é reduzir despesas, aplicar de forma eficiente os recursos e promover o uso consciente de materiais.
>
> Algumas iniciativas como a redução do consumo de copos plásticos, reutilização da água, limitação do uso de combustível e telefone e diminuição do volume de impressões e cópias de documentos já viraram padrão nos tribunais de todo o país. A ordem agora é fazer mais com menos.
>
> Algumas ideias inovadoras já estão surtindo efeito, como na sede do Tribunal Regional Federal da 1ª Região (TRF1), em Brasília. A colocação de garrafas PET como redutor de água das descargas de banheiro e o uso de tampas de detergente como redutor de vazão das torneiras já conseguem reduzir consideravelmente o consumo.
>
> **União de esforços**
>
> Com a divulgação da bem-sucedida experiência no TRF1, o Tribunal Regional do Trabalho da 16ª Região (TRT/MA) também lançou uma campanha interna para arrecadar garrafas PET e tampas. A ideia é usar esse material para economizar na conta de água. Assim como foi feito na capital federal, as garrafas arrecadadas no Maranhão serão utilizadas para redução dos volumes das descargas de 6 litros para 4,5 litros (redução de 25%) enquanto as tampas de detergente funcionarão como redutores de vazão das torneiras nos prédios do tribunal.
>
> Além disso, o TRT-MA firmou parceria com a companhia energética local (Cemar) para implantação do Projeto Ecocemar. A parceria possibilita aos servidores, colaboradores, magistrados e

jurisdicionados a troca dos resíduos sólidos (caixas, garrafas PET, produtos recicláveis) por bônus de até 65% na fatura da conta de luz ou doação do desconto para instituições filantrópicas.

Ainda no Maranhão, o Tribunal de Justiça (TJMA) também deflagrou o processo de implantação da coleta seletiva solidária no âmbito do Judiciário local. Neste mês, o TJ doou 50kg de garrafas PET à Cooperativa de Reciclagem de São Luís, parceira da instituição no desenvolvimento do projeto. O TJMA também possui Plano de Logística Sustentável, com cronograma ajustado de maneira que seja desenvolvido um trabalho sistemático de educação voltado para a sustentabilidade e viabilidade das ações efetivas.

TI Verde

No Tribunal de Justiça Militar de Minas Gerais (TJM-MG), a construção da nova sede foi feita com material reciclado. Na obra de modernização do prédio, 1,13 tonelada de material de redes de cabeamento estruturado retornou para reciclagem, reduzindo a extração de minério de cobre em 107.635 toneladas, bem como o consumo de 10.831 KWh, energia suficiente para abastecer 73 residências durante um mês. Com a economia, o prédio ganhou o certificado Green IT, alusivo à sustentabilidade nas áreas de tecnologia da informação. Fornecido pelas empresas Digicomp e Furukawa, a certificação vem do Inglês Green IT (Green Information Technology), ou "TI Verde", representando a prática de uso consciente dos recursos tecnológicos de forma eficiente e ambientalmente responsável.

Papel de bagaço

Outra novidade é o uso de papel produzido a partir das fibras recicladas do bagaço de cana-de-açúcar pelo Tribunal de Justiça de Santa Catarina (TJSC). Ao contrário da madeira de reflorestamento, que precisa de muitos anos para ser utilizada, o bagaço da cana-de-açúcar é uma matéria-prima de baixo custo e abundante praticamente o ano todo. A experiência foi idealizada pelas Divisões de Gestão Ambiental, Almoxarifado e Equipamentos do tribunal, e teve como inspiração a questão das licitações sustentáveis, um dos eixos temáticos da A3P – Agenda Ambiental na Administração Pública, do Ministério do Meio Ambiente, à qual o Tribunal aderiu em 2013.

Compras coletivas

Alguns tribunais estão se unindo para fazer compras coletivas e assim conseguirem melhores preços nas licitações. Em

Pernambuco, existe o grupo "Ecos de Pernambuco", um comitê formado por representantes regionais dos tribunais do Trabalho, Federal, Eleitoral, de Contas e de Justiça. No Pará existe a "Aliança Verde", formada pelo Tribunal Regional do Trabalho da 8ª Região (PA e AP), pelo Tribunal de Justiça do Pará (TJPA), pelo Ministério Público do Trabalho do Pará (MP/PA), Ministério Público Federal e Tribunal de Contas do Pará (TC/PA). A proposta também é fazer compras coletivas em conjunto, para conseguir melhores preços para produtos comuns, como material de expediente, copos descartáveis e produtos de limpeza entre outros.

Energia

O TRT da 8º Região também foi destaque por ter investido e instalado painéis de energia solar na sua nova sede, em Macapá, que geram carga suficiente para toda a demanda do tribunal. A conta de energia é uma das mais pesadas dos tribunais de todo o país. Por isso, várias ações implementadas foram no sentido de economizar energia elétrica.

No Tribunal Regional Federal da 2ª Região (TRF 2), o modelo tarifário contratado para energia elétrica foi alterado, o que gerou uma economia de cerca de R$ 1 milhão em doze meses. Já no Tribunal Regional Federal da 4º Região (TRF 4), todas as lâmpadas foram trocadas por modelos mais econômicos.

Banco de boas práticas

O conselheiro do CNJ Norberto Campelo espera que até o final do segundo semestre já esteja disponível no Portal do CNJ o "banco de boas práticas", com uma lista de iniciativas sustentáveis já implantadas e com resultados positivos em vários tribunais, que podem servir de exemplo para outros estados. "Os gestores verão que não precisam inventar a roda, basta aplicar as experiências positivas que já estão funcionando em outros tribunais", afirmou o conselheiro.

***Fonte: Agência CNJ de Notícias**

Coube a Resolução CNJ 550/2024 instituir o Balanço da Sustentabilidade do Poder Judiciário, que deve elaborado e publicado pelo Departamento de Pesquisas Judiciárias (DPJ), com informações recebidas via PLS-Jud.

Consiste em uma ferramenta de gestão e transparência dos resultados das ações voltadas à promoção da sustentabilidade nos órgãos do Poder

Judiciário, por meio do monitoramento do uso dos recursos e serviços prestados, buscando melhor eficiência do gasto público.

Integram o Balanço da Sustentabilidade do Poder Judiciário as variáveis e os indicadores constantes do seguinte Anexo, para fins de avaliação do desenvolvimento ambiental, econômico, social e cultural dos órgãos do Poder Judiciário:

> **"Variáveis e Indicadores -**
>
> *1.VARIÁVEIS GERAIS*
>
> *2.PAPEL 3.COPOS DESCARTÁVEIS*
>
> *4.ÁGUA ENVASADA EM EMBALAGEM PLÁSTICA*
>
> *5.IMPRESSÃO 6.ENERGIA ELÉTRICA*
>
> *7.ÁGUA E ESGOTO*
>
> *8.GESTÃO DE RESÍDUOS*
>
> *9.REFORMAS E CONSTRUÇÕES*
>
> *10.LIMPEZA*
>
> *11.VIGILÂNCIA*
>
> *12.TELEFONIA*
>
> *13.VEÍCULOS*
>
> *14.COMBUSTÍVEL*
>
> *15.APOIO AO SERVIÇO ADMINISTRATIVO*
>
> *16.AQUISIÇÕES E CONTRATAÇÕES*
>
> *17.QUALIDADE DE VIDA*
>
> *18.CAPACITAÇÃO EM SUSTENTABILIDADE 19.EQUIDADE E DIVERSIDADE"*

O Balanço da Sustentabilidade do Poder Judiciário também é composto pelo Índice de Desempenho de Sustentabilidade (IDS), que compreende a criação de um indicador sintético capaz de avaliar o resultado combinado de várias dimensões distintas, de acordo com metodologia estabelecida pelo DPJ.

O CNJ disponibilizará aos órgãos do Poder Judiciário acesso ao PLS-Jud para prestarem as informações referentes aos indicadores constantes do referido Anexo, com o objetivo de padronizar o envio e o recebimento de dados.

Por fim, os órgãos do Poder Judiciário devem implementar plano de compensação ambiental até o ano 2030 (Agenda 2030 – ONU), a fim de reduzir, permanentemente, a emissão de gases de efeito estufa, resultante de seu funcionamento.

2.8. RESOLUÇÃO STF 561, DE 24 DE SETEMBRO DE 2015

(Dispõe sobre a elaboração e a implantação do plano de logística sustentável do STF)

O Plano de Logística Sustentável do STF (PLS-STF), na sua elaboração e implementação, é regido pela Resolução 561/2015, sendo um instrumento vinculado ao planejamento estratégico do STF, com objetivos e responsabilidades definidas, ações, metas, prazos de execução, mecanismos de monitoramento e avaliação de resultados, a fim de permitir a adoção de práticas de sustentabilidade, de racionalização e de qualidade que objetivem melhorar a eficiência do gasto público e a gestão dos processos de trabalho, devendo ser aprovado pelo Diretor-Geral da Secretaria do STF mediante a edição de ato próprio.

Constitui o **conteúdo mínimo do PLS-STF** a previsão de práticas de sustentabilidade, de racionalização e de consumo consciente de materiais e serviços; de responsabilidades, metodologia de implementação, avaliação do plano e monitoramento dos dados e de ações de divulgação, sensibilização e capacitação, devendo abranger os seguintes assuntos:

> I – uso eficiente de insumos e materiais considerando, inclusive, a implantação do processo judicial eletrônico e a informatização dos processos e procedimentos administrativos;
>
> II – energia elétrica;
>
> III – água e esgoto;
>
> IV – gestão de resíduos;
>
> V – contratações sustentáveis, compreendendo, pelo menos, obras, equipamentos, combustível, serviços de vigilância, de limpeza, de telefonia, de processamento de dados, de apoio administrativo e de manutenção predial;

VI – deslocamento de pessoal, bens e materiais, considerando todos os meios de transporte, com foco na redução de gastos e emissões de substâncias poluentes;

VII – qualidade de vida no ambiente de trabalho;

VIII – sensibilização e capacitação contínua do corpo funcional, força de trabalho auxiliar e, quando for o caso, de outras partes interessadas.

O PLS-STF deve prever **planos de ação** com o seguinte conteúdo, devendo os resultados alcançados ser avaliados anualmente pela Comissão Gestora da Agenda Ambiental do STF, utilizando como parâmetro os indicadores instituídos nos planos de ação e as boas práticas:

I – objetivo do plano de ação;

II – detalhamento de implementação das ações;

III – unidades e áreas envolvidas na implementação de cada ação e respectivos responsáveis;

IV – metas a serem alcançadas para cada ação;

V – cronograma de implementação das ações;

VI – previsão de recursos financeiros, humanos, instrumentais, entre outros, necessários à implementação das ações.

As licitações e contratações administrativas perpetradas pelo STF deverão observar critérios de sustentabilidade na aquisição de bens, tais como a rastreabilidade e origem dos insumos de madeira, como itens de papelaria e mobiliário, a partir de fontes de manejo sustentável; a eficiência energética e nível de emissão de poluentes de máquinas e aparelhos consumidores de energia, veículos e prédios públicos; a eficácia e segurança dos produtos usados na limpeza e conservação de ambientes; as práticas de sustentabilidade na execução dos serviços; os critérios e práticas de sustentabilidade no projeto e execução de obras e serviços de engenharia e o emprego da logística reversa na destinação final de suprimentos de impressão, pilhas e baterias, pneus, lâmpadas, óleos lubrificantes, seus resíduos e embalagens, bem como produtos eletroeletrônicos e seus componentes, de acordo com a Política Nacional de Resíduos Sólidos.

As iniciativas e as ações que resultarem em impacto positivo quanto aos aspectos ambientais, econômicos e sociais na gestão das unidades administrativas do STF serão elencadas no **banco de práticas de**

sustentabilidade, racionalização e consumo consciente, a ser disponibilizado no sítio www.stf.jus.br.

Compete à Comissão Gestora da Agenda Ambiental do STF elaborar a proposta do PLS-STF e propor sua revisão, quando necessário; monitorar e avaliar a sua execução; promover estudos para subsidiar a instituição dos indicadores para avaliação do desempenho ambiental e econômico e gerir o banco de práticas de sustentabilidade, racionalização e consumo consciente e disponibilizá-lo no sítio do STF.

Vale registrar que o STF já aderiu à A3P, conforme notícia publicada no sítio oficial em 17 de Julho de 2015:

> **Agenda Ambiental**
>
> Com foco na preservação do meio ambiente e na racionalização de gastos, o STF aderiu à Agenda Ambiental da Administração Pública (A3P), do Ministério do Meio Ambiente. Uma comissão gestora, criada em março deste ano, é responsável por realizar diagnóstico ambiental do Tribunal com o intuito de elaborar um plano de logística sustentável com o estabelecimento de práticas de sustentabilidade e metas de economia.
>
> Entre as ações que já integram o plano estão a coleta seletiva, com descarte correto de lixo e o envio de materiais para reciclagem, e a destinação adequada de eletrodomésticos, baterias, pilhas usadas e óleo de cozinha. Todas essas ações buscam o melhor aproveitamento dos resíduos gerados no Supremo e a disseminação de conhecimento entre servidores, colaboradores e todo o público que passa pelo Tribunal. As ações também cumprem outra função social ao contribuir, de forma indireta, com o aumento da renda das cooperativas de catadores.
>
> O plano de logística sustentável compreenderá ainda metas de economia de água, energia, copos descartáveis, papéis e outros materiais de consumo. Nesse ponto, o principal desafio será conscientizar o público do STF de que a mudança de atitudes rotineiras – como desligar luzes e computador, utilizar ao máximo luz natural, usar canecas para tomar café e garrafinhas de água, evitar imprimir documentos desnecessários – pode causar, ao fim, grande impacto na redução de gastos públicos.

Por fim, nos termos da Resolução STF 747/2021, a promoção de ações de sustentabilidade no âmbito do Supremo Tribunal Federal (STF) fica regulamentada por esta Resolução e tem por objetivo fomentar a responsabilidade socioambiental, a adoção de procedimentos de sustentabilidade e critérios socioambientais nas atividades do Tribunal, com foco nos seguintes fundamentos:

> I - uso racional dos recursos naturais e bens públicos: utilizar energia, água, madeira, papel, copos e materiais de expediente, entre outros, de forma racional, para que haja economia dos recursos financeiros, menor desperdício e menor impacto ambiental negativo;
>
> II - gestão adequada dos resíduos gerados: adotar a política dos 5R's - Repensar, Reduzir, Reutilizar, Reciclar e Recusar - e, com base na Lei nº 12.305/2010, que estabelece a Política Nacional de Resíduos Sólidos - PNRS, implantar o gerenciamento de resíduos sólidos;
>
> III - qualidade de vida no ambiente de trabalho: criar meios para que todas as pessoas que circulam no ambiente se sintam bem e, conforme cada caso, adotar procedimentos e instalar equipamentos que contribuam para a melhor qualidade de vida;
>
> IV - sensibilização e capacitação dos servidores: criar e consolidar nos servidores a consciência cidadã quanto à responsabilidade socioambiental, com a adoção de práticas que promovam a sustentabilidade e o respeito à vida;
>
> V - contratações públicas sustentáveis: adquirir e contratar com critérios de sustentabilidade, e considerar a relação custo/benefício no médio e longo prazos, e não somente o critério de menor preço; e
>
> VI - construções sustentáveis: construir e/ou reformar considerando critérios que atendam o conforto térmico e acústico, fazendo uso da luz solar, energia dos ventos e água da chuva, utilizar materiais e equipamentos que impliquem em maior economia de energia, entre outros, e produzam pouco ou nenhum impacto ambiental, garantindo a acessibilidade às pessoas portadoras de deficiência ou com mobilidade reduzida.

Por este ato, passam a ser de responsabilidade do CGS-STF as competências relativas à proposição, execução, monitoramento e revisão do Plano de Logística Sustentável (PLS) e demais atribuições previstas na Resolução nº 561, de 24 de setembro de 2015.

2.9. INSTRUÇÃO NORMATIVA STJ/GDG N. 4 DE 16 DE JANEIRO DE 2024

O STJ criou em 2008 o seu **Programa de Responsabilidade Socioambiental** para sensibilizar servidores, estagiários, prestadores de serviços e cidadãos em geral quanto à responsabilidade socioambiental de cada um, pois o STJ deve acompanhar o impacto de suas atividades na sociedade e no meio ambiente.

Compete ao Programa de Responsabilidade Socioambiental do STJ o fortalecimento institucional da consciência crítica sobre a problemática ambiental, social e econômica e o incentivo à participação individual e coletiva na preservação do equilíbrio do meio ambiente, bem como disseminar práticas socioambientais corretas e reforçar as já existentes, devendo manter registro de boas práticas na forma de guia ou dicas sustentáveis disponíveis na intranet do Tribunal.

Por sua vez, a Portaria 293/2012, da lavra do Diretor Geral, aprovou a Política de Sustentabilidade do Superior Tribunal de Justiça, fixando como **diretriz** a harmonização dos objetivos sociais, ambientais e econômicos com vistas à preservação potencial da natureza para a produção de recursos renováveis, a limitação do uso dos recursos não renováveis e o respeito à capacidade de renovação dos sistemas naturais.

A Política de Sustentabilidade no Superior Tribunal de Justiça era é regulada pela Instrução Normativa STJ/GDG N. 15, de 12/11/2020. Atualmente é regulada pela Instrução Normativa STJ/GDG n. 4 de 16 de janeiro de 2024.

São objetivos da Política de Sustentabilidade do Superior Tribunal de Justiça:

> I – atender os requisitos legais, normativos e acordos aplicáveis ao desenvolvimento sustentável;
>
> II – monitorar, prevenir e minimizar os impactos negativos econômicos, ambientais e sociais advindos da prestação jurisdicional e da atividade administrativa do Tribunal;
>
> III – buscar a eficiência, a racionalidade e a qualidade do gasto público;
>
> IV – fomentar a cultura de planejamento das contratações, com o respectivo alinhamento ao planejamento estratégico do órgão, planos setoriais e às leis orçamentárias;
>
> V – estimular a inovação e o aperfeiçoamento contínuo de processos, serviços, produtos e ações baseados nas melhores práticas sustentáveis;

> VI – promover a internalização da temática sustentável na cultura organizacional;
>
> VII – fomentar o intercâmbio de informações e experiências com entidades públicas ou privadas, nacionais ou internacionais, com vistas ao aperfeiçoamento e promoção da gestão sustentável;
>
> VIII – promover a inclusão e o respeito à diversidade e à equidade de forma a combater a discriminação que se baseie em preconceito e envolva distinção, exclusão e preferência, ou que tenha o efeito de anular a igualdade de tratamento ou de oportunidades;
>
> IX – reduzir, permanentemente, a emissão de gases de efeito estufa resultante das atividades do Tribunal.

Os objetivos referidos serão alcançados por meio de iniciativas relacionadas às atribuições da unidade de sustentabilidade que visem:

> I – disseminar, divulgar e reforçar boas práticas de sustentabilidade no Superior Tribunal de Justiça;
>
> II – coordenar o planejamento, a implementação e o monitoramento de indicadores e metas do Plano de Logística Sustentável do Superior Tribunal de Justiça, bem como as ações, projetos e iniciativas que impactem seu desempenho;
>
> III – promover a análise de sustentabilidade dos procedimentos licitatórios de aquisições, contratações de serviços e obras de engenharia do Superior Tribunal de Justiça em conformidade com os requisitos legais, normativos e acordos aplicáveis ao desenvolvimento sustentável, em especial os Objetivos do Desenvolvimento Sustentável (ODS);
>
> IV – aprimorar a interação com o mercado fornecedor para a busca de melhores soluções para as necessidades institucionais, sociais e do meio ambiente, atuando para a garantia do tratamento isonômico e a justa competição;
>
> V – estimular o uso eficiente de recursos naturais e bens públicos por meio da promoção do consumo consciente, da eficiência e qualidade do gasto público e do combate ao desperdício;
>
> VI – promover a gestão ambientalmente adequada dos resíduos gerados no Superior Tribunal de Justiça, observando o Guia de Resíduos Sólidos do Tribunal e a legislação vigente;
>
> VII – realizar ações de sensibilização e conscientização em parceria com as demais unidades do Tribunal, estimulando a adoção de uma cultura organizacional sustentável junto a magistradas

e magistrados, servidoras e servidores, estagiárias e estagiários, prestadoras e prestadores de serviços e demais usuárias e usuários do Superior Tribunal de Justiça;

VIII – fomentar o engajamento institucional e individual com vistas à preservação do equilíbrio do meio ambiente e à defesa da qualidade ambiental como um valor inseparável do exercício da cidadania;

IX – estimular a diversidade e equidade por meio de políticas afirmativas não discriminatórias, assegurando aos quadros de pessoal e auxiliar, às partes e aos usuários do Poder Judiciário o pleno respeito à identidade e expressão de gênero, religião, estado civil, idade, origem social, opinião política, ascendência social, etnia e outras condições pessoais;

X – promover a inclusão social por meio de campanhas, programas, parcerias e projetos sociais que estimulem o respeito no ambiente de trabalho, a redução das desigualdades e facilitem o acesso à justiça;

XI – estimular o voluntariado em conjunto com as demais unidades do Tribunal por meio de ações relacionadas a questões humanitárias e de promoção da cidadania;

XII – coordenar a elaboração do inventário de emissões de gases de efeito estufa relacionadas às atividades do Superior Tribunal de Justiça e a implementação do plano de compensação ambiental para redução permanente das respectivas emissões.

São instrumentos de gestão sustentável no âmbito do Superior Tribunal de Justiça, tendo como premissa o Plano Estratégico:

I – Plano de Logística Sustentável do Superior Tribunal de Justiça – PLS-STJ;

II – Planejamento de Contratações e Aquisições do Superior Tribunal de Justiça – PCAqSTJ;

III – Plano de Gestão de Resíduos Sólidos do Superior Tribunal de Justiça – PGRS-STJ; e

IV – Guia Nacional de Contratações Sustentáveis da Advocacia-Geral da União.

São diretrizes do consumo sustentável no âmbito do Superior Tribunal de Justiça:

I – avaliar a necessidade de aquisição e reduzir o consumo de bens a partir da análise da série histórica, da forma de uso, da

> durabilidade, do desperdício, da subutilização, do ciclo de vida do produto, da potencial geração de resíduos, entre outros elementos, visando ao alcance do ponto de equilíbrio de consumo;
>
> II – adquirir produtos que gerem o menor impacto ambiental possível, observadas as necessidades do Tribunal e as condições do mercado;
>
> III – reutilizar e reaproveitar, sempre que possível, os produtos adquiridos, observando o prazo de validade e a depreciação de bens móveis;
>
> IV – promover ações para estimular o consumo consciente, tais como campanhas e premiações;
>
> V – descartar de forma consciente, considerando a separação de materiais para reciclagem;
>
> VI – dar preferência, sempre que possível, à aquisição de itens baseados em materiais recicláveis ou biodegradáveis;
>
> VII – restringir o acesso ao consumo de itens que não sejam essenciais ao funcionamento das unidades;
>
> VIII – propor ações para revisão e restrição do uso de itens que utilizem materiais plásticos baseados em polímeros originados de petróleo;
>
> IX – revisar processos de trabalho com base na implantação e internalização de rotinas eletrônicas e informatizadas.

O uso racional de energia e de água no Tribunal deve observar padrões de qualidade e utilização dos recursos que priorizem programas de conservação e de eficiência, tais como:

> I – adoção de tecnologias e soluções inovadoras que proporcionem economia dos recursos com priorização no uso de iluminação e ventilação naturais em reformas e obras do Superior Tribunal de Justiça;
>
> II – implementação de ações preventivas para detecção e correção de perdas de água e, quando viável, reaproveitamento das águas pluviais e de reúso das águas servidas;
>
> III – observância do Programa Brasileiro de Etiquetagem com a respectiva Etiqueta Nacional de Conservação de Energia (Ence) nas aquisições ou aluguel de equipamentos, de acordo com as orientações do Instituto Nacional de Metrologia, Qualidade e Tecnologia.

As aquisições e contratações realizadas pelo Tribunal devem promover o desenvolvimento nacional sustentável e conter critérios de sustentabilidade que considerem o ciclo de vida do objeto, os instrumentos de gestão sustentável as diretrizes e normas emanadas dos seguintes órgãos: I – Instituto Brasileiro do Meio Ambiente e Recursos – Ibama; II – Associação Brasileira de Normas Técnicas – ABNT NBR; III – Sistema Brasileiro de Avaliação de Conformidade – SBAC; IV – Agência Nacional de Vigilância Sanitária – Anvisa; V – Agência Nacional do Petróleo – ANP; VI – Conselho Nacional do Meio Ambiente – Conama; VII – Instituto Nacional de Metrologia, Qualidade e Tecnologia – Inmetro; VIII – Secretaria Especial de Previdência e Trabalho.

A unidade de sustentabilidade analisará, de forma sistêmica, a sustentabilidade das contratações e aquisições do Tribunal, de acordo com as diretrizes do Guia Nacional de Contratações Sustentáveis da Advocacia-Geral da União e do Plano de Gestão de Resíduos Sólidos - Superior Tribunal de Justiça, observadas as seguintes fases:

> I – Alinhamento Estratégico, que deve considerar a consonância das contratações e aquisições com:
>
> a) os Objetivos de Desenvolvimento Sustentável da Agenda 2030 da ONU;
>
> b) o Plano Estratégico do Tribunal;
>
> c) o Plano de Logística Sustentável do Superior Tribunal de Justiça;
>
> d) os Planos Setoriais, tais como:
>
> 1. Plano Diretor de Tecnologia da Informação e Comunicação – PDTIC;
>
> 2. Plano Estratégico de Gestão de Pessoas – PEGEP;
>
> 3. Plano de Ações de Capacitação – PAC;
>
> 4. Plano de Obras; 5. Plano de Segurança Institucional;
>
> e) Planejamento de Contratações e Aquisições – PCAq-STJ.
>
> II – Planejamento, que deve considerar:
>
> a) a existência de justificativa adequada que demonstre a real necessidade da contratação ou aquisição;

b) a quantidade adequada de bens e serviços, de acordo com a série histórica de consumo por meio de informações sistematizadas ou outros documentos;

c) a possibilidade de a solução adotada ser a melhor entre as possíveis, primando-se pelas soluções inovadoras e pela utilização de materiais mais sustentáveis;

d) o ciclo de vida do objeto, sob a perspectiva do demandante, observando os custos indiretos relativos ao desenvolvimento do produto, extração da matéria-prima, processo produtivo, logística, consumo e destinação final, de acordo com o disposto nos arts. 11, inciso I, e 34, § 1º, da Lei n. 14.133/2021;

e) a apresentação de justificativa, quando houver indicação de marca ou modelo determinados para aquisição, conforme as disposições do art. 41, inciso I, da Lei n. 14.133/2021;

f) o estudo técnico preliminar e o plano de riscos, exceto nos casos em que é facultada ou dispensada a sua elaboração, de acordo com o art. 4º, §§ 5º e 6º, da Instrução Normativa STJ/GDG n. 4 de 13 de fevereiro de 2023;

g) a possibilidade de compras compartilhadas.

III – Critérios de sustentabilidade específicos do objeto, que devem avaliar a necessidade de inserção de critérios de sustentabilidade, aplicáveis a cada caso, por exemplo:

a) o Cadastro Técnico Federal de Atividade Potencialmente Poluidoras (CTF/APP);

b) o documento de origem florestal (DOF);

c) a Etiqueta Nacional de Consumo de Energia (Ence);

d) o Selo Ruído;

e) a Diretiva RoHS;

f) as certificações do Instituto Nacional de Metrologia, Qualidade e Tecnologia;

g) a ficha de dados de segurança (FDS) – antiga ficha de informação de segurança de produtos químicos;

h) a autorização de funcionamento de empresa (AFE);

i) o alvará sanitário ou a licença de funcionamento;

j) as cotas para mulheres em condição de especial vulnerabilidade econômico-social, conforme a Resolução CNJ n. 497/2023;

k) o acondicionamento dos bens, preferencialmente, em materiais reciclados ou recicláveis, com o menor volume possível, porém com garantia de proteção durante o transporte e o armazenamento;

l) a responsabilização da contratada pelo recolhimento e destinação adequada dos resíduos decorrentes da contratação.

IV – Uso correto do produto e fiscalização do contrato, que deve indicar os cuidados a serem adotados pelo demandante para não comprometer a sustentabilidade da contratação, por exemplo:

a) a forma correta de uso do produto;

b) o uso que comprometa a eficiência e o tempo de vida útil do objeto;

c) o uso indevido do produto que gere desperdício;

d) a importância da observância das instruções do fabricante;

e) a necessidade de capacitação do corpo funcional e colaboradores, visando à otimização das funcionalidades que o produto oferece;

f) a importância da fiscalização do contrato, conforme os termos estabelecidos.

V – gestão de resíduos, que deve identificar a forma de destinação ambientalmente adequada para o objeto ao final do seu ciclo de vida.

Com vista à economia processual, uma vez elaborado o Planejamento de Contratações e Aquisições, este deve ser encaminhado à unidade de sustentabilidade para indicação de eventuais dispensas de análise de sustentabilidade nas contratações.

Na fase de análise relativa ao alinhamento, as gestoras ou gestores das contratações de serviços, obras e de aquisições devem avaliar, nos respectivos documentos técnicos, os possíveis impactos nas metas estipuladas para os temas do Plano de Logística Sustentável do Superior Tribunal de Justiça, cabendo à unidade de sustentabilidade a comunicação desse fato à unidade gestora do respectivo indicador impactado.

A gestão de resíduos sólidos do Tribunal tem como diretriz o Plano de Gestão de Resíduos Sólidos do Superior Tribunal de Justiça, elaborado pela unidade de sustentabilidade em conformidade com a legislação federal e distrital acerca do tema.

A gestão dos resíduos no Tribunal atenderá às seguintes diretrizes:

> I – redução da geração de resíduos sólidos com a implementação de ações de consumo consciente que visem à reutilização e reaproveitamento de materiais e diminuição de desperdício;
>
> II – identificação dos tipos de resíduos gerados com a respectiva implantação de soluções e responsabilidades compartilhadas entre o Superior Tribunal de Justiça, seu corpo funcional, fornecedores e público externo;
>
> III – avaliação do resultado mais vantajoso da aquisição ou contratação, considerando o ciclo de vida dos produtos com vista à redução dos impactos ambientais negativos, desde a extração até a destinação e disposição final ambientalmente correta;
>
> IV – destinação adequada dos resíduos quanto à origem e periculosidade, em conformidade com a Política Nacional de Resíduos Sólidos.

Em iniciativa coordenada pela unidade de sustentabilidade, o Tribunal poderá disponibilizar pontos de entrega voluntária – PEVs de embalagens e materiais para descarte ambientalmente adequado, como forma de promoção e conscientização da importância da responsabilidade compartilhada na gestão de resíduos.

A unidade de sustentabilidade é a responsável pela elaboração, coordenação e publicação do Plano de Logística Sustentável do Superior Tribunal de Justiça, observando o disposto na Resolução CNJ n. 400/2021.

2.10. ATO CONJUNTO CSJT/TST/GP Nº 24/2014

(Institui a Política Nacional de Responsabilidade Socioambiental da Justiça do Trabalho e o plano de logística sustentável do TST)

Coube ao Ato Conjunto 24/2014, da lavra do Presente do Tribunal Superior do Trabalho e do Conselho Superior da Justiça do Trabalho, instituir a Política Nacional de Responsabilidade Socioambiental da Justiça do Trabalho (PNRSJT), estabelecendo princípios, objetivos, instrumentos e diretrizes a serem observados na formulação de políticas próprias do Conselho Superior da Justiça do Trabalho (CSJT), do Tribunal Superior do Trabalho (TST) e dos Tribunais Regionais do Trabalho (TRTs).

Inicialmente, é necessário apresentar o glossário que consta do Ato Conjunto, necessário à sua boa interpretação:

> **I – Accountability** – princípio que pressupõe responsabilizar-se pelas consequências de suas ações e decisões, respondendo pelos seus impactos na sociedade, na economia e no meio ambiente, principalmente aqueles com consequências negativas significativas, prestando contas aos órgãos de governança da organização, a autoridades legais e, de modo mais amplo, às partes interessadas, declarando os seus erros e as medidas cabíveis para remediá-los;
>
> **II – Agente público** – é todo aquele que exerce, ainda que transitoriamente ou sem remuneração, por eleição, nomeação, designação, contratação ou qualquer forma de investidura ou vínculo, mandato, cargo, emprego ou função pública;
>
> **III – Boas práticas** – iniciativas e ações reconhecidas pela eficiência, eficácia e efetividade, revestidas de valor para os envolvidos e que possam ser replicadas;
>
> **IV – Comportamento** ético **e responsável** – comportamento que esteja de acordo com os princípios de conduta moral aceitos no contexto de uma situação específica, com base nos valores de honestidade, equidade e integridade, implicando a preocupação com pessoas, animais e meio ambiente, e que seja consistente com as normas internacionais de comportamento;
>
> **V – Corpo funcional** – magistrados e servidores da Justiça do Trabalho;
>
> **VI – Impacto ambiental** – alteração positiva ou negativa no meio ambiente ou em algum de seus componentes por determinada ação ou atividade humana;
>
> **VII – Meio ambiente** – conjunto de condições, leis, influências e interações de ordem física, química e biológica, que permite, abriga e rege a vida em todas as suas formas;
>
> **VIII – Organizações comunitárias locais** – conjunto de pessoas de uma determinada região que empreendem esforços para obtenção de melhorias para a comunidade, em parceria ou não com o Estado e/ou outros atores sociais. Essas organizações comunitárias podem ser formais ou informais;
>
> **IX – Partes interessadas** – pessoa ou grupo que tem interesse nas decisões e atividades da organização ou por ela possa ser afetada. A parte interessada pode também ser chamada de stakeholder;

X - Práticas leais de operação - conduta ética no relacionamento dos órgãos da Justiça do Trabalho com outras organizações, como órgãos públicos, parceiros, fornecedores de bens e serviços e outras organizações com as quais interagem;

XI - Práticas internas de trabalho - compreende as políticas e práticas de trabalho realizadas dentro, para e em nome da organização, por magistrados, servidores e demais agentes públicos;

XII - Responsabilidade socioambiental - responsabilidade de uma organização pelos impactos de suas decisões e atividades na sociedade e no meio ambiente, por meio de um comportamento ético e transparente, que:

a) contribua para o desenvolvimento sustentável, inclusive a saúde e bem estar da sociedade;

b) leve em consideração as expectativas das partes interessadas e os interesses difusos e coletivos;

c) esteja em conformidade com a legislação aplicável e seja consistente com as normas internacionais de direitos humanos, direitos sociais, proteção ao trabalho e de comportamento;

d) esteja integrada em toda a organização e seja praticada em suas relações;

XIII - Sustentabilidade - interação do ser humano com o planeta que considere a manutenção da capacidade da Terra de suportar a vida em toda a sua diversidade e não comprometa a satisfação das necessidades de populações presentes e futuras. Essa interação inclui objetivos de qualidade de vida, justiça e participação social;

XIV - Trabalho Decente - o Trabalho Decente é o ponto de convergência dos quatro objetivos estratégicos da OIT: respeito aos direitos no trabalho (em especial aqueles definidos como fundamentais pela Declaração Relativa aos Direitos e Princípios Fundamentais no Trabalho e seu seguimento adotada em 1998: (i) liberdade sindical e reconhecimento efetivo do direito de negociação coletiva; (ii) eliminação de todas as formas de trabalho forçado; (iii) abolição efetiva do trabalho infantil; (iv) eliminação de todas as formas de discriminação em matéria de emprego e ocupação), a promoção do emprego produtivo e de qualidade, a extensão da proteção social e o fortalecimento do diálogo social;

XV - Trabalho voluntário - atividade não remunerada realizada por pessoa física, sem vínculo empregatício, para entidade pública de qualquer natureza ou para instituição privada sem fins lucrativos, que tenha objetivos cívicos, culturais, educacionais, de inclusão social, de fortalecimento da cidadania, científicos, recreativos ou de assistência social, inclusive mutualidade;

XVI – Transparência – franqueza sobre decisões e atividades que afetam a sociedade, a economia, e o meio ambiente, assim como a disposição de comunicá-las de forma clara, precisa, acessível, tempestiva, honesta e completa;

XVII – Usuário – indivíduo, profissional ou organização que utiliza os serviços da Justiça do Trabalho.

Destaca-se a expressão "**accountability**", que significa **responsabilidade com** ética, que reflete neste contexto a obrigação dos órgãos e agentes da Justiça do Trabalho de prestar contas aos órgãos superiores controladores e a toda a sociedade por questões democráticas, sendo um aspecto fundamental da governança no Poder Público.

São **princípios** da Política Nacional de Responsabilidade Socioambiental da Justiça do Trabalho:

I – Sustentabilidade;

II – Compromisso com o trabalho decente;

III – Accountability;

IV – Transparência;

V – Comportamento ético;

VI – Respeito aos interesses das partes interessadas (stakeholders);

VII – Respeito pelo Estado Democrático de Direito;

VIII – Respeito às Normas Internacionais de Comportamento;

IX – Respeito pelos Direitos Humanos.

São seus **objetivos** estabelecer instrumentos e diretrizes de responsabilidade socioambiental; promover a integração e a efetividade das ações de responsabilidade socioambiental; promover o valor social do trabalho e a dignificação do trabalhador; promover a gestão eficiente e eficaz dos recursos sociais, ambientais e econômicos e contribuir para o fortalecimento das políticas públicas voltadas para o desenvolvimento sustentável.

Deverá o Conselho Superior da Justiça do Trabalho, o Tribunal Superior do Trabalho e os Tribunais Regionais do Trabalho devem possuir

unidade de Gestão Socioambiental que tenha como atribuição propor, coordenar, planejar, organizar, assessorar, supervisionar e apoiar as atividades do órgão, a fim de promover a integração e a efetividade da responsabilidade socioambiental, devendo ainda constituir **Comissão** multissetorial, à qual caberá acompanhar e dar suporte à unidade de Gestão Socioambiental no planejamento das ações e na proposição de projetos socioambientais.

Outrossim, os Tribunais designarão **agentes multiplicadores**, voluntários, em cada uma das unidades de apoio administrativo e judiciário, que terão a atribuição de estimular o comportamento proativo e zelar pelas práticas socioambientais em seus locais de trabalho.

São **instrumentos** para a implementação da Política Nacional de Responsabilidade Socioambiental da Justiça do Trabalho a **Capacitação** (o CSJT, o TST e os TRTs devem inserir o tema da responsabilidade socioambiental em seus programas de capacitação para magistrados e servidores, a fim de desenvolver conhecimentos, habilidades e atitudes em consonância com os princípios e diretrizes desta Política) e a **Comunicação** (as áreas de comunicação do CSJT, do TST e dos TRTs deverão incluir a responsabilidade socioambiental e as ações a ela vinculadas em seu plano de comunicação).

Outro instrumento é o **Encontro Anual**, a fim tratar da responsabilidade socioambiental da Justiça do Trabalho com o objetivo de proporcionar maior participação de magistrados e servidores, a fim de que a Política tenha maior alcance; de compartilhar experiências que aprimorem as atuações dos Tribunais e sirvam de subsídios para a atualização da Política e de promover a corresponsabilidade e a descentralização do debate sobre o tema.

O quarto instrumento é o **Relatório Anual**, devendo o Conselho Superior publicar, anualmente, o Relatório de Responsabilidade Socioambiental da Justiça do Trabalho, com base nos relatórios apresentados pelos Tribunais.

O quinto instrumento é o **Comitê Gestor**, que deverá revisar e atualizar a Política Nacional de Responsabilidade Socioambiental da Justiça do Trabalho; manter atualizado o Banco de Boas Práticas da Justiça do Trabalho com as informações referentes à responsabilidade socioambiental da Justiça do Trabalho e organizar os Encontros Anuais de Responsabilidade Socioambiental da Justiça do Trabalho.

Ademais, foram estabelecidos **seis eixos de atuação** da Política Nacional de Responsabilidade Socioambiental da Justiça do Trabalho: **Direitos Humanos, Práticas internas de trabalho, Meio ambiente, Práticas leais de operação, Questões relativas ao usuário-cidadão e Envolvimento e desenvolvimento da comunidade.**

Os órgãos da Justiça do Trabalho deverão atender às seguintes diretrizes em **direitos humanos**: promover o respeito à diversidade e à equidade, de forma a combater a discriminação que se baseie em preconceito e envolva distinção, exclusão e preferência que tenham o efeito de anular a igualdade de tratamento ou oportunidades; garantir a acessibilidade às pessoas com deficiência ou com mobilidade reduzida em todas as suas instalações, serviços e processos; contribuir para a erradicação do trabalho infantil e para proteger o adolescente do trabalho ilegal e contribuir para a eliminação de todas as formas de trabalho forçado ou compulsório.

Por sua vez, no que concerne às **práticas internas de trabalho**, considerando a proteção constitucional ao meio ambiente do trabalho prevista no artigo 200, inciso VIII, da Constituição, deverão promover a elaboração de suas políticas próprias, devendo garantir a melhoria efetiva da qualidade de vida no trabalho, atendendo às seguintes diretrizes em práticas internas de trabalho: promover a saúde ocupacional e prevenir riscos e doenças relacionados ao trabalho; valorizar o corpo funcional, promovendo o seu desenvolvimento pessoal e de suas competências profissionais de forma equânime; estabelecer critérios objetivos para lotação e ocupação de funções com base nas competências do servidor; prevenir e coibir o assédio moral e sexual, garantindo relações de trabalho nas quais predominem a dignidade, o respeito e os direitos do cidadão; proporcionar condições de trabalho que permitam equilíbrio entre trabalho e vida pessoal e fornecer aos magistrados e servidores, de forma acessível, clara, compreensível e antecipada, todas as informações sobre os atos administrativos que possam afetá-los.

Outrossim, devem ser atendidas as seguintes diretrizes em termos de **meio ambiente**:

> I – Identificar riscos, potenciais e efetivos, e promover ações que objetivem evitar e mitigar impactos ambientais negativos, provocados por suas atividades;
>
> II – Realizar contratações de bens e serviços que atendam a critérios e práticas de sustentabilidade;

III – Construir, reformar e manutenir as edificações atendendo a critérios e práticas de sustentabilidade;

IV – Elaborar plano de gerenciamento de resíduos sólidos em conformidade com a Política Nacional dos Resíduos Sólidos;

V – Promover a gestão sustentável dos recursos naturais, mediante redução do consumo, uso eficiente de insumos e materiais, bem como minimizar a geração de resíduos e poluentes;

VI – Promover práticas que incentivem o transporte compartilhado, não motorizado ou não poluente, disponibilizando estrutura adequada, conforme o caso.

Ainda deverão ser atendidas as diretrizes em **Práticas Leais de Operação**:

I – Combater a corrupção e a improbidade administrativa mediante a identificação dos riscos, o fortalecimento de instrumentos que eliminem tais práticas e a conscientização de magistrados, servidores, empresas terceirizadas e fornecedores;

II – Fortalecer os canais de comunicação para denúncia de práticas e tratamento antiético e injusto, que permitam o acompanhamento do caso sem medo de represálias;

III – Promover a conscientização de magistrados e servidores acerca do comportamento ético e responsável nas relações institucionais, no envolvimento político e na solução de conflitos de interesse;

IV – Exercer e proteger o direito de propriedade intelectual e física, levando em consideração as expectativas da sociedade, os direitos humanos e as necessidades básicas do indivíduo.

No que concerne às diretrizes em **Questões relativas ao usuário-cidadão**, deverão os órgãos da Justiça do Trabalho manter canais de comunicação transparentes, permanentes e estruturados para estabelecer diálogo amplo com o usuário da Justiça do Trabalho; fortalecer as ouvidorias, proporcionando-lhes os meios adequados para a realização de sua missão de contribuir com o aprimoramento da Justiça do Trabalho e proporcionar à sociedade, em especial a trabalhadores e empregadores, informações e orientações sobre os direitos e deveres fundamentais da relação de trabalho.

De arremate, para efetivar a diretriz de **Envolvimento e Desenvolvimento da Comunidade**, deverão identificar oportunidades de atuar positivamente nas dimensões social, ambiental, cultural e econômica; alinhar-se às políticas públicas existentes e às ações desenvolvidas por organizações comunitárias locais; dialogar com as organizações comunitárias locais ou grupos de pessoas acerca das ações a serem implantadas e estimular e apoiar o trabalho voluntário do seu corpo funcional, quando for o caso.

O Tribunal Superior do Trabalho criou, em 13/10/2014, o Núcleo Socioambiental (Ato GDGSET. GP. Nº 525) considerando-se a necessidade de se estabelecer ações e políticas públicas voltadas à sustentabilidade ambiental, social e econômica, tendo sido aprovado no final do ano de 2015 o **Plano de Logística Sustentável** do Tribunal Superior do Trabalho e do Conselho Superior da Justiça do Trabalho (PLS-TST/CSJT), tendo sido estabelecidos os seguintes **Planos de Ação**:

PLANOS DE AÇÃO

Materiais de Consumo

Ação: Controlar o consumo, por meio de redução gradual, no fornecimento de papéis A4

Objetivo: Conscientização dos servidores para o uso racional de papel, visando à economia sustentável

Unidades envolvidas: CMLOG e SCMAT

Responsáveis: Chefes das unidades envolvidas

Recursos financeiros: Não há

Recursos humanos: Servidores da SCMAT

Meta: Reduzir em 2% ao ano o consumo de papéis A4

Ação: Controlar o consumo, por meio de redução gradual, no fornecimento de copos descartáveis

Objetivo: Conscientização dos servidores para o uso racional de copo descartável, visando a economia sustentável

Unidades envolvidas: CMLOG e CAMIN

Responsáveis: Chefes das unidades envolvidas

Recursos financeiros: Não há

Recursos humanos: Servidores da SCMAT

Meta: Reduzir em 2% ao ano o consumo de copos descartáveis

Ação: Reduzir o número de impressoras instaladas no TST

Objetivo: Reduzir impressões de documentos e a quantidade de equipamentos instalados

Unidades envolvidas: SETIN

Responsáveis: Unidade envolvida

Recursos financeiros: Não há

Recursos humanos: Servidores da unidade envolvida

Meta: Reduzir em 2% ao ano o número de impressoras instaladas no TST

Energia Elétrica

Ação: Realizar campanhas de sensibilização e consumo consciente quanto ao uso de energia elétrica

Objetivo: Reduzir o consumo de energia elétrica

Unidades envolvidas: NSA, CMAP e SECOM

Responsáveis: Unidades envolvidas

Recursos financeiros: Não há

Recursos humanos: Servidores das unidades envolvidas

Meta: Realizar 2 campanhas de sensibilização e consumo consciente quanto ao uso de energia elétrica

Água e Esgoto

Ação: Realizar campanhas de sensibilização e consumo consciente quanto ao uso da água

Objetivo: Reduzir o consumo de água

Unidades envolvidas: NSA, CMAP e SECOM

Responsáveis: Unidades envolvidas

Recursos financeiros: Não há

Recursos humanos: Servidores das unidades envolvidas

Meta: Realizar 2 campanhas de sensibilização e consumo consciente quanto ao uso de água

Gestão de Resíduos

Ação: Ativar o site da sustentabilidade

Objetivo: Promover a comunicação entre os colaboradores e a sustentabilidade no TST por meio do site

Unidades envolvidas: NSA, SECOM e SETIN

Responsáveis: Chefias das unidades envolvidas

Recursos financeiros: Não há

Recursos humanos: Servidores das unidades envolvidas

Meta: Concluir as atividades do site até 30/11/2015

Ação: Reformar os containers

Objetivo: Facilitar a separação no recolhimento dos resíduos

Unidades envolvidas: NSA e CMAP

Responsáveis: Servidores das unidades envolvidas

Recursos financeiros: De acordo com projeto da CMAP

Recursos humanos: Contratada

Meta: Concluir a reforma dos containers até 31/12/2015

Ação: Implantar o ECOPONTO para separação dos resíduos

Objetivo: Promover uma melhor separação dos resíduos

Unidades envolvidas: NSA, SEA e CMAP

Responsáveis: Chefias das unidades envolvidas

Recursos financeiros: De acordo com projeto da CMAP

Recursos humanos: NSA e contratada

Meta: Implantar o ECOPONTO até 31/12/2015

Qualidade de Vida no Ambiente de Trabalho

Ação: Realizar as ações previstas no Programa de Qualidade de Vida do TST

Objetivo: Promover a melhoria na qualidade de vida dos colaboradores do TST

Unidades envolvidas: CDEP

Responsáveis: Servidores da CDEP

Recursos financeiros: Já previstos no Programa

Recursos humanos: CDEP

Meta: Realizar 100% dos eventos previstos anualmente

Telefonia

Ação: Realizar campanhas de sensibilização e consumo consciente quanto ao uso do telefone

Objetivo: Reduzir o consumo de telefone

Unidades envolvidas: NSA, SETIM e SECOM

Responsáveis: Unidades envolvidas

Recursos financeiros: Não há

Recursos humanos: Servidores das unidades envolvidas

Meta: Realizar 2 campanhas por ano de sensibilização e consumo consciente quanto ao uso do telefone

Vigilância

Ação: Analisar as rotinas de trabalho de vigilância

Objetivo: Otimizar os serviços de vigilância

Unidades envolvidas: CSET e contratada

Responsáveis: Servidores da CSET

Recursos financeiros: Não há

Recursos humanos: Servidores da CSET e contratada

Meta: Alterar 50% as rotinas de trabalho insatisfatórias e ou ambientalmente inadequadas

Limpeza

Ação: Analisar as rotinas de trabalho de limpeza

Objetivo: Otimizar os serviços de limpeza

Unidades envolvidas: CMAP e contratada

Responsáveis: Servidores da CMAP

Recursos financeiros: Não há

Recursos humanos: Servidores da CMAP e contratada

Meta: Alterar 50% as rotinas de trabalho insatisfatórias e ou ambientalmente inadequadas

Combustível

Ação: Realizar campanhas de sensibilização quanto ao uso de Veículos

Objetivo: Reduzir o consumo de combustível

Unidades envolvidas: NSA, CSET e SECOM

Responsáveis: Unidades envolvidas

Recursos financeiros: Não há

Recursos humanos: Servidores das unidades envolvidas

Meta: Realizar 2 campanhas por ano de sensibilização quanto ao uso de veículos

Veículos

Ação: Realizar campanhas de sensibilização quanto ao uso de veículos

Objetivo: Reduzir o consumo de combustível

Unidades envolvidas: NSA, CSET e SECOM

Responsáveis: Unidades envolvidas

Recursos financeiros: Não há

Recursos humanos: Servidores das unidades envolvidas

Meta: Realizar 2 campanhas por ano de sensibilização quanto ao uso de veículos

Layout

Ação: Buscar a padronização dos ambientes de trabalho

Objetivo: Promover a economicidade e a padronização

Unidades envolvidas: CMAP e unidades solicitantes

Responsáveis: Servidores das unidades envolvidas

Recursos financeiros: Não há

Recursos humanos: Servidores das unidades envolvidas

Meta: Promover em 100% a padronização nas reformas do TST

Capacitação de servidores em Educação Socioambiental

Ação: Incluir capacitação em Educação Socioambiental nos programas de desenvolvimento do TST

Objetivo: Capacitar os servidores em Educação Socioambiental

Unidades envolvidas: CDEP e NSA

Responsáveis: Servidores das unidades envolvidas

Recursos financeiros: Já previstos no orçamento de capacitação

Recursos humanos: Servidores das unidades envolvidas e contratados

Meta: Realizar 2 eventos por ano de capacitação em educação ambiental

De acordo com o anexo Ato Conjunto 24/2014, a Política de Responsabilidade Socioambiental de cada órgão deverá ser elaborada de forma amplamente participativa, com base nas diretrizes da Política Nacional.

São propostas **3 fases de execução e 1 de avaliação e monitoramento**, que deverá ser permanente:

Primeira fase: Divulgação e mobilização

Segunda fase: Construção da Política

Terceira fase: Consolidação

Quarta fase: Avaliação e monitoramento.

As ações de responsabilidade socioambiental em andamento deverão ser incorporadas à Política do órgão.

PRIMEIRA FASE: Divulgação e mobilização

Dar conhecimento sobre a Política Nacional, seus princípios, instrumentos e diretrizes, para os magistrados, servidores, estagiários e prestadores de serviço e propiciar a discussão sobre o tema da responsabilidade socioambiental.

Dentre outras atividades, sugere-se:

I – Divulgação: elaborar material de divulgação e didático em conjunto com a Assessoria de Comunicação Social;

II – Palestras: promover eventos para compartilhamento de saberes, com possibilidade de utilizar, dentre outros, o Banco de Talentos do CSJT e o Acordo de Cooperação Técnica 02/2013, celebrado entre a AGU e o CSJT, além de convidar integrantes de outros órgãos;

III – Debates presenciais e virtuais: promovidos pelos órgãos e pelo CSJT.

SEGUNDA FASE: Construção da Política

A construção da Política de cada órgão deve ser feita por meio de oficinas participativas, com o objetivo de:

I – Promover amplo debate sobre a Política de Responsabilidade Socioambiental, identificando as prioridades dentro de cada órgão, levando em consideração o momento da instituição.

II – Construir coletivamente programas, projetos e ações que atendam às diretrizes da PNRSJT.

As oficinas devem ser realizadas nos Tribunais e nos Fóruns Trabalhistas, de forma a contemplar a maior participação possível de magistrados, servidores, estagiários e prestadores de serviço.

Os Tribunais poderão contar com orientação do CSJT e do Comitê Gestor para o planejamento das oficinas.

TERCEIRA FASE: Consolidação

Devem ser realizadas plenárias nos Tribunais, com ampla participação dos envolvidos para, a partir dos resultados das oficinas, selecionar as propostas que constarão da Política e serão executadas pela instituição.

A Política de cada Tribunal será encaminhada para o CSJT e a consolidação dos resultados será apresentada no Encontro Nacional de Responsabilidade Socioambiental da Justiça do Trabalho.

QUARTA FASE: Avaliação e monitoramento

O acompanhamento da Política do órgão deverá ser feito através do relatório anual, cuja elaboração será orientada pelo CSJT.

Os relatórios deverão ser disponibilizados nos sítios eletrônicos dos órgãos.

Deverá ser dado conhecimento do relatório às partes interessadas.

Os relatórios servirão de instrumento para a melhoria contínua do desempenho da responsabilidade socioambiental.

2.11. ATO DA COMISSÃO DIRETORA DO SENADO 4/2013

(Institui a política de responsabilidade socioambiental do senado federal e o plano de logística sustentável do senado federal)

Coube ao Ato da Comissão Diretora nº 4, de 22 de março de 2013, instituir a Política De Responsabilidade Socioambiental do Senado Federal, que **objetiva** promover atitudes e procedimentos que levem ao uso racional dos recursos naturais e dos bens públicos, a fim de proteger o meio ambiente e maximizar a eficiência dos serviços prestados e estimular, em ordem de prioridade, a não geração, a redução, a reutilização, reciclagem, o tratamento e a gestão integrada dos resíduos sólidos, bem como a disposição final ambientalmente adequada dos rejeitos.

Ainda possui os seguintes **objetivos**:

> A – incentivar o desenvolvimento de sistemas de gestão voltados para a melhoria dos processos produtivos e para o reaproveitamento dos resíduos sólidos, incluindo a recuperação e o aproveitamento energético;
>
> B – implementar processos e práticas que acarretem eficiência energética e uso racional dos insumos necessários, com destaque para água, papel, energia elétrica e combustíveis;
>
> C – adotar e promover o desenvolvimento de tecnologias limpas;
>
> D – disseminar o desenvolvimento sustentável nas ações e programas, junto às demais casas legislativas do País;
>
> E – incorporar parâmetros socioambientais nas obras, reformas das edificações e áreas verdes, com ênfase para acessibilidade e para as medidas previstas no inciso V;
>
> F – incorporar parâmetros socioambientais nos processos de aquisições e contratações para promover a sustentabilidade socioambiental;
>
> G – apoiar iniciativas que promovam a equidade e a acessibilidade no âmbito do Senado Federal;
>
> H – realizar parcerias com outros órgãos governamentais com vistas ao aprimoramento de práticas socioambientais e culturais;
>
> I – desenvolver ações de medicina preventiva com o corpo funcional da Casa, para evitar doenças de caráter ocupacional;

J – reduzir o volume e a periculosidade de resíduos nocivos, danosos ou perigosos;

K – melhorar a qualidade do meio ambiente de trabalho, com ênfase em salubridade e ergonomia adequada.

São **princípios** da Política de Responsabilidade Socioambiental do Senado Federal a eficiência; a equidade; a acessibilidade; o uso racional dos recursos e bens disponíveis no meio ambiente de trabalho; a responsabilidade socioambiental, no que concerne à decisão de contribuir voluntariamente em prol de um meio ambiente de trabalho mais saudável; a concepção do meio ambiente em sua totalidade, considerando a interdependência entre os meios natural, socioeconômico e cultural, sob o enfoque da sustentabilidade; a promoção e a sustentabilidade de iniciativas culturais; a valorização da cidadania e a promoção do desenvolvimento comunitário.

São **instrumentos** da Política de Responsabilidade Socioambiental do Senado Federal o licenciamento e a revisão de atividades efetiva ou potencialmente poluidoras; o estabelecimento de padrões de produção e consumo sustentáveis; as normas e os programas sobre qualidade de vida, reabilitação funcional e acessibilidade no meio ambiente do trabalho; as iniciativas coordenadas de gestão ambiental do Senado Federal e as iniciativas coordenadas de promoção cultural no Senado Federal.

Há uma determinação para a **aplicação no Senado Federal da A3P**, devendo a Diretoria-Geral normatizar e coordenar a sua implementação, com ênfase para as seguintes atividades: gestão adequada dos resíduos; licitação sustentável; qualidade de vida no ambiente de trabalho; sensibilização e capacitação dos servidores e o uso racional dos recursos.

Por sua vez, o Ato da Diretoria-Geral 24, de 7 de novembro de 2014, estabeleceu as diretrizes para elaboração do Plano de Gestão de Logística Sustentável do Senado Federal e determinou a formação da Comissão Gestora do Plano de Logística Sustentável do Senado Federal

O Plano de Gestão de Logística Sustentável do Senado (PGLS) é uma ferramenta de planejamento com objetivos e responsabilidades definidas, ações, metas, prazos de execução e mecanismos de monitoramento e avaliação, que permite o estabelecimento de práticas de sustentabilidade e racionalização de gastos e processos no Senado Federal.

O PGLS devem conter, ao menos, a atualização do inventário de bens e materiais e identificação de similares de menor impacto ambiental para substituição; as práticas de sustentabilidade e de racionalização do uso de materiais e serviços; as responsabilidades, metodologia de implementação e avaliação do plano e as ações de informação, divulgação, conscientização e capacitação.

O **Plano de Gestão de Logística Sustentável do Senado (PGLS)** foi aprovado em 2015, abrangendo o inventário de bens e onze planos de ação temáticos que irão contribuir, por meio de sua capacidade indutora, para promover as mudanças necessárias a uma gestão mais eficiente e comprometida com a devida atenção às questões ambientais, entrando em fase de execução e sendo acompanhado continuamente por meio do monitoramento, divulgação de resultados e publicação de relatórios anuais.

Tem por **objetivo geral** promover o uso racional de recursos naturais e financeiros, a proteção ambiental, a qualidade de vida e o desenvolvimento sustentável na execução das atividades do Senado Federal e os seguintes **objetivos específicos**:

> A) Aperfeiçoar continuamente a qualidade do gasto público;
>
> B) Construir uma matriz de ações que norteiem a implantação de práticas de sustentabilidade;
>
> C) Mitigar o impacto ambiental causado pelas atividades do Senado Federal;
>
> D) Utilizar o poder de compra do Senado Federal junto ao mercado para contribuir com toda a Administração Pública no fomento de práticas e processos mais sustentáveis;
>
> E) Melhorar a qualidade de vida dos servidores do Senado Federal;
>
> F) Promover a Educação Ambiental.

Foram adotados **Planos de Ação em onze** áreas, conforme colacionado do PGLS:

> "TEMA 1 – MATERIAL DE CONSUMO
>
> O plano de ação para materiais de consumo compreende apenas dois insumos muito utilizados no Senado Federal: copos descartáveis e papel A4. O plano visa contribuir para uma gestão mais sustentável dos materiais sob a premissa da diminuição e substituição gradativa dos copos plásticos por copos biodegradáveis, uso consciente do papel A4, maior controle patrimonial e economia de recursos financeiros.

O Poder Público é um grande consumidor de papel e, portanto, deve assumir uma posição de liderança, servindo de exemplo para a sociedade de como se pode reduzir o consumo desse insumo. Além disso, quando o consumo for inevitável, é importante promover ações para que o papel consumido cause menos impacto ambiental, seja por meio da reciclagem ou pela aquisição de produtos com comprovada origem florestal responsável.

O papel é um instrumento que, nos dias atuais, não pode ainda ser totalmente suprimido. Porém, seu consumo pode ser drasticamente reduzido e o Senado já promove ações que levarão a uma grande redução do consumo de papel A4, como, por exemplo, a implantação do processo administrativo eletrônico, a impressão de documentos no modo frente e verso e a substituição e padronização do parque de impressão, em razão de eficiência.

Quanto aos copos descartáveis, assim como no caso do papel, o Senado é um grande consumidor e consequentemente um grande gerador desse tipo de resíduo, tendo em vista o grande número de servidores e o grande público externo que transita diariamente pela Casa. Os efeitos do consumo de plástico para o meio ambiente podem ser devastadores. Cada unidade de copo descartável de plástico demora cerca de 100 anos para se decompor, sendo o plástico um dos principais poluentes no contexto atual. A ideia é reduzir ao máximo o consumo de copos descartáveis, substituindo, sempre que possível, o seu uso por copos ou xícaras que possam ser reutilizados. Quando o consumo de copos descartáveis for inevitável, devem ser utilizados copos confeccionados em material biodegradável.

Atualmente o Senado já implementa importantes ações para reduzir o impacto do consumo de copos descartáveis, como a redução na distribuição do material, a implantação do Sistema de Gestão de Patrimônio e almoxarifado, o levantamento dos setores que mais utilizam copos descartáveis e o estímulo ao uso de copos não descartáveis.

TEMA 2 – SERVIÇOS DE IMPRESSÃO

Apesar dos avanços obtidos nos últimos três anos, com a redução no consumo de papel A4 pelo Senado Federal, ainda há espaço para implementar ações e diminuir ainda mais o consumo deste tipo de suprimento. Com a entrada do processo eletrônico é muito grande a probabilidade de que o índice de ociosidade de impressoras cresça de modo significativo e, com isso deverão ser realizados remanejamentos e a consequente redução do contrato em vigor. Todas as áreas do Senado Federal serão afetadas por este plano e direta ou indiretamente estarão envolvidas na realização das ações para o cumprimento das metas e dos indicadores definidos no PGLS.

O Senado implantou a solução de *outsourcing* de impressão por meio da Secretaria de Tecnologia da Informação PRODASEN – PRDSTI, o que colaborou significativamente na redução do consumo de papel A4. Com o modelo *outsourcing* 483 impressoras próprias serão desativadas quando do término do estoque de suprimentos e agora o Senado paga um valor fixo pelo aluguel dos equipamentos, incluindo a manutenção e o fornecimento dos suprimentos. Essa modalidade contribuiu de forma significativa para extinguir as chamadas impressoras de conforto e implantar as impressoras coorporativas.

Nesse sentido, vale destacar que com essa iniciativa é possível monitorar o consumo setorial de forma individualizada permitindo atuar pontualmente, alertando e orientando usuários para uso e consumo correto dos recursos. Outro aspecto a ser considerado diz respeito à mudança de procedimentos quanto à impressão de documentos legislativos, adotada pela Secretaria Geral da Mesa – SGM em agosto de 2014. Os referidos documentos deixaram de ser impressos e passaram a ficar disponíveis na forma eletrônica. Esse processo representa um marco na mudança de postura e comprometimento com as questões ambientais e com a economia de recursos públicos.

TEMA 3 – ENERGIA ELÉTRICA

A conservação e o uso racional da energia deve ser uma das prioridades entre as ações de sustentabilidade do poder público, sobretudo no atual contexto de crise hídrica, que impacta consideravelmente a geração de energia elétrica no Brasil, dado o predomínio da geração hidrelétrica. O aumento do percentual de geração térmica a partir de combustíveis fósseis, que é mais poluente e agravadora do efeito estufa, obriga o Estado a dar exemplo na redução de consumo, uma vez que ganhos em eficiência energética têm impactos diretos na redução de emissão de gases do efeito estufa.

O Plano de Ação para este eixo temático propõe medidas que visam à exigência de etiquetagem de eficiência energética e à adequação de projetos de reforma e construções aos padrões de sustentabilidade exigidos para a administração pública. Dessa forma, a implementação dessas ações irá contribuir para a redução do consumo de energia elétrica e para economia de recursos públicos.

TEMA 4 – ÁGUA E ESGOTO

O Senado Federal desenvolve ações para garantir o uso racional da água e pretende aprimorar cada vez mais a racionalização desse recurso, não só por meio da aplicação de soluções mais econômicas, como também pela sensibilização dos servidores e colaboradores, em especial, da equipe de limpeza e conservação das instalações. Os efluentes também merecem atenção especial, dadas as peculiaridades das atividades desenvolvidas e ao volume gerado dentro do complexo. Assim, o Plano de Ação desenvolvido para esse eixo temático visa sensibilizar os servidores e usuários quanto a importância de se conservar os recursos naturais, em especial a água, evitar ao máximo o desperdício, reduzir os gastos com esse item de despesa, bem como adotar soluções tecnológicas voltadas à redução do consumo.

TEMA 5 – GESTÃO DE RESÍDUOS

A separação dos resíduos sólidos comuns no Senado Federal ainda apresenta muitas falhas. Existe um termo de compromisso firmado para destinação dos resíduos a uma associação de catadores, porém a operacionalização desse termo não tem sido eficaz, por falta de capacidade operacional da associação e deficiências na separação dos resíduos por parte do Senado. É necessário um conjunto de ações vigorosas no sentido de retomar a coleta seletiva, como aquisição de lixeiras adequadas quanto ao porte e padronizadas com as cores universais. Também é necessária uma capacitação dos prestadores de serviços de limpeza, com orientações sobre o ciclo de reciclagem do papel, o correto manejo dos materiais recicláveis, os cuidados com a saúde, além de vídeos de incentivo a atitudes sustentáveis e ao trabalho em grupo. Os restaurantes também devem ser envolvidos, pois atualmente têm o seu manejo de resíduos independente e inadequado, sem treinamento nem procedimentos, misturando todos os materiais.

O Plano de Ação desenvolvido para esse eixo temático contempla a prevenção e a redução da geração de resíduos e a prática da coleta seletiva, com foco na redução dos impactos sobre o meio ambiente e também na geração de renda e na melhoria da qualidade de vida dos catadores. As metas estabelecidas contribuem para impor desafios cada vez maiores que nos permitam garantir a gestão adequada dos resíduos, em consonância com a Política Nacional de Resíduos Sólidos, instituída pela Lei n° 12.305, de 2 de agosto de 2010.

TEMA 6 – QUALIDADE DE VIDA NO AMBIENTE DE TRABALHO

As organizações devem buscar permanentemente uma melhor qualidade de vida no trabalho executando ações para o desenvolvimento pessoal e profissional de seus colaboradores. Para tanto, as instituições públicas devem formular e implantar programas específicos que aumentem o grau de satisfação das pessoas com o ambiente de trabalho e que promovam a melhoria das condições ambientais gerais, a saúde, a segurança, a integração social e o desenvolvimento das capacidades humanas. O Plano de Ação está alicerçado em medidas que possibilitem compreender as necessidades dos servidores do Senado no trabalho e na vida e que promovam a integração entre seus servidores, garantindo melhorias na relação de trabalho, estímulo ao bom desempenho e aumento da produtividade.

TEMA 7 – COMPRAS E CONTRATAÇÕES

As compras e contratações no Senado Federal devem concretizar mudanças nos padrões de aquisição de bens e materiais e de contratação de serviços pelo poder público. A adoção de critérios sustentáveis consiste na integração de aspectos ambientais nos estágios do processo de contratação, com o intuito de priorizar produtos produzidos com responsabilidade socioambiental. As contratações, sejam elas decorrentes de licitação, inexigibilidade ou executadas de forma direta, devem promover o consumo mais sustentável, de modo que as ações administrativas e legislativas não sejam predatórias aos recursos naturais e ao meio ambiente. Cabe à autoridade pública refletir sobre o que ela contrata atualmente e verificar quais as melhorias que podem ser implementadas para trazer efeitos ambientais e econômicos positivos.

Sempre que possível, as contratações devem levar em consideração a análise do ciclo de vida dos produtos, a valoração ambiental dos recursos naturais e as alternativas tecnológicas com menor impacto ambiental negativo. Isso implicará a exigência de pré-requisitos de sustentabilidade, como por exemplo, a utilização de produtos reciclados, a ausência de substâncias danosas ao meio ambiente, a qualidade, a durabilidade e a gestão dos resíduos após o final do ciclo de vida.

TEMA 8 – DESLOCAMENTO DE PESSOAL

A maioria das grandes cidades brasileiras possui um sistema de mobilidade deficiente e em Brasília essa realidade não é diferente. Há muitos problemas, como congestionamentos constantes, escassez de calçadas regulares e ciclovias, limitações para a acessibilidade de pessoas com deficiência, além de carência e precariedade do transporte público, especialmente nos horários de pico.

Apesar de não haver um levantamento sobre o assunto, é notório que a grande maioria dos servidores do Senado se desloca até o trabalho utilizando automóvel particular, com apenas o próprio condutor em seu interior. O Senado já desenvolve ações de promoção da mobilidade sustentável, como instalação de infraestrutura de apoio ao ciclista e reserva de vagas nos estacionamentos para carona solidária.

O Plano de Ação para esse eixo temático visa desincentivar o uso de automóveis, estimular meios de transporte coletivos ou não motorizados e promover a racionalização do deslocamento dos servidores do Senado, seja em atividades de trabalho ou particulares, contribuindo assim para a redução de gases de efeito estufa e para a melhoria da qualidade de vida.

TEMA 9 – ARBORIZAÇÃO E MANUTENÇÃO DE ÁREAS VERDES

O complexo do Senado Federal possui ampla área arborizada, jardins e gramados. A arborização e a manutenção das áreas verdes visam qualificar o espaço para amenizar a temperatura local, reduzir ruídos, proporcionar sombreamento e beleza paisagística, além de sensibilizar os servidores para a importância dos espaços verdes no contexto urbano, principalmente na influência sobre o microclima. O Plano de Gestão para esse eixo temático prevê a compensação de emissões de Carbono geradas pela Casa, a adoção de práticas mais sustentáveis na manutenção das áreas verdes, o aproveitamento dos resíduos orgânicos, a produção de plantas ornamentais para uso no Senado e a produção de mudas arbóreas para o cumprimento das obrigações e execução de projetos ambientais.

O viveiro do Senado é um importante exemplo de construção sustentável e desempenha papel relevante na promoção das condições necessárias para o desenvolvimento das ações previstas neste Plano, além de possibilitar iniciativas de educação ambiental para o público interno e externo.

TEMA 10 – SERVIÇOS GRÁFICOS

O Senado Federal possui, em sua estrutura, um importante parque gráfico para atendimento das suas necessidades. Ao longo dos anos a Gráfica do Senado vem adotando práticas que se coadunam com os compromissos de sustentabilidade assumidos pela Casa, como, por exemplo, a adoção de tecnologias digitais, a substituição do maquinário por equipamento mais eficiente, a redução no consumo de insumos tóxicos, o uso de papel reciclado e a destinação de resíduos para a indústria de reciclagem. O Plano de Gestão de Logística Sustentável aplicado aos serviços gráficos possibilitará entre outras medidas, a melhoria na gestão dos resíduos gráficos utilizados na produção, o aprimoramento na separação do lixo, a implantação de um sistema de logística reversa nos processos de contratação e a ampliação da tecnologia digital utilizada.

TEMA 11 – TECNOLOGIA DA INFORMAÇÃO

O desenvolvimento de ferramentas de tecnologia da informação pode contribuir substancialmente na conservação do meio ambiente, na medida em que essas ferramentas permitem gerenciar racionalmente o uso dos recursos naturais, economizar insumos, como papel, e reduzir a necessidade de deslocamentos. No entanto, os equipamentos consomem muita energia no processamento e na refrigeração e contém, em sua composição, produtos nocivos ao meio ambiente.

Além disso, a obsolescência desses equipamentos é muito rápida e a destinação dos resíduos gerados ao final do seu ciclo de vida ainda é um grande problema. O Plano de Ação para TI, constante do PGLS do Senado, adota o conceito de TI Verde, desenvolvido para promover a sustentabilidade por meio da redução dos impactos tecnológicos no meio ambiente. O conjunto de ações previstas para esse eixo temático visa à redução do consumo de energia por meio da aquisição de equipamentos mais eficientes, bem como a redução da contaminação ambiental causada pelo descarte desses equipamentos".

2.12. RESOLUÇÃO TSE 23.474, DE 19 DE ABRIL DE 2016

(Dispõe sobre a criação e competências das unidades ou núcleos socioambientais nos Tribunais Eleitorais e implantação do respectivo Plano de Logística Sustentável da Justiça Eleitoral)

A Resolução TSE 23.474, de 19 de abril de 2016, dispôs sobre a criação e as competências das unidades ou núcleos socioambientais nos Tribunais Eleitorais e implantação do respectivo Plano de Logística Sustentável da Justiça Eleitoral (PLS-JE)[22].

22. O Tribunal Superior Eleitoral deverá publicar, anualmente, por intermédio da Assessoria de Gestão Socioambiental, o Balanço Socioambiental da Justiça Eleitoral

Trata-se de importante passo dado pela Justiça Eleitoral para a adoção de práticas de sustentabilidade na gestão administrativa, pois o Plano de Logística Sustentável é o instrumento básico para a sua efetivação.

Registre-se que, mesmo da edição da Resolução TSE 23.474, de 19 de abril de 2016, vários Tribunais Regionais Eleitorais já possuíam o seu PLS aprovando, a exemplo de Alagoas, Rio Grande do Norte, Goiás, Paraíba, Espírito Santo e Santa Catarina.

O Tribunal Superior Eleitoral e os Tribunais Regionais Eleitorais deverão criar unidades ou núcleos socioambientais[23], estabelecer suas competências e implantar o Plano de Logística Sustentável da Justiça Eleitoral (PLSJE), devendo ter caráter permanente para o planejamento, implementação, monitoramento de metas anuais e avaliação de indicadores de desempenho, devendo estimular a reflexão e a mudança dos padrões de compra, consumo e gestão documental dos órgãos da Justiça Eleitoral, bem como do corpo funcional e força de trabalho auxiliar de cada instituição.

Devem ser constituídas ações visando fomentar práticas que estimulem:

> I – o aperfeiçoamento contínuo da qualidade do gasto público;
>
> II – o uso sustentável de recursos naturais e bens públicos[24];
>
> III – a redução do impacto negativo das atividades do órgão no meio ambiente com a adequada gestão dos resíduos gerados[25];

fomentado por informações consolidadas nos relatórios de acompanhamento do PL-S-JE de todos os Tribunais Eleitorais.

23. 7º As unidades ou núcleos socioambientais deverão, preferencialmente, ser subordinados à alta administração dos Tribunais Eleitorais tendo em vista as suas atribuições estratégicas e as mudanças de paradigma que suas ações compreendem.

24. O uso sustentável de recursos naturais e bens públicos deverá ter como objetivos o combate ao desperdício e o consumo consciente de materiais, com destaque para a gestão sustentável de documentos como a implementação de processo judicial eletrônico e a informatização dos processos e procedimentos administrativos.

25. A adequada gestão dos resíduos gerados deverá promover a coleta seletiva, com estímulo a sua redução, ao reuso e à reciclagem de materiais, e à inclusão socioeconômica dos catadores de resíduos, em consonância com a Política Nacional de Resíduos Sólidos e as limitações regionais.

IV – a promoção das contratações sustentáveis[26];

V – a gestão sustentável de documentos, em conjunto com a unidade responsável;

VI – a sensibilização e capacitação do corpo funcional, força de trabalho auxiliar e de outras partes interessadas; e

VII – a qualidade de vida no ambiente de trabalho, em conjunto com a unidade responsável.

As práticas de sustentabilidade deverão tratar do uso eficiente de insumos e materiais considerando, inclusive, o processo eletrônico de votação, a implantação do PJe e a informatização dos processos e procedimentos administrativos; do consumo de energia elétrica; da água e esgoto; da gestão de resíduos; da qualidade de vida no ambiente de trabalho; da sensibilização e capacitação contínua do corpo funcional, força de trabalho auxiliar e, quando for o caso, de outras partes interessadas; das contratações sustentáveis, compreendendo, pelo menos, obras, equipamentos, combustível, serviços de vigilância, de limpeza, de telefonia, de processamento de dados, de apoio administrativo e de manutenção predial e do deslocamento de pessoal, bens e materiais considerando todos os meios de transporte, com foco na redução de gastos e de emissões de substâncias poluentes.

Foram previstas a implementação de etapas para o fomento de práticas de sustentabilidade pelos núcleos socioambientais do TSE e TREs:

I – estudo e levantamento das alternativas à aquisição de produtos e serviços solicitados, considerando:

a) verificação da real necessidade de aquisição do produto e/ou serviço;

b) existência no mercado de alternativas sustentáveis considerando o ciclo de vida do produto;

c) a legislação vigente e as normas técnicas, elaboradas pela ABNT, para aferição e garantia da aplicação dos requisitos mínimos de qualidade, utilidade, resistência e segurança dos materiais utilizados;

26. A promoção das contratações sustentáveis deverá observar a integração dos aspectos ambientais, econômicos e sociais do desenvolvimento sustentável.

d) conformidade dos produtos, insumos e serviços com os regulamentos técnicos pertinentes em vigor expedidos pelo Inmetro de forma a assegurar aspectos relativos à saúde, à segurança, ao meio ambiente, ou à proteção do consumidor e da concorrência justa;

e) normas da ANVISA quanto à especificação e classificação, quando for o caso;

f) as Resoluções do CONAMA, no que couber;

g) descarte adequado do produto ao fim de sua vida útil, em observância à Política Nacional de Resíduos Sólidos;

II – especificação ou alteração de especificação já existente do material ou serviço solicitado, observando os critérios e práticas de sustentabilidade, em conjunto com a unidade solicitante;

III – lançamento ou atualização das especificações no sistema de compras e administração de material da instituição;

IV – dentre os critérios de consumo consciente, o pedido de material e/ou planejamento anual de aquisições deverão ser baseados na real necessidade de consumo até que a unidade possa atingir o ponto de equilíbrio, considerando os anos eleitorais e não eleitorais.

As medidas de sustentabilidade também deverão preservar o meio ambiente do trabalho, devendo compreender a valorização, satisfação e inclusão do capital humano das instituições, em ações que estimulem o seu desenvolvimento pessoal e profissional, assim como a melhoria das condições das instalações físicas.

O **Plano de Logística Sustentável da Justiça Eleitoral (PLS-JE)** é definido como o **instrumento vinculado** ao planejamento estratégico da Justiça Eleitoral com objetivos e responsabilidades definidas, ações, metas, prazos de execução, mecanismos de monitoramento e avaliação de resultados, que permite estabelecer e acompanhar práticas de sustentabilidade, racionalização e qualidade que objetivem uma melhor eficiência do gasto público e da gestão dos processos de trabalho, considerando a visão sistêmica da Justiça Eleitoral[27].

27. Os Tribunais Eleitorais deverão constituir comissão gestora do PLS-JE composta por no mínimo 5 (cinco) servidores, que serão designados pela alta administração no prazo de 30 (trinta) dias a partir da constituição das unidades ou núcleos socioambientais.

O **Plano de Logística Sustentável da Justiça Eleitoral (PLS-JE)** deverá conter, no mínimo, um relatório consolidado do inventário de bens e materiais do Tribunal Eleitoral, com a identificação dos itens nos quais foram inseridos critérios de sustentabilidade por ocasião de sua aquisição; as práticas de sustentabilidade, racionalização e consumo consciente de materiais e serviços; as responsabilidades, metodologia de implementação, avaliação do plano e monitoramento dos dados e as ações de divulgação, sensibilização e capacitação, tendo os seguintes **tópicos obrigatórios**:

> I - objetivo do plano de ação;
>
> II - metas quantificadas a serem alcançadas para cada indicador;
>
> III - detalhamento de implementação das ações;
>
> IV - unidades e áreas envolvidas na implementação de cada ação e respectivos responsáveis;
>
> V - cronograma de implementação das ações;
>
> VI - previsão de recursos financeiros, humanos, instrumentais, entre outros, necessários para a implementação das ações, no que couber.

A Justiça Eleitoral deverá primar por **contratações sustentáveis**, sendo **compulsória** a adoção de critérios de sustentabilidade nos editais para a aquisição de bens e contratação de serviços, inclusive no projeto e execução de obras e serviços de engenharia, devendo constar regras como a rastreabilidade e origem dos insumos de madeira como itens de papelaria e mobiliário, a partir de fontes de manejo sustentável; eficiência energética e nível de emissão de poluentes de máquinas e aparelhos consumidores de energia, veículos e prédios públicos observados os normativos legais existentes; eficácia e segurança dos produtos usados na limpeza e conservação de ambientes e gêneros alimentícios.

Ademais, deverá observar o emprego da logística reversa na destinação final de suprimentos de impressão, pilhas e baterias, pneus, lâmpadas, óleos lubrificantes, seus resíduos e embalagens, bem como produtos eletroeletrônicos e seus componentes, de acordo com a Política Nacional de Resíduos Sólidos, observadas as particularidades regionais.

De acordo com o artigo 19 da Resolução TSE 23.474, de 19 de abril de 2016, as iniciativas de capacitação afetas ao tema sustentabilidade deverão ser incluídas no plano de treinamento de cada Tribunal Eleitoral, desde o ingresso do servidor no órgão, podendo o TRE exigir em conteúdo programático dos concursos públicos o tema responsabilidade socioambiental, em conformidade com seu Plano Estratégico, respeitados os valores estratégicos de cada órgão.

Para a elaboração do Plano de Logística Sustentável da Justiça Eleitoral, poderão ser utilizadas como lastro os seguintes programas de sustentabilidade já adotados com êxito pela Administração Pública:

> I – Programa de Eficiência do Gasto Público (PEG), desenvolvido no âmbito da Secretaria de Orçamento Federal do Ministério do Planejamento, Orçamento e Gestão (SOF/MP);
>
> II – Programa Nacional de Conservação de Energia Elétrica (Procel), coordenado pela Secretaria de Planejamento e Desenvolvimento Energético do Ministério de Minas e Energia (SPE/MME);
>
> III – Agenda Ambiental na Administração Pública (A3P), coordenada pela Secretaria de Articulação Institucional e Cidadania Ambiental do Ministério do Meio Ambiente (SAIC/MMA);
>
> IV – Coleta Seletiva Solidária, desenvolvida no âmbito da Secretaria-Executiva do Ministério do Desenvolvimento Social e Combate à Fome (SE/MDS);
>
> V – Projeto Esplanada Sustentável (PES), coordenado pelo Ministério do Planejamento, Orçamento e Gestão, por meio da SOF/MP, em articulação com o Ministério do Meio Ambiente, Ministério de Minas e Energia e Ministério do Desenvolvimento Social;
>
> VI – Contratações Públicas Sustentáveis (CPS), coordenada pelo órgão central do Sistema de Serviços Gerais (SISG), na forma da Instrução Normativa 1, de 19 de janeiro de 2010, da Secretaria da Logística e Tecnologia da Informação (SLTI/MP).

De arremate, ao final de cada ano deverá ser elaborado por Tribunal Eleitoral relatório de desempenho do PLS-JE, contendo a consolidação dos resultados alcançados; a evolução do desempenho dos indicadores estratégicos da Justiça Eleitoral com foco socioambiental e econômico e a identificação das ações a serem desenvolvidas ou modificadas para o ano subsequente.

2.13. RESOLUÇÃO TCU 268, DE 4 DE MARÇO DE 2015

(Dispõe sobre a política institucional de sustentabilidade do TCU)

Coube a Resolução 268/2015 dispor sobre a Política Institucional de Sustentabilidade do Tribunal de Contas da União (PSUS/TCU), que tem por **objetivo** nortear as ações institucionais quanto à promoção do desenvolvimento sustentável, abarcando aspectos físicos, tecnológicos e humanos da organização e orienta-se pelas seguintes **diretrizes**:

> I – processo institucional de tomada de decisão alinhado ao conceito de sustentabilidade e à adoção de práticas de gestão socioambiental;
>
> II – promoção e adoção de práticas de consumo sustentável, considerando o ciclo de vida dos produtos adquiridos pela instituição;
>
> III – aderência aos padrões internacionais e nacionais de sustentabilidade, bem como ao sistema de gestão socioambiental;
>
> IV – aplicação de critérios socioambientais em toda a cadeia de valor da organização, para controlar e mitigar eventuais impactos socioambientais negativos advindos das atividades institucionais, bem como para promover as devidas compensações;
>
> V – preferência pela utilização de tecnologias não nocivas ao meio ambiente, com uso e aplicação de materiais e equipamentos recicláveis ou reutilizáveis;
>
> VI – estímulo ao desenvolvimento contínuo de tecnologias eficientes em termos socioambientais, com vistas à otimização dos recursos naturais;
>
> VII – participação institucional em iniciativas de outras entidades ou esferas de governo que contribuam para a preservação do meio ambiente; e
>
> VIII – escolha, sempre que possível, pela execução da ação institucional mais aderente aos requisitos de sustentabilidade.

A Política Institucional de Sustentabilidade do Tribunal de Contas da União é bipartida em **duas dimensões**: LOGÍSTICA SUSTENTÁVEL e GESTÃO DE PESSOAS.

As iniciativas institucionais na **dimensão logística sustentável** serão conduzidas no âmbito do Programa de Logística Sustentável (PLS-TCU).

Nesse sentido, foi criado o **Comitê Gestor de Logística Sustentável (CLS)**, órgão colegiado de natureza consultiva e caráter permanente, tem por finalidade propor, formular e conduzir diretrizes inerentes ao PLS/TCU, analisar periodicamente sua efetividade, sugerir normas e mecanismos institucionais para a melhoria contínua do Programa, bem como assessorar, em matérias correlatas, a Comissão de Coordenação Geral (CCG) e a Presidência do Tribunal.

Competirá também ao Comitê manifestar-se acerca de proposta de revisão do PLS/TCU apresentado pelo dirigente da Adgedam, no máximo a cada cinco anos, de modo a atualizar o programa frente a novos requisitos institucionais.

O Programa de Logística Sustentável do Tribunal de Contas da União (PLS/TCU) objetiva estabelecer diretrizes e iniciativas para promoção da prática de sustentabilidade na gestão logística institucional, devendo ser aprovado e revisto mediante portaria do Presidente, ouvida a CCG, tendo como subsídio o diagnóstico da situação socioambiental do Tribunal.

Por sua vez, o diagnóstico socioambiental engloba o levantamento da situação nas dependências do TCU com vistas a obter informações a respeito das obras realizadas, das práticas de desfazimento, do consumo de recursos naturais, dos principais bens adquiridos e serviços contratados, das práticas ambientais inerentes ao descarte de resíduos, bem como da necessidade de treinamento e sensibilização sobre o tema.

O PLS/TCU deverá promover, ao menos, a inclusão de critérios socioambientais nos editais de licitação para aquisição de bens permanentes e de consumo, contratação de serviços e de obras; a adoção de práticas de sustentabilidade e de racionalização do uso de materiais e serviços, baseada em estudos e pesquisas realizados, levando em consideração o ciclo de vida dos produtos, desde o planejamento e uso, até a destinação ambientalmente adequada dos produtos; as ações sistemáticas de sensibilização, conscientização e capacitação de servidores e demais colaboradores do Tribunal; o monitoramento e avaliação das medidas implementadas, inclusive quanto à relação custo/benefício e à observância da variável socioambiental no processo de planejamento institucional.

A sustentabilidade na **dimensão de gestão de pessoas** visa atender as necessidades dos servidores e demais colaboradores do TCU no que se refere à acessibilidade, à qualidade de vida no ambiente de trabalho e ao desenvolvimento pessoal e profissional, de modo a aumentar a produtividade e o bem-estar no trabalho.

Nesse sentido, no âmbito da Política Institucional de Sustentabilidade do Tribunal de Contas da União serão desenvolvidas atividades de sensibilização e capacitação dos servidores e demais colaboradores do Tribunal, com o objetivo de desenvolver e estimular a prática da consciência cidadã, a partir dos princípios da responsabilidade socioambiental.

A política de gestão de pessoas deverá alinha-se à Política Institucional de Sustentabilidade do Tribunal (PSUS/TCU), em especial, para promover a qualidade de vida no ambiente de trabalho, o desenvolvimento pessoal e profissional, bem como a acessibilidade.

2.14. RESOLUÇÃO CNJ 433, DE 27 DE OUTUBRO DE 2021

Coube à Resolução CNJ 433/2021, modificada pela Resolução n. 611, de 20 de dezembro de 2024,instituir a **Política Nacional do Poder Judiciário para o Clima e o Meio Ambiente** , que consiste em uma atuação estratégica dos órgãos do sistema de Justiça para a proteção dos direitos intergeracionais ao meio ambiente e se desenvolverá com base nas seguintes diretrizes:

> I – observância do princípio do poluidor pagador previsto no art. 4º, VIII, da Lei nº 6.938/81 e dos princípios da precaução, prevenção e solidariedade intergeracional na construção de políticas institucionais ambientais no âmbito do Poder Judiciário;
>
> II – instituição na temática ambiental, de medidas implementadoras da Política Judiciária de tratamento adequado dos conflitos de interesse, regulada pela Resolução CNJ nº 125/2010;
>
> III – desenvolvimento de estudos e de parâmetros de atuação aplicáveis às demandas referentes a danos ambientais incidentes sobre bens difusos e de difícil valoração, tais como os incidentes sobre a fauna, flora e a poluição atmosférica, do solo, sonora ou visual, com o intuito de auxiliar a justa liquidação e eficácia;
>
> IV – utilização de recursos tecnológicos, de sensoriamento remoto e de imagens de satélite como meio de prova judicial e de criação de inteligência institucional para prevenção e recuperação dos danos ambientais na atuação finalística do Poder Judiciário;
>
> V – respeito à autodeterminação dos povos indígenas, comunidades tradicionais e extrativistas e garantia ao respectivo direito

à consulta prévia, livre e informada nos moldes da Convenção nº 169, da Organização Internacional do Trabalho, promulgada pelo Decreto nº 5.051/2004; e da Declaração das Nações Unidas sobre os Direitos dos Povos Indígenas;

VI – atuação integrada e interinstitucional a fim de compartilhar informações de inteligência e de dados estratégicos entre as instituições públicas e privadas que atuam na tutela do meio ambiente; e

VII – fomento à capacitação continuada e permanente dos agentes de Justiça para atualização e aperfeiçoamento funcional com uso de novas tecnologias e metodologias inovadoras.

Compete ao Conselho Nacional de Justiça estabelecer diretrizes e criar instrumentos técnicos de âmbito nacional para auxiliar tribunais, magistrados(as) e servidores(as) que atuam em ações ambientais.

O CNJ fornecerá periodicamente, por meio do SireneJud, relatórios de inteligência climático-ambiental para auxiliar a identificação do tempo de tramitação das ações judiciais ambientais, das unidades judiciárias com maior número dessas ações e das regiões de atenção prioritária para a Política Nacional do Poder Judiciário para o Clima e o Meio Ambiente.

O Cadastro Eletrônico de Peritos e Órgãos Técnicos ou Científicos (CPTEC), mantido pelos tribunais brasileiros, nos termos da Resolução CNJ nº 233/2016, conterá tópico específico para a temática ambiental, com indicação da área do território nacional a que se dispõem a atuar os peritos e os órgãos técnicos ou científicos.

O CNJ incentivará a capacitação contínua de magistrados(as), servidores(as), conciliadores(as) e mediadores(as) na resolução de conflitos ambientais em parceria com as Escolas Judiciais e as Escolas da Magistratura.

Os tribunais brasileiros implementarão a Política Nacional do Poder Judiciário para o Clima e o Meio Ambiente, observando as seguintes medidas:

I – criação de núcleos especializados na temática ambiental nos centros judiciários de solução consensual de conflitos;

II – promoção de capacitação contínua e periódica aos(às) magistrados(as), servidores(as), conciliadores(as) e mediadores(as) sobre direito ambiental, com uso de ferramentas tecnológicas e/ou inovadoras na temática;

> III – inclusão da temática ambiental no plano de ensino dos programas de formação e aperfeiçoamento de magistrados(as) e servidores(as);
>
> IV – utilização de ferramentas eletrônicas de informação geográfica com vistas ao planejamento e à atuação estratégica para a execução da política judiciária para o clima e o meio ambiente, em âmbito local;
>
> V – fomento à criação de redes para a articulação interinstitucional com o objetivo de permitir o compartilhamento de dados geográficos de interesse à temática ambiental entre o Poder Judiciário, os órgãos do Sistema de Justiça, as secretarias estaduais e municipais e as entidades do terceiro setor.

Os tribunais poderão criar unidades judiciárias especializadas na temática ambiental, que funcionarão, preferencialmente, como "Núcleos de Justiça 4.0" especializados, nos termos da Resolução CNJ nº 385/2021, ou como estruturas físicas, com redistribuição de todos os feitos da comarca para a unidade especializada, respeitada a autonomia organizacional e orçamentária dos órgãos do Poder Judiciário.

Os(As) magistrados(as) poderão considerar as provas produzidas exclusivamente por sensoriamento remoto ou obtidas por satélite no acervo probatório das ações judiciais ambientais.

Os recursos oriundos de prestações pecuniárias vinculadas a crimes ambientais poderão ser direcionados à entidade pública ou privada com finalidade social voltada à proteção do meio ambiente, observando-se as demais regras previstas na Resolução CNJ no 154/2012, podendo priorizar projetos de recomposição que atuem na mitigação dos efeitos de mudança climática, especialmente os que utilizam energias renováveis.

A pena de prestação de serviços à comunidade dirigida à pessoa física como sujeito ativo dos crimes ambientais consistirá, prioritariamente, em atividades relacionadas à recomposição da área degradada pela conduta ilícita.

Na condenação por dano ambiental, o(a) magistrado(a) deverá considerar, entre outros parâmetros, o impacto desse dano na mudança climática global, os danos difusos a povos e comunidades atingidos e o efeito dissuasório às externalidades ambientais causadas pela atividade poluidora.

O(A) magistrado(a) deverá garantir, nas ações que versem sobre direitos difusos e coletivos ou nas ações individuais que afetem os povos e as comunidades tradicionais, o efetivo direito à consulta prévia, livre e informada nos moldes da Convenção nº 169, da Organização Internacional do Trabalho, promulgada pelo Decreto no 5.051/2004, e da Declaração das Nações Unidas sobre os Direitos dos Povos Indígenas.

O(A) magistrado(a), ao constatar indícios de fraude, sobreposição de terras ou irregularidade em cadastros, sistemas ou bases de dados referentes a recursos naturais ou à titularidade de terras, deverá oficiar ao respectivo órgão responsável e ao Ministério Público para as providências que entenderem cabíveis.

Restou instituído pela Resolução CNJ 611/2024 o Observatório do Meio Ambiente e das Mudanças Climáticas do Poder Judiciário, que tem como finalidade, entre outras:

> I – realizar estudos, monitoramento, pesquisas, programas, projetos e ações para a construção de diagnósticos das boas práticas; formulação de políticas; e implementação de projetos e iniciativas para a tutela do meio ambiente natural da Amazônia Legal, dos biomas nela incluídos e dos demais biomas brasileiros pela atuação do Poder Judiciário e do Sistema de Justiça;
>
> II – avaliar, realizar estudos e apresentar propostas de políticas judiciárias para enfrentamento dos danos climáticos e dos danos ambientais decorrentes, entre outros, do aquecimento global, de queimadas e de desmatamento.
>
> III – elaborar estudos de aperfeiçoamento da legislação ambiental.

Outrossim, foi instituído o Fórum Ambiental do Poder Judiciário (Fonamb), com a finalidade de coordenar e promover medidas voltadas ao aprimoramento da jurisdição ambiental. Parágrafo único.

Os tribunais com competência para julgar ações relacionadas ao meio ambiente natural deverão designar Grupo do Meio Ambiente, responsável por implementar as diretrizes do Fonamb em âmbito estadual ou regional.

Os tribunais de justiça e os tribunais regionais federais instituirão Núcleos de Apoio Técnico às Ações Ambientais, que serão responsáveis pelo apoio e suporte técnico ao processamento, julgamento e resolução consensual das demandas climático-ambientais e pelo cumprimento dos julgados respectivos.

EDITORA
JusPODIVM
www.editorajuspodivm.com.br

Impresso por:

Docuprint
CNPJ 01.036.332/0001-99

JUS4419